新编21世纪会计系列教材

会计职业道德

第2版·立体化数字教材版

主编 王红云 余怒涛

Professional Ethics for Accounting

中国人民大学出版社
·北京·

致读者

在信息化时代，会计实务工作发生了较大变革，会计从业人员逐步从单一的核算型会计向管理型会计转变。2024 年，会计大数据分析与处理技术是影响我国会计行业的十大信息技术第一名，电子发票紧跟其后。仅具备会计操作技能的从业人员已不能适应时代快速发展的需要，尤其是在增值税发票管理系统 2.0 推行之后，企业既要依法纳税，又要能充分享受国家的优惠政策。财经院校的学生需要系统学习和掌握一系列法律法规，注重综合素质的提升，积极主动学习，成为复合型人才。

我从事会计本科和研究生教学工作 30 余年，在税法、纳税会计、纳税筹划和会计法规相关内容的学习和研究上投入了大量的时间和精力，多年来承担税务局干部、行政事业单位和企业会计与管理人员的培训工作，积累了大量的真实案例和实务经验。同时，注重教材思政教育的建设，在主编的每一本教材的每章引言部分，撰写了思政教育的相关理论和内容。

在教材建设方面，我应中国人民大学出版社之邀，陆续出版《税法》《纳税会计》《财经法规与会计职业道德》《会计职业道德》等一系列教材，并多次获奖。其中，1 本教材荣获 101 家高校出版社优秀畅销书二等奖，3 本教材荣获省高校优秀教材奖，3 本教材入选省"十二五"规划教材，1 本教材入选全国教育科学"十一五"规划立项重点课题研究成果。除此之外，我还撰写了会计或税法类论文 30 余篇，长期给《中国会计报》撰写约稿，它们多次被《财务与会计导刊》《财政与税务》转载。

下列教材是我在中国人民大学出版社已经出版或即将出版的。

一、《税法》(第 11 版 · 立体化数字教材版)

《税法》自 2011 年推出以来，一直紧跟税法的快速变化，不断修订和完善，得到广大读者的好评。2013 年荣获云南省高校精品教材奖，2014 年入选云南省“十二五”规划教材。

2023 年 8 月出版的《税法》（第 11 版・立体化数字教材版）反映了增值税、企业所得税、个人所得税等税种的最新规定。该书每章都提供了大量的习题，包含不同年度初级会计职称考试的真题，并在全书最后提供了习题答案。同时，注重思政教育在教材中的体现。

二、《纳税会计》

《纳税会计》（拟 2025 年出版）是在我主编的《税法与纳税会计》（第 2 版）的基础上，结合最新的税法政策和会计政策重新编写。同时，注重思政教育在教材中的体现。

三、《财经法规与会计职业道德》（第 5 版・立体化数字教材版）

2024 年出版的《财经法规与会计职业道德》（第 5 版・立体化数字教材版）基于高等院校应用型人才培养的目标，根据最新的初级会计职称考试大纲编写。为了帮助更多学生通过初级会计职称考试，本书根据初级会计职称考试的题型编写了大量的例题和习题，同时在例题和习题中补充了大部分答案的解析。读者既可以在书上做随堂练习，也可以在手机上扫码做题。同时，注重思政教育在教材中的体现。

该书各章配有准备初级会计职称考试需要的“基本要求”，以“提示”专栏展示需要特别关注和理解的内容。

四、《会计职业道德》（第 2 版・立体化数字教材版）

教育部会计学专业教学指导分委员会在 2018 年将“会计职业道德”列为会计专业教育的必修课程，宗旨是使会计专业的学生具有良好的职业道德，提高他们的会计职业道德水平。

2024 年出版的《会计职业道德》（第 2 版・立体化数字教材版），不仅融入了多年来会计职称考试中涉及的有关会计法规、会计职业道德的案例以及实务工作中的案例，而且特别注重在教材中贯穿思政教育的基本理论和方法。

以上教材均有配套的习题和习题答案，同时配有相关课件、教学大纲、教案和案例库等四大教学资源。

王红云

前言

《会计职业道德》（第 2 版 · 立体化数字教材版）是在第 1 版多次印刷的基础上，根据党的二十大精神和教育部制定的《高等学校课程思政建设指导纲要》，结合会计实务工作的特点和初级会计职称考试的需要，以近年的初级会计职称考试大纲为主线编写的。同时，为了培养学生的实际应用能力，也为了帮助学生通过初级会计职称考试，本书针对学习和考试中需要特别关注和理解的内容，以“提示”专栏的方式予以呈现。

由王红云主编的教材《纳税会计》《会计法规》《税法》曾荣获中国大学出版社协会优秀畅销书二等奖，入选中国书刊发行业协会“全行业优秀畅销书”、云南省优秀教材、云南省高校精品教材（两本）和云南省“十二五”规划教材（两本）。这些荣誉的获得是广大师生给予厚爱的结果。我们真诚希望这一载有我们教学体会的作品能够继续得到广大读者的支持！

《会计职业道德》（第 2 版 · 立体化数字教材版）修改和补充内容的突出特点包括：

1. 融入思政元素。每一章增加引言部分，包括党的二十大报告的原文节选和该章的概述。在阐述会计职业道德的内容时，注重融入思政元素，引导会计人员树立正确的价值观和职业观。

2. 修改和补充。在第 1 版的基础上对财会监督等相关内容进行了较大幅度的补充。

3. 补充习题的解析。增加了部分知识的例题或归纳性的图表，在第 1 版的习题基础上做了修改和补充，同时增加了大部分习题的解析。

全书分为 8 章：第 1 章道德和职业道德概述，第 2 章会计职业道德概述，第 3

章会计职业道德规范，第 4 章会计职业道德教育和建设，第 5 章会计法律制度的基本内容，第 6 章会计核算的法律规定，第 7 章会计监督的法律规定，第 8 章会计机构和会计责任的法律规定。

本书有配套课件、教学大纲、教案和案例库四大教学资源，有根据全国初级会计职称考试题型编写的单选题、多选题、判断题、不定项选择题等章后习题以及参考答案和解析，读者既可以在书上做随堂练习，也可以在手机上扫码做题，提交后可查看分数和解析。为充分发挥新形态教材在课堂教学改革和创新方面的作用，本书同时配备了人大芸窗数字教材，便于教师利用组卷系统在线生成试卷，线上布置作业、测试和考试，试卷自动打分，随时查看班级作业完成情况，做好过程考核。新形态立体化数字教学/学习资源使用方法详见“新形态立体化数字资源使用说明”。

本书可作为普通高等（职业）院校的会计、财务管理、工商管理等专业“会计职业道德”课程的教材或教学参考书，也可作为参加初级会计职称考试的参考读物。

本书由长期从事会计教学和会计实务工作的王红云教授、余怒涛教授担任主编，赵永宁教授、赵怡悦讲师、袁颜、姜馨潼、赵禹洁、李翔、王晓东和冯敏参与编写。具体分工如下：第 1 章、第 2 章、第 3 章由王红云执笔；第 4 章、第 5 章由余怒涛执笔；第 6 章由赵永宁和王晓东执笔；第 7 章由赵怡悦、姜馨潼和冯敏执笔；第 8 章由赵禹洁、李翔和袁颜执笔。全书由王红云负责修改和总撰，袁颜、姜馨潼、赵禹洁和李翔负责编写和修改各章习题和参考答案（含解析），赵珂然负责制作配套课件。

由于编者学识水平有限，书中难免存在不足之处，恳请各位读者不吝赐教。

王红云

新形态立体化数字资源使用说明

本书是纸质教材和数字资源一体化设计的新形态教材，配备了丰富的立体化数字资源，主要包括与纸质教材同步的**电子教材、题库、即测即评、PPT、教学大纲、习题答案**等。针对不同用户、不同教学应用场景提供不同的使用入口。

1. 书中二维码资源免费获取和使用方式

(1) 注册：微信扫描封二（封面背面）贴片的二维码→输入手机号（微信绑定）→点击“确定”（已绑定用户直接进入下一步）。

(2) 点击左侧**“学习中心”**模块→点击“确定”。

(3) 随时随地扫描教材中的二维码，即可免费学习。

2. 数字教材平台资源获取方式

微信扫描封二（封面背面）贴片的二维码→点击右侧**“数字教材平台”**模块→点击“确定”。

(1) 学生：设置密码→完善个人信息→添加公开课程（可下拉选择）/添加新的私有课程。

(2) 教师：设置密码→完善个人信息→添加课程（可下拉选择）→新建课程。

激活后也可在电脑端使用注册手机号登录人大芸窗官网（www.rdyc.cn），教师可在平台上激活课程、创建班级。

3. 教师利用双题库进行随堂测、期中期末组卷并导出

输入网址（tk.rdyc.cn）→登录（手机号+验证码）→组卷（自动/手动）

题库使用教程

人大芸窗数字教材平台咨询（工作日 9:00—17:00）：

电话：010－62515969　　010－62511532

QQ：3382421809　　2292205778

目录

第1章

道德和职业道德概述

引　言

党的二十大报告对开辟马克思主义中国化时代化新境界作出了重要部署，指出“坚持和发展马克思主义，必须同中国具体实际相结合”，“我们必须坚持解放思想、实事求是、与时俱进、求真务实，一切从实际出发，着眼解决新时代改革开放和社会主义现代化建设的实际问题”。“坚持和发展马克思主义，必须同中华优秀传统文化相结合”，“把马克思主义思想精髓同中华优秀传统文化精华贯通起来、同人民群众日用而不觉的共同价值观念融通起来，不断赋予科学理论鲜明的中国特色，不断夯实马克思主义中国化时代化的历史基础和群众基础，让马克思主义在中国牢牢扎根”。推进文化自信自强，铸就社会主义文化新辉煌，“提高全社会文明程度。实施公民道德建设工程，弘扬中华传统美德”。

党的二十大报告中论述了“两个结合”，即坚持把马克思主义基本原理同中国具体实际相结合、同中华优秀传统文化相结合。这“两个结合”深化了党对坚持和发展马克思主义的规律性认识，也是我们理解和把握习近平新时代中国特色社会主义思想的关键，强调高举中国特色社会主义的伟大旗帜，全面贯彻新时代中国特色社会主义思想，这与职业道德的要求不谋而合。职业道德的践行也是贯彻新时代中国特色社会主义思想的一种体现。

从业人员通过恪守职业道德规范，积极投身社会主义现代化建设，为实现中华民族伟大复兴的中国梦贡献自己的力量。道德和职业道德是社会发展的重要支撑力量，它们与党的二十大报告所倡导的理念和目标紧密相连。在实践中，应该注重培养和提升自身的道德素养和职业道德水平，以实际行动践行社会主义核心价值观，为社会的进步与发展贡献力量。

职业道德是道德在职业领域中的具体应用。它是从业人员在职业活动中应该遵循的行为准则，体现了特定职业的特征和要求。职业道德不仅关乎从业人员的个人品质，更影响其所在行业的声誉和发展。良好的职业道德有助于提升行业形象，增强社会信任，促进经济的健康发展。职业道德的核心内容通常包括爱岗敬业、诚实守信、办事公道、服务群众以及奉献社会等方面。这些要求体现了从业人员对职业的尊重和热爱，对社会责任的担当以及对公平正义的追求。

第 1 节　道德概述

一、道德的概念和起源

（一）道德的概念

道德通过思想行为表现出来，有一定的标准。道德是道和德的合成词，道是方向、方法、技术的总称；德是素养、品性、品质。道德双修是人生的哲学。

道德是一种社会意识形态，是人们共同生活及其行为的准则与规范。道德往往代表着社会的正面价值取向，具有判断行为正当与否的作用。道德是指以善恶为标准，通过社会舆论、内心信念和传统习惯来评价人的行为，调整人与人之间以及个人与社会之间相互关系的行动规范的总和。道德的通俗含义是指，国家的公民应当自觉遵守的社会纪律和社会生活规则。道德不是法律，不是国家做出的规定，是由绝大多数人所提倡和赞同，要求人们共同遵守的制度。

不同的时代、不同的阶级有不同的道德观念，没有任何一种道德是永恒不变的。

道德不是天生的，人类的道德观念是受到后天的宣传教育及社会舆论的长期影响而逐渐形成的。欲望能够服从理性，也能够反对理性。服从理性的欲望导致良好的选择，反对理性的欲望导致较差的选择，而道德的作用正在于引导这种良好的选择，所以说道德从根本上起源于欲望和理性的统一。欲望是由感觉引起的，感觉又分为快乐和痛苦。快乐来源于爱好，痛苦来源于讨厌。爱好道德的人，道德可以使他快乐。因此，道德与快乐并非不可兼得。

在养成习惯之前，做一个道德的人并不容易。但是，良好的习惯一旦养成，道德的活动本身就能够带来快乐，这种快乐又诱导我们选择做道德的事情，所以做一个道德的人可以说并不困难。特别要注意的是从小就要养成好习惯，好习惯有助于增进人的幸福感，坏习惯却能够损害人的幸福感。

2019 年 10 月，中共中央、国务院印发了《新时代公民道德建设实施纲要》，要求各地区各部门结合实际认真贯彻落实。

（二）道德的起源

道德一词的起源在汉语中可追溯到先秦思想家老子的《道德经》。老子说："道生之，德畜之，物形之，势成之。是以万物莫不尊道而贵德。道之尊，德之贵，夫莫之命而常自然。"其中，"道"是指自然运行与人世共通的真理；"德"是指人世的德行、品行、王道。

在当时，道与德是两个概念，并无道德一词。"道德"二字连用始于荀子《劝学》篇："故学至乎礼而止矣，夫是之谓道德之极。"在《大学》里也有："自天子以至庶人，壹是皆以修身为本。"

（1）《论语·学而》中有子曰："其为人也孝弟，而好犯上者，鲜矣；不好犯上，而好作乱者，未之有也。君子务本，本立而道生。孝弟也者，其为仁之本与！"

【译文】有子说："孝顺父母、顺从兄长，而喜好触犯上层统治者，这样的人是很少见的。不喜好触犯上层统治者，而喜好造反的人是没有的。君子专心致力于根本的事务，根本建立了，治国做人的原则也就有了。孝顺父母、顺从兄长，这就是仁的根本啊！"

【分析】人们如果能够在家中对父母尽孝、对兄长顺服，那么他在外就可以对国家尽忠，忠是以孝为前提，孝以忠为目的。儒家认为，在家中实行了孝，统治者内部就不会发生"犯上作乱"的事情；再把孝（即仁的根本）推广到劳动民众中去，民众也会绝对服从，而不会起来造反，这样就可以维护国家和社会的安定。在春秋时期，周天子实行嫡长子继承制，其余儿子则分封为诸侯，诸侯以下也是如此。整个社会从天子、诸侯到大夫这样一种政治结构，其基础是封建的宗法血缘关系，而孝反映了当时宗法制社会的道德要求。

（2）《论语·学而》中曾子曰："吾日三省吾身：为人谋而不忠乎？与朋友交而不信乎？传不习乎？"

【译文】曾子说："我每天多次反省自己，为别人办事是不是尽心竭力了呢？同朋友交往是不是做到诚实可信了呢？老师传授给我的学业是不是复习了呢？"

【分析】儒家十分重视个人的道德修养，以求塑造成理想人格。自省，则是自我修养的基本方法。曾子还提出了"忠"和"信"的范畴。忠的特点是一个"尽"字，办事尽力，死而后已。如后来儒家所说的，"尽己之谓忠"。"为人谋而不忠乎？"是泛指对一切人，并非专指君主，就是指对包括君主在内的所有人都尽力帮助。因此，"忠"在先秦是一般的道德范畴，不只用于君臣关系。至于汉代以后逐渐将"忠"字演化为"忠君"，这既与儒家的忠有关联，又有重要的区别。"信"的含义有二，一是信任，二是信用。其内容是诚实不欺，用来处理上下等级和朋友之间的关系，"信"与言论有关，表示说真话，说话算数。这是一个人立身处世的基石。

（3）《戒子通录》："忠信笃敬，先存其在己者，然后望其在人者。如在己者未尽而以责人，人亦以此责我矣。"

【译文】忠信笃敬，先要体现在自己身上，然后再希望别人做到。如果自己都没有做到，便要求别人做到，那么别人必然也会要求你做到。

【分析】当今的人们，能够自我反省、忠信笃敬的很少，要求别人做到忠信笃敬的很多。其实，只要自己做到了，对别人不必过分要求。有的人自己做到了固然很好，却要求别人也和自己一样；一时不能称心如意，就恨之入骨，这就不具备容人之德了，只会引起别人的怨恨。

（4）曾国藩说："责己厚而责人薄耳。"

【译文】作为一个君子，重要的是严格要求自己，而对别人则采取宽容的态度，在责备和批评别人的时候应该尽量做到和缓宽厚。

【分析】善修德者遇过失先责自己的不对，再微求别人的错误，他们能原谅别人的一切过失，他们会坚持说别人的本意是好的，认为其错误是一不小心犯下的。有一种人却是脾气粗野，把什么事都搞得像滔天大罪一样不可饶恕，他们这样并不全是出于狂怒，也源于本性。他们谴责每一个人，这暴露出一种比残忍还要可恶的性情，这种人处处显示自己的优越性，别人很难与他共事。

案例

明朝杨守陈担任洗马时，一天，他请假回家探亲。路过一家驿站的时候天色已晚，他就准备到驿站里过夜。驿丞（掌管驿站的官）不知道洗马是一个什么官，就坐到他的对面，轻蔑地问他："洗马，你一天能洗几匹马？"杨守陈认真地说："如果勤快的话可以多洗几匹，如果懒惰的话就少洗几匹，没有具体的数目。"两个人正聊着，驿卒报告说，御史马上到。驿站里没有了上等房，驿丞就要求杨守陈把安排好了的房间让出来。杨守陈说："不急。等他来了，我再让也不迟！你放心，我不会耽误他入住的。"御史来了，看到杨守陈就连忙长跪问安。驿丞吓得匍匐在台阶下，百般乞怜。杨守陈拍拍他的肩膀，笑着说："不知者不为怪，我为什么要责罚你呢？"如此"修己而不责人"的宽阔胸怀，谁看了不对他升起敬仰之心呢？难怪《明史》云："守陈以为非，备列其善恶得失。"

提示

我国古代没有特别将道德划分为道德领域和非道德领域。我国素来习惯将道与德两字并用，就像将真、善、美三字常常连在一起使用一样。道德通常附属于传统习俗，不是独立的单元。

二、法律、纪律、道德三者的联系和区别

法律、纪律、道德三者之间既有共同点，又有区别。

1. 共同点

法律、纪律、道德三者都是行为规范，都是为规范人们的行为而规定的行动准则。

2. 不同点

（1）产生和形成的方式不同。法律是由国家制定和认可的，一般是当权者管理的有力工具；纪律是由特定社会组织制定的，是特定社会组织为了实现其目标而制定的要求全体成员共同遵守的行为准则；道德是靠传统习惯、社会舆论通俗约成的，是一种心灵的契约，只能靠人们自觉遵守，约束力比法律弱，主要靠舆论等实现道德的力量。

（2）实施的范围不同。法律是对全社会成员的普遍要求；道德也是对全社会成员的普遍要求，但有一些道德是特定成员提出的，如职业道德；纪律只是对特定组织中的成员提出的要求。

（3）保证实施的方式不同。法律是依靠国家强制力保证实施的；纪律是靠强制性与自觉性相结合来实现的；道德则是非强制的，它完全依靠传统习惯、社会舆论和人们的内心信念来维系。

（4）处罚的方式不同。违反法律会受到法律的制裁；违反纪律将受到批评教育和组织纪律处分；违反道德会受到社会舆论和内心良知的谴责。

提示

法律、道德和纪律对人们的行为起到程度不同的规范作用。懂得这些，对我们更好地知法守法、遵守社会公德大有好处。

案例

蔡元培的厚以责己、薄以责人

蔡元培是 20 世纪初中国教育制度的开创者。他明确提出废止“忠君、尊孔、尚公、尚武、尚实”的封建教育宗旨，倡导“以军国民教育、实利主义教育为急务，以道德教育为中心，以世界观教育为终极目的，以美育为桥梁”的教育方针，初步建立了新教育体制。

1912 年元月，蔡元培出任中华民国临时政府教育总长。陈洪捷说：“民国刚成立，什么都没有，没有办公室，他一个人带了几个手下，在南京满街找地方办公。”在简陋的办公环境下，蔡元培颁布《普通教育暂行办法》，主持制定《大学令》《中学令》，并建立了从幼儿园到小学、初中、高中乃至大学研究院的现代教育体制。

蔡元培的教育实践多在高等教育方面。他任北京大学校长时，提出大学的性质在于研究高深学问。他提倡学术自由、科学民主，主张学与术分校、文与理通科。将“学年制”改为“学分制”，实行“选科制”，积极改进教学方法，精简课程，力主自学，校内实行学生自治，教授治校。他的这些主张和措施在北京大学推行之后，影响全国。

三、道德的特征

1. 道德具有特殊的规范性

道德与哲学、艺术、政治规范、法律规范一样，都属于上层建筑，但它与后四者有很大不同。道德与哲学、艺术相比，其存在方式是不同的。哲学是以范畴和普遍规律的方式存在的，艺术是以具体的形象方式存在的，而道德是以各种规范的方式存在的，道德就是由各种各样的规则组成的规范体系。

道德与政治规范、法律规范相比，差异性更加明显。政治规范、法律规范一般是由国家制定的，由国家通过有关行政机关如检察院、法院、公安局等强制执行和保证实施的。道德则不同，它不是由国家强制执行的，而是通过社会舆论、传统习惯、教育和人的信念的力量发挥作用的。政治规范、法律规范具有强制性，而道德不具有强制性，具有很大的调节性。由此可见，道德是一种特殊的行为规范。

2. 道德具有渗透社会生活的广泛性

纵向来看，道德贯穿人类社会发展的各种形态。道德萌芽于原始社会，将来即便国家消亡，道德不仅不会消亡，可能还会进一步加强，由阶级道德变为人类的共同道德。

横向来看，道德存在于社会生活的各个领域、各种社会关系中。大到经济领域、政治领域、文化卫生领域，小到人们的衣食住行，都要面对各种关系，如父母与子女、夫妻、上级与下级、师生等，在处理这些关系时，必须遵循一定原则和规范，其中也涉及道德的问题。

3. 道德具有发展的继承性

道德与其他上层建筑一样具有发展的一面，又有与历史相联系、固定的一面。

（1）在各个时代的道德中有一些共同的东西，这就是在长期社会发展中形成的各个阶级都应遵守的道德准则，如孝敬父母、尊敬师长等道德规范。

（2）在不同的社会发展时代，不同群体之间的道德也有一些可以继承的内容。例如，岳飞的“精忠报国”，包公、海瑞、郑板桥等的廉洁奉公、刚正不阿；范仲淹的“先天下之忧而忧，后天下之乐而乐”的豪迈胸怀，对现代的道德建设都有一定借鉴意义。

（3）道德表现在历史上一些思想家的道德修养的理论和道德实践的方法中，对于后人的道德修养和实践有启发作用。例如，孔子为教育他的弟子提出的“三人行，必有我师焉”的学习要求，曾子提出的“吾日三省吾身：为人谋而不忠乎？与朋友交而不信乎？传不习乎？”的自律要求及标准，对后人加强道德修养具有启发作用，值得有选择地继承。

4. 道德具有精神和实践的内容统一性

道德作为精神，与科学、艺术等其他精神不同，是以指导行为为目的、以形成人们正确的行为方式为内容的精神，因此又是实践的。道德区别于其他社会意识的根本特征就在于它是一种实践精神，道德存在于人们的意识之中，又表现在人们的现实生活之中，它通过人们处理各种复杂的社会关系表现出来。例如，一个道德水准高的干部绝不会收受贿赂；一个有道德的人绝不会漠视他人陷入困境而不伸出援助之手。

5. 道德具有阶级性

在原始社会，为了生存，共同征服自然，人们的道德观念基本上是一致的。进入阶级社会后，统治阶级为了维护统治，制定了多种规范，如政治规范、法律规范、纪律规范、经济规范、道德规范等，用这些规范制约人们的行为。道德就是一定社会、一定阶级的人们提出的，处理人与人、个人与社会之间各种关系的一种特殊行为规范。例如，封建社会农民阶级的道德与地主阶级的道德不同，资本主义社会无产阶级的道德与资产阶级的道德不同。

提示

道德调整的是以下四种关系：个人与个人之间的关系（如个人与父母、兄弟姐妹、朋友之间）；个人与社会集体之间的关系（如个人与单位之间）；社会集体之间的关系（如企事业单位之间、团体之间）；人与自然之间的关系。

四、道德的作用

（一）道德的社会作用

1. 道德促进经济基础的形成和发展

道德为其赖以产生的经济基础提供精神支持，从道义上论证其合理性和正义性。道德调节可以促进经济基础的形成、巩固和发展，同时谴责和否定不利于经济基础的思想和行为。

2. 道德影响社会生产力的发展

道德是影响社会生产力发展的重要精神力量。进步的道德观念对生产力和科学技术的发展起积极的推动作用，道德水平高的科技工作者会以极大的热情投入工作，在业务上精益求精，只有如此，在科学上才会有新发现，技术上才会有创新，进而为社会创造无穷的财富。

3. 道德在阶级社会是阶级斗争的重要工具

不同的阶级有不同的道德，从属于每个阶级的道德都是为本阶级利益服务的，在阶级社会进行阶级斗争时，道德就成了阶级斗争的工具，如封建社会统治者宣扬忠君思想，如“君让臣死臣不得不死”“普天之下莫非王土，率土之滨莫非王臣”，以此确保皇权的神圣不可侵犯；而农民阶级则提出“等贵贱、均贫富”“王侯将相宁有种乎”“普天之下皆兄弟，上帝视之皆赤子”的思想。

4. 道德对维护正常的社会秩序具有重要作用

自从有了人类社会，人与人之间便产生了各种各样的社会关系，同时也产生了各种矛盾和斗争，而道德可以在矛盾双方间起到调节作用。道德告诉人们行为准则以及评判标准，人们若按统一规范去行动，人际关系就会被理顺，矛盾就会减少，社会就会稳定。

（二）道德的个体作用

对个体来说，道德具有认识、调节、评价和教化的作用。

1. 道德的认识作用

道德就是要使人认识到个人在社会、职业和家庭中应担负的责任，也就是认识到社会、职业和家庭对个人的道德要求。人具有自然属性和社会属性，自然属性是天生的，如进食、求生、占有等欲望；社会属性则是后天的，是逐渐形成的。人需要自然属性，更需要社会属性，因为人是不可能脱离社会存在的。如果人不对自己的自然属性加以必要的约束、克服，人的社会属性就不会形成，社会也就不会存在。要使一个人形成社会属性，对其进行道德塑造就显得非常重要。而进行道德塑造的第一步，就是要认识到社会对我们提出了哪些要求，要求我们在道德范围内做哪些事情。

道德的认识作用还体现在对社会道德规范的认识上。社会对各种角色都有相应的系统的道德规范，如企业家有企业家的道德规范、教师有教师的道德规范等，任何人只要进入社会，成为社会的一员，就必须遵守道德规范。通过遵循道德规范，个体能够发展出诚实、正直、同情心和责任感等高尚品质，形成健康的人格。

2. 道德的调节作用

一个人在社会交往中，形成了多种多样的交际关系和多种多样的利益关系。怎么交往？用什么态度交往？用怎样的责任心去交往？只有通过道德调节，才能协调好各种关系，让自己的行为更符合社会道德规范。如果道德调节作用消失了，人们都按照本能去选择，按照人的自然属性去解决问题，社会就会变得一团糟，因此，人们必须按社会属性去交往，道德感就是社会属性。道德规范作为指导人们行为的标准，帮助个体在面对选择和决策时做出正确的判断。例如，公共礼仪等道德规范，指导着个体的日常行为，有利于提升社会文明程度。

3. 道德的评价作用

人的社会属性要求每个人不仅要关注自我，更要关注社会。关注社会的一个很重要的方面就是要对社会上发生的各种事情进行善恶评价、道德评价。这些道德评价积累、发展到一定阶段就变成道德舆论。现代社会的一个隐患就是人们在道德上的麻木——对社会上违背道德规范的事情不发言、不表态，有些人甚至根本不产生道德情感，这是非常危险的趋势。我们必须要对社会行为进行评价，要分清善恶、明辨是非。如果每个人都来参与道德评价，就能形成一种强大的道德舆论力量，使社会道德规范更为完善，充分发挥道德的评价作用。

4. 道德的教化作用

道德是后天的，道德是可以教化人的。道德可以提升人的精神境界，可以使人的自然属性渐渐缩小、社会属性渐渐放大，有助于把不文明、野蛮变成文明。正是基于道德的教化作用，党中央、国务院几次下发关于加强和改进公民道德建设的文件，其目的就是通过道德教育来形成良好的社会道德风尚，培养合格的各行业人才。

提示

不侵犯他人、集体和社会的利益是对每个公民最基本的道德要求。

五、新时代公民道德建设

2019 年 10 月，中共中央、国务院印发《新时代公民道德建设实施纲要》，进一步明确新时代公民道德建设的总体要求、重点任务，对新时代公民道德建设作出了全面部署。这是新时代社会主义精神文明建设的又一重大举措，翻开了新时代公民道德建设新的一页，必将为全国各族人民走好新时代长征路提供源源不断的精神动力和道德滋养，为实现“两个一百年”奋斗目标凝聚起磅礴的能量。

（一）“四德”的概念

党的十七大报告指出，要推动社会主义文化的发展和繁荣，必须大力弘扬爱国主义、集体主义、社会主义思想，以增强诚信意识为重点，加强社会公德、职业道德、家庭美德、个人品德建设。明确提出要把社会公德、职业道德、家庭美德、个人品德（简称“四德”）建设作为新时代公民道德建设的着力点。

（二）“四德”的关系

在新时代公民道德建设中，社会公德、职业道德、家庭美德、个人品德这四个道德是有机统一体，其外延由大到小，内涵由浅到深，共同构成一个完善的道德体系。

在“四德”建设中，人的能动性及个人品德建设至关重要，在加强社会主义道德建设、构建和谐文化体系的进程中，个人的修养特别是个人品德的修养是树立四德意识、规范言行举止、建设和谐家庭、模范地做好工作、维护社会和谐的基础。可以说，个人品德修养犹如石投水中引起环形水波一样，是“四德”建设的波源和基点。

要求每个人在道德建设过程中自觉地以个人品德修养为起点，首先向内下功夫。社会公德、职业道德、家庭美德、个人品德体现为一种系列关系，个人品德是系列之始，即个人品德、修养、构建和谐家庭、建设和谐社会有内在的统一性，个人品德修养是社会公德的扩大，家庭美德、职业道德、社会公德是个人品质的外化与扩大。同时，在道德建设与人的关系中，人还是道德的体现者，只有个人具备优良品德修养才能由己及人，才能由己及家庭、集体和社会。我们常说，榜样的力量是无穷的，和谐文化中道德建设也是如此。

（三）“四德”的要求

必须培养践行“四德”的能力。不仅要有建设“四德”、实践“四德”的愿望，还要具备践行“四德”的能力。个人必须培养践行“四德”的素质和能力，具有自觉践行“四德”的社会责任感。为此，需要树立爱国主义、集体主义、社会主义思想，加强理想信念教育，不断增强为中华民族伟大复兴贡献力量的信念和信心。

（四）“四德”建设的主要内容

根据《新时代公民道德建设实施纲要》的规定，新时代公民道德建设的主要内容见表 1-1。

表 1-1　新时代公民道德建设的主要内容

项目	主要内容	“四德”建设
社会公德	以“善”字为核心，引导群众常怀善心、常行善举、以善为乐	社会公德建设主要包括：文明礼貌、助人为乐、爱护公物、保护环境和遵纪守法等，以“礼仪”为核心
职业道德	以“诚”字为核心，引导群众以诚立身、诚挚待人、以诚兴业	职业道德建设主要包括：诚实守信、爱岗敬业、办事公道、热心服务、奉献社会等，以“诚信”为核心
家庭美德	以“孝”字为核心，引导群众以孝为本、勤俭持家、孝俭养德	家庭美德建设主要包括：夫妻和睦、孝敬长辈、关爱孩子、邻里团结、勤俭持家等，以“和睦”为核心
个人品德	以“强”字为核心，引导群众自强不息、奋进不止、争先创优	个人品德建设主要包括：友善互助、正直宽容、明礼守信、热情诚恳、自强自立等，以“友善”为核心

自测题

1-1　道德是一种行为规范，它所包含和要解决的主要矛盾是（　　）。

A. 善与恶　　B. 公正和偏私

C. 诚实和虚伪　　D. 个人利益和集体利益

【答案】 A

1-2　不属于道德特征的是（　　）。

A. 规范性　　B. 广泛性　　C. 自在性　　D. 统一性

【答案】 C

1-3　《新时代公民道德建设实施纲要》在总体要求中明确指出，持续强化教育引导、实践养成、制度保障，不断提升公民道德素质，促进人的全面发展，培养和造就（　　）。

A. 担当社会主义现代化的时代新人

B. 担当民族复兴大任的时代新人

C. 社会主义建设者和接班人

D. 新时代的爱国者与奋斗者

【答案】 B

1-4　《新时代公民道德建设实施纲要》强调坚持马克思主义道德观、社会主义道德观，倡导共产主义道德，以（　　）为核心，以（　　）为原则，以爱祖国、爱人民、爱劳动、爱科学、爱社会主义为基本要求，始终保持公民道德建设的社会主义方向。

A. 为人民服务　集体主义

B. 凝聚共识　集体主义

C. 为人民服务　爱国主义

D. 凝聚共识　爱国主义

【答案】 A

1-5　下列属于新时代公民道德建设的重点任务的有（　　）。

A. 筑牢理想信念之基

B. 传承中华传统美德

C. 弘扬民族精神和时代精神

D. 抓好网络空间道德建设

【答案】 ABC

六、新时代爱国主义教育

《新时代爱国主义教育实施纲要》由中共中央、国务院于 2019 年 11 月印发实施。这是为大力弘扬爱国主义精神，把爱国主义教育贯穿国民教育和精神文明建设全过程而制定的。

（一）《新时代爱国主义教育实施纲要》概述

《新时代爱国主义教育实施纲要》旨在大力弘扬爱国主义精神，并将其贯穿国民教育和精神文明建设全过程。

1. 出台背景

在 2019 年新中国成立 70 周年的重要节点上，各界群众用多种方式表达爱国主义情怀，充分说明了祖国在广大人民群众心中的地位。大力弘扬爱国主义精神，是顺应民意，体现了人民的呼声。同时中国特色社会主义进入新时代，实现中华民族伟大复兴的中国梦需要全体人民共同努力，加强爱国主义教育具有重大而深远的意义。

2. 指导思想

坚持以马克思列宁主义、毛泽东思想、邓小平理论、“三个代表”重要思想、科学发展观、习近平新时代中国特色社会主义思想为指导，增强“四个意识”，坚定“四个自信”，做到“两个维护”，着眼培养担当民族复兴大任的时代新人，始终高扬爱国主义旗帜，着力培养爱国之情、砥砺强国之志、实践报国之行，使爱国主义成为全体中国人民的坚定信念、精神力量和自觉行动。

3. 教育对象

新时代爱国主义教育要面向全体人民、聚焦青少年。

4. 重点要求

（1）将爱国主义教育纳入国民教育体系，贯穿学校教育全过程，加强学校与家庭、社会的联动，形成爱国主义教育的合力。

（2）组织学生参观爱国主义教育基地等场馆设施，参加校外实践活动，鼓励家长支持、配合学校开展爱国主义教育教学活动。

（3）探索创新爱国主义教育的形式和途径，利用新媒体、新技术等现代手段提升教育效果，结合时代特点，不断丰富和拓展爱国主义教育的内容。

（4）建立爱国主义教育的评估机制，定期对教育效果进行评估和反馈，根据评估结果及时调整和优化教育策略和方法。

（二）基本内容

1. 坚持用习近平新时代中国特色社会主义思想武装全党、教育人民

习近平新时代中国特色社会主义思想是马克思主义中国化最新成果，是党和人民实践经验和集体智慧的结晶，是中国特色社会主义理论体系的重要组成部分，是全党全国人民为实现中华民族伟大复兴而奋斗的行动指南，必须长期坚持并不断发展。要深刻理解习近平新时代中国特色社会主义思想的核心要义、精神实质、丰富内涵、实践要求，不断增强干部群众的政治意识、大局意识、核心意识、看齐意识，坚决维护习近平总书记党中央的核心、全党的核心地位，坚决维护党中央权威和集中统一领导。要紧密结合人们生产生活实际，推动习近平新时代中国特色社会主义思想进企业、进农村、进机关、进校园、进社区、进军营、进网络，真正使党的创新理论落地生根、开花结果。要在知行合一、学以致用上下功夫，引导干部群众坚持以习近平新时代中国特色社会主义思想为指导，展现新气象、激发新作为，把学习教育成果转化为爱国报国的实际行动。

2. 深入开展中国特色社会主义和中国梦教育

中国特色社会主义集中体现着国家、民族、人民根本利益。要高举中国特色社会主义伟大旗帜，广泛开展理想信念教育，用党领导人民进行伟大社会革命的成果说话，用改革开放以来社会主义现代化建设的伟大成就说话，用新时代坚持和发展中国特色社会主义的生动实践说话，用中国特色社会主义制度的优势说话，在历史与现实、国际与国内的对比中，引导人们深刻认识中国共产党为什么“能”、马克思主义为什么"行"、中国特色社会主义为什么"好"，牢记红色政权是从哪里来的、新中国是怎么建立起来的，倍加珍惜我们党开创的中国特色社会主义，不断增强道路自信、理论自信、制度自信、文化自信。要深入开展中国梦教育，引导人们深刻认识中国梦是国家的梦、民族的梦，也是每个中国人的梦，深刻认识中华民族伟大复兴绝不是轻轻松松、敲锣打鼓就能实现的，要付出更为艰巨、更为艰苦的努力，争做新时代的奋斗者、追梦人。

3. 深入开展国情教育和形势政策教育

要深入开展国情教育，帮助人们了解我国发展新的历史方位、社会主要矛盾的变化，引导人们深刻认识到，我国仍处于并将长期处于社会主义初级阶段的基本国情没有变，我国是世界上最大发展中国家的国际地位没有变，始终准确把握基本国情，既不落后于时代，也不脱离实际、超越阶段。要深入开展形势政策教育，帮助人们树立正确的历史观、大局观、角色观，了解世界正经历百年未有之大变局，我国仍处于发展的重要战略机遇期，引导人们清醒认识国际国内形势发展变化，做好我们自己的事情。要发扬斗争精神，增强斗争本领，引导人们充分认识伟大斗争的长期性、复杂性、艰巨性，敢于直面风险挑战，以坚忍不拔的意志和无私无畏的勇气战胜前进道路上的一切艰难险阻，在进行伟大斗争中更好地弘扬爱国主义精神。

4. 大力弘扬民族精神和时代精神

以爱国主义为核心的民族精神和以改革创新为核心的时代精神，是凝心聚力的兴国之魂、强国之魂。要聚焦培养担当民族复兴大任的时代新人，培育和践行社会主义核心价值观，广泛开展爱国主义、集体主义、社会主义教育，提高人们的思想觉悟、道德水准和文明素养。要唱响人民赞歌、展现人民风貌，大力弘扬中国人民在长期奋斗中形成的伟大创造精神、伟大奋斗精神、伟大团结精神、伟大梦想精神，生动展示人民群众在新时代的新实践、新业绩、新作为。

5. 广泛开展党史、国史、改革开放史教育

历史是最好的教科书，也是最好的清醒剂。要结合中华民族从站起来、富起来到强起来的伟大飞跃，引导人们深刻认识历史和人民选择中国共产党、选择马克思主义、选择社会主义道路、选择改革开放的历史必然性，深刻认识我们国家和民族从哪里来、到哪里去，坚决反对历史虚无主义。要继承革命传统，弘扬革命精神，传承红色基因，结合新的时代特点赋予新的内涵，使之转化为激励人民群众进行伟大斗争的强大动力。要加强改革开放教育，引导人们深刻认识改革开放是党和人民大踏步赶上时代的重要法宝，是坚持和发展中国特色社会主义的必由之路，是决定当代中国命运的关键一招，也是决定实现"两个一百年"奋斗目标、实现中华民族伟大复兴的关键一招，凝聚起将改革开放进行到底的强大力量。

6. 传承和弘扬中华优秀传统文化

对祖国悠久历史、深厚文化的理解和接受，是爱国主义情感培育和发展的重要条件。要引导人们了解中华民族的悠久历史和灿烂文化，从历史中汲取营养和智慧，自觉延续文化基因，增强民族自尊心、自信心和自豪感。要坚持古为今用、推陈出新，不忘本来、辩证取舍，深入实施中华优秀传统文化传承发展工程，推动中华文化创造性转化、创新性发展。要坚守正道、弘扬大道，反对文化虚无主义，引导人们树立和坚持正确的历史观、民族观、国家观、文化观，不断增强中华民族的归属感、认同感、尊严感、荣誉感。

7. 强化祖国统一和民族团结进步教育

实现祖国统一、维护民族团结，是中华民族的不懈追求。要加强祖国统一教育，深刻揭示维护国家主权和领土完整、实现祖国完全统一是大势所趋、大义所在、民心所向，增进广大同胞心灵契合、互信认同，与分裂祖国的言行开展坚决斗争，引导全体中华儿女为实现民族伟大复兴、推进祖国和平统一而共同奋斗。深化民族团结进步教育，铸牢中华民族共同体意识，加强各民族交往交流交融，引导各族群众牢固树立“三个离不开”思想，不断增强“五个认同”，使各民族同呼吸、共命运、心连心的光荣传统代代相传。

“三个离不开”思想的具体内容为：“我们伟大的中华民族，是由56个民族构成的，在我们祖国的大家庭里，各民族之间的关系是社会主义的新型关系，汉族离不开少数民族，少数民族离不开汉族，各少数民族之间也相互离不开。”①

“五个认同”是铸牢中华民族共同体意识的核心，具体内容为：对伟大祖国、中华民族、中华文化、中国共产党、中国特色社会主义的认同。

8. 加强国家安全教育和国防教育

国家安全是安邦定国的重要基石。要加强国家安全教育，深入学习宣传总体国家安全观，增强全党全国人民国家安全意识，自觉维护政治安全、国土安全、经济安全、社会安全、网络安全和外部安全。要加强国防教育，增强全民国防观念，使关心国防、热爱国防、建设国防、保卫国防成为全社会的思想共识和自觉行动。要深入开展增强忧患意识、防范化解重大风险的宣传教育，引导广大干部群众强化风险意识，科学辨识风险、有效应对风险，做到居安思危、防患未然。

（三）丰富新时代爱国主义教育的实践载体

根据《新时代爱国主义教育实施纲要》的规定，新时代爱国主义教育的实践载体如下：

（1）建好用好爱国主义教育基地和国防教育基地，强化爱国主义教育和红色教育功能。

（2）注重运用仪式礼仪。认真贯彻执行国旗法、国徽法、国歌法，强化国家意识和集体观念。

（3）组织重大纪念活动。充分挖掘重大纪念日、重大历史事件蕴含的爱国主义教育资源，组织开展系列庆祝或纪念活动和群众性主题教育。

---

① 如何理解“汉族离不开少数民族，少数民族离不开汉族，各少数民族之间也相互离不开”?. 光明日报，2009-09-04.

（4）发挥传统和现代节日的涵育功能。大力实施中华传统节日振兴工程，深化“我们的节日”主题活动，引导人们感悟中华文化、增进家国情怀。

（5）依托自然人文景观和重大工程开展教育。寓爱国主义教育于游览观光之中，引导人们领略壮美河山，投身美丽中国建设。

自测题

1-6　（　　）是中华民族的民族心、民族魂，是中华民族最重要的精神财富，是中国人民和中华民族维护民族独立和民族尊严的强大精神动力。

A. 文化自信　　B. 集体主义

C. 爱国主义　　D. 民族团结

【答案】 C

1-7　（　　）是爱国主义精神最坚定的弘扬者和实践者。

A. 工人阶级　　B. 劳动人民

C. 中国共产党　　D. 基层群众

【答案】 C

1-8　《新时代爱国主义教育实施纲要》提出，要坚持把（　　）作为鲜明主题。

A. 实现中华民族伟大复兴的中国梦

B. 爱国和爱党、爱社会主义

C. 走中国特色社会主义道路

D. 维护祖国统一和民族团结

【答案】 A

第 2 节　职业道德概述

一、职业道德的概念

职业道德的概念有广义和狭义之分。

广义的职业道德是指从业人员在职业活动中应该遵循的行为准则，涵盖从业人员与服务对象、职业与职工、职业与职业之间的关系。

狭义的职业道德是指在一定职业活动中应遵循的，体现一定职业特征、调整一定职业关系的职业行为准则和规范。

二、职业道德的发展

职业道德是随着社会分工的发展并出现相对固定的职业集团时产生的。人们的职业生活实践是职业道德产生的基础。在原始社会末期，由于生产和交换的发展，出现了农业、手工业、畜牧业的分工，职业道德开始萌芽。进入阶级社会以后，又出现了商业、政治、军事、教育、医疗等不同领域的多种职业，在一定的社会经济关系基础上，这些特定的职业不但要求人们具备特定的知识和技能，而且要求人们具备特定的道德观念、情感和品质。各种职业集团为了维护职业利益和信誉，适应社会的需要，在职业实践中根据一般社会道德的基本要求，逐渐形成了职业道德规范。

古代就有关于职业道德规范的记载。例如，《孙子兵法》中就有“将者，智、信、仁、勇、严也”的记载。智、信、仁、勇、严这五德被中国古代兵家称为“将之德”。明代兵部尚书于清端提出的封建官吏道德修养的六条标准，被称为“亲民官自省六戒”，其内容是“勤抚恤、慎刑法、绝贿赂、杜私派、严征收、崇节俭”。中国古代的医生在长期的医疗实践中形成了优良的医德传统，“疾小不可云大，事易不可云难，贫富用心皆一，贵贱使药无别”，成为医界长期流传的医德格言。《希波克拉底誓言》，是西方最早的医界职业道德文献。一定社会的职业道德是由该社会的分工状况和经济制度所决定和制约的。

在封建社会，自给自足的自然经济和封建等级制不仅限制了职业之间的交往，而且阻碍了职业道德的发展。只是在某些工业、商业的行会条规以及从事医疗、教育、政治、军事等职业的著名人物的言行和著作中包含有职业道德的内容，在这些社会的行业中，也出现过具有高超技艺和高尚品德的人物，他们的职业道德行为和品质受到广大群众的称颂，并世代相袭，逐渐形成优良的职业道德传统。

资本主义的萌芽和商品经济的发展，促进了社会分工的扩大，职业和行业也日益增多、复杂。各种职业集团为了增强竞争能力，增加利润，纷纷提倡职业道德，以提高职业信誉。在许多国家和地区还成立了职业协会，制定协会章程，规定职业宗旨和职业道德规范，从而促进了职业道德的普及和发展。在资本主义社会，不但先前已有的将德、官德、医德、师德等得到进一步丰富和完善，而且出现了许多新的职业道德，如企业道德、商业道德、律师道德、科学道德、编辑道德、作家道德、画家道德、体育道德等。但是，由于资产阶级的利己主义和金钱至上的观念，职业道德的作用在资本主义社会中受到很大的局限，某些职业道德具有虚伪性，需要时提倡，不需要时就践踏，并往往做表面文章，自我吹嘘。

社会主义的职业道德是适应社会主义物质文明和精神文明建设的需要，在共产主义道德原则的指导下，在批判地继承了历史上优秀的职业道德传统的基础上发展起来的。在社会主义社会，各行各业没有高低贵贱之分，在职业内部的从业人员之间、不同职业之间以及职业集团与社会之间没有根本的利害冲突，因此，不同职业的人们可以形成共同的要求和道德理想，树立热爱本职工作的责任感和荣誉感。中国各行各业制定的职业公约，如商业和其他服务行业的“服务公约”、人民解放军的“军人誓词”、科技工作者的“科学道德规范”以及工厂企业的“职工条例”中的一些规定，都属于社会主义职业道德的内容，它们在职业生活中发挥了巨大的作用。

三、职业道德的特征

职业道德是道德在职业实践活动中的具体体现，除了具有道德的一般特征，还具有以下特征。

（一）职业性（行业性）

职业道德的内容与职业实践活动紧密相连，反映特定职业活动对从业人员行为的道德要求。所以，职业道德的行业性很强，不具有全社会普遍的适用性。一定的职业道德规范只适用于一定的职业活动领域；有些具体的行业道德规范只适用于本行业，在其他行业不完全适用或完全不适用。

（二）实践性

职业行为过程就是职业实践过程，只有在实践过程中才能体现出职业道德的水准。职业道德的作用是调整职业关系，对从业人员职业活动的具体行为进行规范，解决现实生活中的具体道德冲突。

由于职业活动都是具体的实践活动，因此根据职业实践经验概括出来的职业道德规范具有较强的针对性、实践性。它形成条文，一般采用行业公约、工作守则、行为须知、操作规程等具体的规章制度形式，来教育、约束本行业的从业人员，并且公之于众，让行业内外人员（包括服务对象）检查、监督。

（三）继承性

职业道德作为社会意识形态的一种特殊形式，是由社会经济关系决定的，随着社会经济关系的变化而改变。但是，由于职业首先是与职业活动紧密结合的，即使在不同的社会经济发展阶段，同一种职业因服务对象、服务手段、职业利益、职业责任和义务相对稳定，其职业行为的道德要求的核心内容也会得到继承和发扬。因此，职业道德具有较强的相对稳定性和历史继承性的特点。例如，教师“诲人不倦”、医生“救死扶伤”、商人“买卖公平”等道德要求在这些行业中世代相传，并且不断丰富和发展。

（四）多样性

不同职业的人员在特定的职业活动中形成了特殊的职业关系，包括职业主体与职业服务对象之间的关系、职业团体之间的关系、同一职业团体内部人与人之间的关系，以及职业劳动者、职业团体与国家之间的关系等。为了协调这些复杂的、特殊的社会关系，除了需要政治的、行政的、法律的、经济的规范和手段之外，还需要一种适应职业生活特点的调节职业社会关系的规范和手段，由此形成了不同职业人员的道德规范，即职业道德。如医生的职业道德是救死扶伤、治病救人、实行人道主义；法官的职业道德是清正廉明、刚直不阿；商人的职业道德是买卖公平、童叟无欺；注册会计师的职业道德是独立、客观、公正；军人的职业道德是服从命令、不怕牺牲。这些职业道德规范用来指导和约束职业行为，以保证职业活动的正常进行。

四、职业道德的作用

（一）调节职业关系和促进行业和谐

职业道德能够调节从业人员内部以及从业人员与服务对象间的关系，有助于减少冲突，建立和谐的职业环境。通过规范从业者的行为，职业道德有助于促进职业间的合作与团结，共同推动行业的健康发展。

（二）维护和提高职业形象

遵守职业道德能够树立良好的职业形象，提高职业声誉，增强公众对行业的信任度。个人通过遵守职业道德规范，能够提升个人的职业形象，赢得他人的尊重和认可。

（三）保障公共利益，维护社会秩序

职业道德规范了从业者的行为，确保他们在追求个人利益的同时，不损害公共利益，从而维护了社会秩序的稳定。

职业道德可以规范从业者的行为，提高从业者的职业素养和职业技能，为职业发展提供有力保障。在一个重视职业道德的环境中，从业者更容易获得成长和进步的机会，实现个人价值。

（四）增强职业责任感

职业道德要求从业者对职业和社会负责，这有助于增强从业者的职业责任感，使他们更加认真地对待工作，为社会创造更多价值。职业道德是社会精神文明建设的重要组成部分，它要求从业者在职业活动中遵循道德规范，体现社会主义核心价值观。践行职业道德，可以推动社会风气的改善，提高全社会的道德水平。

案例

人民英雄陈薇

陈薇，中国工程院院士，生物安全专家，抗击“非典”（SARS）的杰出科学家，2020年9月被授予“人民英雄”国家荣誉称号。

1966年，陈薇出生在浙江省金华市兰溪县。少女时代的陈薇是典型的江南女

孩，一头长发、柔美秀丽。成为女科学家，是陈薇从没想过的事情。初中毕业时，跟当时大部分学习好的孩子一样，她打算选择到师范学校读中专，这样就可以早早就业，成为一名光荣的人民教师。就在人生选择的岔路口上，物理老师对她说："你学习成绩这么好，我相信你读了高中后，一定能够考上一所好的大学。"就是这句话，让陈薇改变了读中专的计划。1984年，她以优异的成绩考入浙江大学，学习化工专业。

1988年，即将毕业的陈薇获得了系里唯一保送清华大学的资格，攻读生物化工专业研究生。跟人们想象中的理科生不同，陈薇尤其热爱文学和舞蹈，更喜欢有挑战性的事情，她担任过《清华研究生通讯》杂志副主编，常常光顾周末学生食堂舞会，还是清华大学咖啡厅的首批女服务员。

在清华园，能力出众、打扮前卫时尚的她，走到哪里都是一道很靓丽的风景。这位引人注目的清华"女神"携笔从戎，走上与"毒"作战的科研道路，而且埋首一干就是近30年！

在陈薇从清华毕业前，她已经与深圳一家著名生物公司签约。她曾这样回忆这段往事："记得那家公司特高兴，还请我和导师丛进阳老师在香格里拉饭店签了约，那是我第一次进五星级饭店……"然而，签约后不久，一次偶然的相遇彻底改变了陈薇的人生轨迹！

那是1990年12月，导师安排陈薇去军事医学科学院取回实验需要的抗体。走进军事医学科学院，陈薇才第一次了解到，中国竟然有这样一个特殊的单位！1951年，周恩来总理亲自签署命令，从全国抽调最优秀的科学家成立军事医学科学院，军事医学科学院担负起国家防御核武器、化学武器和生物武器的特殊使命。

回到学校之后，陈薇热血沸腾、辗转难眠，她心中产生一种投身其中、贡献才智的强烈愿望。可是，她想参军的想法招来一片反对，好多人劝说她："清华人到部队去等于是埋没了自己，入伍就意味着落伍。"当时，陈薇的同学们，不是选择去大企业就是出国，没有一个选择到部队去的。独立且有主见的陈薇，坚定了自己的选择，她穿上了一身戎装，投身国防！然而，真的从一个学生变成军人，陈薇才发现，理想和现实存在很大的差距。部队生活不比校园，既单调又清苦。

时间不长，与陈薇同期入伍的人陆陆续续离开了部队，唯有陈薇坚持了下来。她后来回忆："即使1993年在庐山的一次全国学术会议上与师弟何询不期而遇，得知双方收入差距在百倍以上，也没有动摇我的军心……"部队生活最不容易承受的是寂寞，但她始终沉下心来潜心钻研，日复一日、年复一年。

2020年，面对突如其来的新冠疫情，全世界科学家都在努力研发新冠疫苗，陈薇是曾阻击SARS、终结埃博拉的"种子选手"，来到武汉，她的重要使命就是带领团队，与新冠病毒展开较量。2020年3月3日，我们等来了她的好消息：由陈薇领衔的科研团队闻令即动、争分夺秒，集中力量展开应急科研攻关，在新冠疫苗研制方面取得了重要阶段性成果。

自测题

1-9 在一定职业活动中应遵循的，体现一定职业特征、调整一定职业关系的职业行为准则和规范是（　　）。

A. 狭义的职业道德　　B. 广义的职业道德

C. 一定职业道德　　D. 会计职业道德

【答案】 A

1-10 职业道德是同人们的（　　）紧密相连的具有自身职业特征的道德准则、职业行为规范的总和。

A. 道德活动　　B. 职业活动　　C. 经济活动　　D. 政治活动

【答案】 B

1-11 （　　）是职业道德的出发点和归宿。

A. 爱岗敬业　　B. 诚实守信　　C. 办事公道　　D. 奉献社会

【答案】 D

1-12 职业道德可以（　　）。

A. 调整职业内部间的关系

B. 调整职业间的关系

C. 调整职业工作者与服务对象的关系

D. 调整一切社会关系

【答案】 ABC

练习题

一、单项选择题

1. 广义的职业道德是指从业人员在职业活动中应遵守的（　　）。

A. 基本规章　　B. 工作纪律　　C. 行为准则　　D. 行为方式

2. 狭义的职业道德是指在一定职业活动中应遵循的，体现一定职业特征、调整一定职业关系的职业行为（　　）。

A. 规章和要求　　B. 准则和规范

C. 规则和纪律　　D. 纪律和规范

3. 职业道德的本质是由（　　）决定的。

A. 社会实践　　B. 经济基础

C. 社会经济关系　　D. 上层建筑

4. 职业道德具有职业性、继承性、多样性和（　　）的特征。

A. 强制性　　B. 实践性　　C. 统一性　　D. 不变性

5. 下列有关道德惩罚与法律惩罚关系的表述中，正确的是（　　）。

A. 道德惩罚可以替代法律惩罚

B. 法律惩罚可以替代道德惩罚

C. 法律惩罚和道德惩罚并行不悖

D. 法律惩罚和道德惩罚相互排斥

6. 现实社会中，道德准则和法律准则是（　　）的。

A. 相互联系　B. 相互排斥　C. 相互制约　D. 完全等同

7. 在人类的社会实践中，（　　）是评价善与恶、美与丑、正与邪、是与非、诚实与虚伪的标准。

A. 道德　B. 传统习惯　C. 法律法规　D. 社会舆论

8.（　　）是适应职业生活特点的并且能调节职业社会关系的规范和手段。

A. 政治规定　B. 职业道德　C. 法律约束　D. 精神鼓励

9. 职业道德是同人们的（　　）紧密相连的，具有自身职业特征的道德准则、执业行为规范的总和。

A. 道德活动　B. 经济活动　C. 职业活动　D. 政治活动

二、多项选择题

1. 下列关于法律惩罚和道德惩罚的说法中，错误的是（　　）。

A. 道德惩罚可以替代法律惩罚

B. 法律惩罚和道德惩罚并行不悖

C. 法律惩罚和道德惩罚是相互对立的

D. 法律惩罚可以替代道德惩罚

2. 广义的职业道德涵盖了（　　）之间的关系。

A. 从业人员与服务对象　B. 职业与职工

C. 职业与职业　D. 职业与行业

3. 狭义的职业道德是指（　　）的职业行为准则和规范。

A. 在一定职业活动中应遵循　B. 体现一定职业特征

C. 符合一定职业要求　D. 调整一定职业关系

4. 下列属于职业道德特征的是（　　）。

A. 职业性　B. 实践性　C. 继承性　D. 合法性

5. 下列属于注册会计师的职业道德的是（　　）。

A. 坚守恪守独立、客观和公正的原则　B. 保持和提高专业胜任能力

C. 遵守独立审计准则等职业规范　D. 诚信为客户服务

6. 下列有关职业道德的作用的阐述中，正确的有（　　）。

A. 能促进职业活动的健康进行　B. 能提升个人的职业素养

C. 能促进社会的和谐发展　D. 对社会道德风尚产生积极影响

7. 下列各项中，属于职业道德的主要内容的是（　　）。

A. 服务群众　B. 爱岗敬业　C. 遵纪守法　D. 参与管理

8. 从业人员职业行为中的基本要求是（　　）。

A. 爱岗敬业　　B. 诚实守信　　C. 遵纪守法　　D. 办事公道

9. 关于职业道德的特征的说法不正确的是（　　）。

A. 职业道德鲜明地体现了职业特征，表达了特定的职业义务和责任

B. 这种职业义务和责任主要反映社会的需求，一般不考虑本职业利益

C. 其内容随时代变化，没有稳定性

D. 不管何种具体职业，都应当遵从普遍的职业道德

10. 下列关于职业道德主要内容的说法中，正确的有（　　）。

A. 爱岗就是热爱自己的工作岗位，热爱本职工作

B. 敬业需要用一种严肃而活泼的态度来对待工作

C. 从业人员在办理业务时要站在公正的立场上

D. 服务群众是对所有从业人员的要求

三、判断题

1. 狭义的职业道德是指在一定职业活动中应遵循的，体现一定职业特征、调整一定职业关系的职业行为准则和规范。（　　）

2. 道德准则和法律准则是相互联系的。（　　）

3. 道德惩罚和法律惩罚是相互包容的关系。（　　）

4. 行业性是职业道德的特征之一。（　　）

5. 在不同的社会经济发展阶段，同一种职业因服务对象、服务手段、职业利益、职业责任和义务相对稳定，其职业行为的道德要求的核心内容也会得到继承和发扬。（　　）

6. 职业道德能够促进职业活动健康进行，能对社会道德风尚产生积极影响。（　　）

7. 爱岗与敬业精神是相互连通的，是相互包容的。（　　）

8. 服务群众仅仅是对各级领导及公务员的要求。（　　）

9. 诚实守信是职业道德中的最高境界，也是做人的最高境界。（　　）

10. 爱岗敬业、诚实守信是对从业人员的职业行为的基本要求。（　　）

第 1 章即测即评

第 2 章

会计职业道德概述

引　言

党的二十大报告提出弘扬诚信文化，指出“提高全社会文明程度。实施公民道德建设工程，弘扬中华传统美德”，“弘扬诚信文化，健全诚信建设长效机制”。

要加强公民道德建设，推动形成适应新时代要求的思想观念、精神面貌、文明风尚、行为规范。会计职业道德是会计职业的基石，会计人员的诚信和专业行为对于公众、企业和市场都具有重要的影响力。通过学习会计职业道德，会计人员能够维护会计行业整体的声誉和形象，赢得公众的信任和尊重。同时，会计人员需要深入学习会计职业道德规范，不断提高自身的道德素质，为行业的健康发展贡献力量。

会计人员作为经济活动中的重要参与者，其诚信行为对于整个社会的信用体系具有重要影响。会计人员的职业道德要求诚实、公正和透明地记录和报告企业的财务信息。会计人员需要自觉遵守职业道德规范，维护良好的个人信用记录，为构建诚实守信的经济社会环境贡献力量。

2023 年 1 月财政部发布《会计人员职业道德规范》，对会计人员准确把握《会计人员职业道德规范》提出要求，将有关要求落实到具体会计工作中，使其成为广大会计人员普遍认同和自觉践行的行为准则；推动高校财会类专业加强职业道德教育，将会计人员职业道德的规范要求有机融入教学内容；指导用人单位加强会计人员职业道德教育，将遵守职业道德情况作为评价、选用会计人员的重要标准。

第 1 节　会计职业道德的概念与特性

一、会计职业道德的概念

《中华人民共和国会计法》（简称《会计法》）第三十七条规定，“会计人员应当遵守职业道德，提高业务素质，严格遵守国家有关保密规定”。

会计职业道德是指在会计职业活动中应当遵循的，体现会计职业特征、调整会计职业关系的职业行为准则和规范。

会计职业道德是调整会计职业活动中各种利益关系的手段，具有相对的稳定性和广泛的社会性。会计职业道德规范的对象，既有会计人员，也有注册会计师，两者都是以会计信息为载体从事工作，从广义上说都是会计人员的一部分。

会计职业道德的具体含义主要有以下三点。

（一）会计职业道德是调整会计职业活动利益关系的手段

在市场经济条件下，会计职业活动中的各种经济关系日趋复杂，这些经济关系的实质是经济利益关系。

在我国社会主义市场经济建设中，各经济主体的利益与国家利益、社会公众利益时常发生冲突。会计职业道德可以配合国家法律制度，调整职业关系中的经济利益关系，维护正常的经济秩序。会计职业道德允许个人和各经济主体获取合法的自身利益，但反对通过损害国家和社会公众利益而获取违法利益。

（二）会计职业道德具有相对的稳定性

会计是一门实用性很强的经济学科，是为加强经营管理、提高经济效益、规范市场经济秩序、维护社会公众利益服务的。市场经济的客观性是通过价值规律表现出来的。任何社会和个人，对于客观经济规律，只能在认识的基础上，去主动适应、掌握和运用它，而不能去改造它，更不能违背它。在市场经济活动中，作为对单位经济业务事项进行确认、计量、记录和报告的会计，会计标准的设计、会计政策的制定、会计方法的选择，都必须遵循其内在的客观经济规律和要求。由于人们面对的是共同的客观经济规律，因此，会计职业道德主要依附于历史继承性和经济规律，在社会经济关系不断的变迁中，保持自己的相对稳定性。

没有任何一个社会制度能够容忍虚假会计信息，也没有任何一个经济主体会允许会计人员私自向外界提供或者泄露单位的商业秘密，会计人员在职业活动中诚实守信、客观公正等是会计职业的普遍要求。

（三）会计职业道德具有广泛的社会性

会计职业道德是人们对会计职业行为的客观要求。

从受托责任观念出发，会计目标决定了会计所承担的社会责任。随着企业产权制度改革的不断深化，会计不仅要为政府机构、企业管理层、金融机构等提供符合质量要求的会计信息，而且要为投资者、债权人及社会公众服务。会计因其服务对象涉及社会的方方面面，提供的会计信息是公共产品，所以会计职业道德的优劣将影响国家和社会公众利益。

案例

广夏（银川）实业股份有限公司（简称银广厦）于1994年1月成立，同年6月获准在深圳交易所挂牌上市，成为宁夏首家上市公司。公司曾被誉为“中国第一蓝筹股”，并因其中药现代化、农业产业化及生态建设等领域的贡献而受到广泛认可。然而，银广夏在随后的几年内却陷入了严重的财务造假丑闻。

1. 财务造假情况

（1）虚增收入与利润。根据中国证监会的调查，银广夏在1998年至2001年期间，累计虚增收入超过10亿元，虚增利润达到7.7亿多元。其中，天津广夏作为银广夏的主要子公司，在利润造假中起到了关键作用。据调查，天津广夏从原料购进到生产、销售、出口等环节，伪造了全部单据，包括销售合同、发票、银行票据、出口报关单和所得税免税文件等。

（2）造假手段。公司在多个子公司中采用多种手段虚增利润，如虚假确认电视片广告收入、拍摄费用等；虚构售房收入；多计资本化利息费用、少计经营费用、多提折旧等；通过收取高额利息等方式“做大”利润。

2. 财务数据异常

（1）利润率异常。银广夏在2000年的利润率高达46%，远超同行业平均水平。

（2）出口退税未进行会计处理。若银广夏宣称的出口属实，应产生大量出口退税，但年报中却未体现。

（3）货币资金与应收款项异常。公司2000年销售收入与应收款项保持同步增长，货币资金和应收款项合计与短期借款也保持同步增长，与实际情况不符。

3. 审计失败原因

（1）内部控制失效。银广夏的内部控制体系存在严重缺陷，未能有效识别和防止财务造假行为。

（2）外部审计机构疏忽。审计机构在执行审计过程中未能勤勉尽责，未能发现银广夏的财务造假行为。

（3）监管不足。相关监管机构对银广夏的监管力度不够，未能及时发现和制止其财务造假行为。

4. 案件影响与启示

（1）影响。银广夏的财务造假事件对投资者造成了巨大损失，严重损害了资本市场的公信力，同时，也引发了公众对上市公司财务信息真实性的普遍担忧。

（2）启示。该案例强调了加强上市公司内部控制、提高外部审计机构执业质量和加强监管的重要性。对于投资者而言，应增强风险意识，谨慎投资。对于上市公司而言，应强化内部管理，确保财务信息的真实性、准确性和完整性。对于监管部门而言，应加大对违法违规行为的查处力度，维护资本市场的公平、公正和透明。

二、会计职业道德的特征

会计作为社会经济活动中的一种特殊职业，除了具有职业道德的一般特征外，与其他职业道德相比还具有如下特征。

（一）具有一定的强制性

法律具有强制性，它要求人们“必须这样或那样做”；而道德一般不具有强制性，它要求人们“应该这样或那样做”。但在我国，会计职业道德和其他道德不一样，许多内容都直接纳入会计法律制度，如《会计法》《会计基础工作规范》等都规定了会计职业道德的内容和要求。因此，会计职业道德是一种“思想立法”，它已经超出“应该怎样做”的界限，属于“必须这样做”的范畴。如果不按照“守则”“准则”“条例”去做，有的虽谈不上犯罪，但也是违反职业纪律的，是职业道德所不允许的。会计职业道德的这种独特的强制性，是由会计工作在市场经济活动中的特殊地位决定的。当然，会计职业道德的许多非强制性内容仍然存在，而且也在发挥作用。例如，会计职业道德中的提高技能、强化服务、参与管理、奉献社会等内容虽然是非强制性要求，但直接影响专业胜任能力、会计信息质量和会计职业的声誉，因此也要求会计人员遵守。

（二）较多地关注公众利益

会计职业的一个显著特征是会计职业活动与社会公众利益密切相关。在会计工作中，会计确认、计量、记录和报告的程序、标准和方法，在选择和运用上发生任何变化，都会使与经济主体有关的各方的经济利益受到直接的影响。由于会计人员自身的经济利益往往与其所处的经济主体的利益相一致，因此当经济主体利益与国家利益和社会公众利益出现矛盾时，如果会计人员的利益指向偏向经济主体，那么国家和社会公众的利益就会受损，从而导致产生会计职业道德危机。因此，会计职业的特殊性对会计职业道德提出了更高的要求，要求会计人员做到客观公正，当会计职业活动中发生道德冲突时要坚持准则，把社会公众利益放在第一位。

三、会计职业道德规范的具体内容和要求

2023 年 1 月财政部发布《会计人员职业道德规范》，对会计职业道德提出了规范性要求，从中可以看出财政部的决策部署。各地财政部门、中央有关主管单位应当指导用人单位加强会计人员职业道德教育，将遵守职业道德情况作为评价、选用

会计人员的重要标准。

1. 坚持诚信，守法奉公

这是对会计人员的自律要求。会计人员要牢固树立诚信理念，以诚立身、以信立业，严于律己、心存敬畏。学法知法守法，公私分明、克己奉公，树立良好职业形象，维护会计行业声誉。具体来说，会计人员应该做到以下几点：

（1）诚信为本。会计人员作为经济活动的记录者和监督者，其诚信度直接影响信息使用者的利益，乃至整个社会的经济秩序。因此，会计人员必须树立诚信理念，确保在工作中不偏不倚，以诚待人，以信立业。

（2）严于律己。会计人员要对自己的行为有高度的自律要求，不仅要遵守法律法规，还要遵循职业道德规范，做到公私分明，不利用职权谋取私利。

（3）维护行业声誉。每一位会计人员的行为都代表着会计行业的形象。因此，会计人员要时刻注意自己的言行举止，树立良好的职业形象，共同维护会计行业的声誉。

2. 坚持准则，守责敬业

这是对会计人员的履职要求。会计人员要严格执行准则制度，保证会计信息真实完整。勤勉尽责、爱岗敬业，忠于职守、敢于斗争，自觉抵制会计造假行为，维护国家财经纪律和经济秩序。具体来说，会计人员应该做到以下几点：

（1）严格执行准则。会计人员必须熟悉并严格执行国家财经法规、会计准则和会计制度，确保会计信息的真实性、完整性和准确性。

（2）爱岗敬业。会计人员要热爱自己的工作，全身心投入会计工作中，不断提高自己的业务能力和工作水平。

（3）敢于斗争。面对会计造假等违法行为，会计人员要敢于斗争，勇于揭露，坚决维护国家财经纪律和经济秩序。

3. 坚持学习，守正创新

这是对会计人员的发展要求。会计人员要始终秉持专业精神，勤于学习、锐意进取，持续提升会计专业能力。不断适应新形势新要求，与时俱进、开拓创新，努力推动会计事业高质量发展。具体来说，会计人员应该做到以下几点：

（1）持续学习。会计行业是一个不断发展和变化的行业，会计人员必须不断学习新知识、新技能，以适应行业发展的需要。

（2）守正创新。在继承和发扬优良传统的同时，会计人员要敢于创新，勇于探索新的会计理论、方法和手段，推动会计事业的持续发展和进步。

（3）推动高质量发展。会计人员要积极参与企业的经营管理活动，为企业提供高质量的会计服务和决策支持，推动企业实现高质量发展。

提示

“坚持诚信，守法奉公”是对会计人员的自律要求；“坚持准则，守责敬业”是对会计人员的履职要求；“坚持学习，守正创新”是对会计人员的发展要求。

第 2 节　会计职业道德的作用与功能

一、会计职业道德的作用

会计职业道德的作用，主要体现在以下几个方面。

（一）会计职业道德是对会计法律制度的重要补充

会计法律制度是对会计职业道德的最低要求，会计职业道德是对会计法律规范的重要补充，其作用是其他会计法律制度所不能替代的。

例如，会计法律只能对会计人员不得违法的行为作出规定，不宜对他们如何爱岗敬业、提高技能、强化服务等提出具体要求，但是，如果会计人员缺乏爱岗敬业的热情和态度，没有必要的职业技能和服务意识，则很难保证会计信息达到真实、完整的法定要求。很显然，会计职业道德可以对此起很重要的辅助和补充作用。

（二）会计职业道德是规范会计行为的基础

动机是行为的先导，有什么样的动机就有什么样的行为。会计行为是由内心信念来支配的，信念的善与恶将导致行为的是与非。会计职业道德对会计的行为动机提出了相应的要求，如诚实守信、客观公正等，通过引导、规劝、约束会计人员树立正确的职业观念，遵循职业道德要求，从而达到规范会计行为的目的。

（三）会计职业道德是实现会计目标的重要保证

从会计职业关系角度讲，会计目标就是为会计职业关系中的各个服务对象提供有用的会计信息。能否为这些服务对象及时提供相关的、可靠的会计信息，取决于会计职业者能否严格履行职业行为准则。如果会计职业者故意或非故意地提供了不充分、不可靠的会计信息，会严重背离会计目标，造成会计信息严重失真，使服务对象的决策失误，甚至导致社会经济秩序混乱。

提示

会计职业道德规范约束着会计人员的职业行为，是实现会计目标的重要保证。

（四）会计职业道德是会计人员提高素质的内在要求

社会的进步和发展对会计职业者的素质要求越来越高，会计职业道德是会计人员素质的重要体现。一个高素质的会计人员应当做到爱岗敬业、提高专业胜任能力，这不仅是会计职业道德的主要内容，也是会计职业者遵循会计职业道德的可靠保证。

二、会计职业道德的基本功能

（一）指导功能

会计职业道德通过对会计的行为动机提出相应的要求，引导、规劝、约束会计人员树立正确的职业观念，遵循职业道德要求，从而达到规范会计行为的目的。

会计职业道德作为一种指引或劝诫，表达了社会对会计人员行为的期望和要求，如诚实守信、坚持准则、廉洁自律等。这种期望和要求如果被会计人员认同，就会转变为会计人员自觉的行为。即使不被会计人员认同，由于道德舆论的强大压力，也会被会计人员接受和遵循。

（二）评价功能

评价功能，即对会计人员的行为根据一定的道德标准进行评价。这一功能又可分解为褒扬的功能和谴责的功能。前者通过引起主体的自豪感和光荣感，对主体的动机和行为起鼓舞、激励的作用；后者通过引起主体的羞愧、内疚等情感，对主体的动机和行为起抑制和纠错的作用。

通过开展会计职业道德的评价、检查与奖惩，倡导、赞扬、鼓励自觉遵守会计职业道德规范的行为，贬抑、鞭挞、谴责、查处会计造假的不良行为，对会计人员起到警醒作用，有助于督促会计人员遵守职业道德规范，形成良好的道德情感，也有利于形成抑恶扬善的社会环境。

（三）教化功能

会计职业道德对于会计人员的思想、感情和行为有着潜移默化的塑造作用，不但能够影响会计人员处事时的动机和行为，而且能够改造会计人员的道德品质，提高会计人员的道德境界。

例题

万丰公司是一家国有大型企业，2016 年 12 月，公司总经理针对公司效益下滑、面临亏损的情况，电话请示正在外地出差的董事长，董事长指示把财务会计报告做得“漂亮”些。总经理把这项工作交给公司总会计师，要求按董事长意见办，总会计师按公司领导意图，对当年度的财务会计报告进行了技术处理，虚拟了若干笔无交易的销售收入，从而使公司报表由亏变盈，经诚信会计师事务所审计后，公司财务会计报告对外报出。2017 年 4 月，在《会计法》执行情况检查中，当地财政部门发现该公司存在重大会计造假行为，依据《会计法》及相关法律，下达了行政处罚告知书。万丰公司相关人员接到行政处罚告知书后，均要求举行听证会，在听证会上，有关当事人作了如下陈述。

董事长说："我前一段时间出差在外，对公司情况不太了解，虽然在财务会计报告上签名并盖章，但只是履行会计手续，我不能负任何责任。具体情况可由公司总经理予以说明。"

总经理说："我是搞技术出身的，主要抓公司的生产经营，对会计我是门外汉，我虽在财务会计报告上签名并盖章，那也只是履行程序而已，以前也是这样做的，我不应承担责任，有关财务会计报告情况应由公司总会计师解释。"

总会计师说："公司对外报出的财务会计报告是经过诚信会计师事务所审计的，他们出具了无保留意见的审计报告。诚信会计师事务所应对本公司财务会计报告的真实性、完整性负责，承担由此带来的一切责任。"

要求：根据我国会计法律、法规、制度规定，分析公司董事长、总经理、总会计师在听证会上的陈述是否正确，并分别说明理由。

【解析】

1. 董事长的陈述不符合会计法律、法规、制度的规定。

《会计法》规定，单位负责人对本单位的会计工作和会计资料的真实性、完整性负责。董事长作为单位负责人和法定代表人，应对本单位会计资料的真实性、完整性负责。虽然临时出差在外，但他仍然是单位的负责人和法定代表人，仍然要在公司财务会计报告上签名盖章并对其真实性、完整性负责。对单位负责人会计责任的规定，不因单位负责人当时是否在场而改变，更何况该公司的会计造假行为实际上是董事长授意、指使的。

2. 总经理的陈述不符合会计法律、法规、制度的规定。

《会计法》规定，财务会计报告应当由单位负责人和主管会计工作的负责人、会计机构负责人（会计主管人员）签名并盖章。总经理负责单位日常经营管理活动，许多财务活动和经济业务事项是在其指挥下进行的，也是财务会计报告的责任人，应当承担相应的法律责任，不能以不懂会计业务相推脱。事实上，该公司总经理也参与了会计造假。

3. 总会计师的陈述不符合会计法律、法规、制度的规定。

会计责任与审计责任不能相互替代、减轻和免除。总会计师应对财务会计报告的真实性、完整性负责；同时，会计师事务所也应当承担相应的审计责任。

第 3 节　会计职业道德与会计法律制度

会计职业道德与会计法律制度都属于会计人员行为规范，两者既有联系也有区别。

一、会计职业道德与会计法律制度的联系

会计职业道德与会计法律制度的联系主要体现在以下几方面。

1. 两者在作用上相互补充、相互协调

在规范会计行为时，不可能完全依赖会计法律制度的强制功能而排斥会计职业道德的教化功能，会计行为不可能都由会计法律制度进行规范，不需要或不宜由会计法律制度进行规范的行为，可通过会计职业道德规范来实现，同样，那些基本的会计行为必须运用会计法律制度强制规范。

2. 两者在内容上相互借鉴、相互渗透

会计法律制度中含有会计职业道德的内容，会计职业道德中也包含会计法律制度的某些条款。

3. 两者在地位上相互转化、相互吸收

最初的会计职业道德就是对会计职业行为约定俗成的基本要求，后来制定的会计法律制度吸收了这些基本要求，可以说，会计法律制度是会计职业道德的最低要求。

4. 两者在实施过程中相互作用、相互促进

会计职业道德是会计法律制度正常运行的社会和思想基础，会计法律制度是促进会计职业道德形成和得到遵守的重要保障。

二、会计职业道德与会计法律制度的区别

会计职业道德与会计法律制度的区别如表2－1所示。

表2－1　会计职业道德与会计法律制度的区别

区别	会计职业道德	会计法律制度
性质不同	依靠会计从业人员的自觉性，自愿地执行，并依靠社会舆论和良知来实现，基本上是非强制执行的，具有很强的自律性	充分体现统治阶级的愿望和意志，通过国家机器强制执行，具有很强的他律性
作用范围不同	不仅要调整会计人员的外在行为，还要调整会计人员内在的精神世界，具有较强的主观性	侧重于调整会计人员的外在行为和结果的合法化，具有较强的客观性
表现形式不同	源于会计人员的职业生活和职业实践，日积月累，约定俗成；其表现形式既有明确的成文规定，也有不成文的规范，存在于人们的意识和信念之中	通过一定的程序由国家立法机关或行政管理部门制定、颁布和修改，其表现形式是具体的、明确的、成文的法律文件
保障机制不同	既有国家法律的要求，又需要会计人员自觉遵守	由国家强制力保障实施
评价标准不同	以善恶为标准来判定会计人员的行为是否违背道德规范	以会计人员享有的权利和义务为标准来判定其行为是否违法

三、会计行为的法治与德治

会计行为的法治与德治虽然具有一致性，但它们是两种不同的治理方式，二者

不能混淆。从会计工作来看，法治侧重于规范会计行为，由国家强制力保证实施，执行的标准就是会计法律法规，规范明确，便于操作；而德治侧重于规范会计人员的内心世界，以达到对行为的规范，一般体现为社会舆论的谴责，执行的标准比较空泛，不便于操作。

市场经济是法治经济。会计法律法规对会计工作有效开展起着引导、促进、保障和制约作用，有利于调整会计工作中的各种关系，解决会计工作中的各种问题，维护正常的工作秩序。然而，法律的实施是个机械的过程，再好的法律，也需要合适的人去正确地执行和使用，需要绝大多数社会成员的支持。

如果一个会计工作者不具备相应的专业知识和职业道德水平，很难想象会计法律法规会得到有效实施。为此，在规范会计行为、维护社会主义市场经济秩序的过程中，既要坚持不懈地加强会计法制建设，依法规范会计行为，同时也要坚持不懈地加强会计职业道德建设，以德治理会计行为。

案例

某公司是一家上市公司，其财务报表一直受到投资者的关注。然而，在最近的一次审计中，审计人员发现该公司的财务报表存在严重问题。

1. 存在异常数据

（1）虚增收入与利润。该公司通过虚构销售合同、伪造发票等手段，虚增了大量的收入和利润。这些虚增的收入和利润被用于提高公司的业绩和股价，从而吸引更多的投资者。根据审计结果，该公司虚增的收入金额高达数亿元，虚增的利润也达到了数千万元。

（2）隐瞒费用与损失。该公司还通过隐瞒费用、损失等手段，掩盖了真实的财务状况。例如，一些应该计入当期的费用被推迟到以后期间确认，一些已经发生的损失被隐瞒不报。这些行为导致公司的财务报表无法真实反映其财务状况和经营成果，误导了投资者和其他利益相关者。

（3）违反会计准则和法规。该公司在会计处理和财务会计报告编制过程中，违反了相关的会计准则和法规。例如，一些应该按照公允价值计量的资产被按照历史成本计量，一些应该计提的减值准备也没有计提。这些行为不仅违反了会计准则和法规的要求，也损害了会计信息的真实性和可靠性。

2. 审计过程与发现

（1）对公司的财务报表进行深入分析，比较不同期间的数据变化，发现异常波动和不合理之处。

（2）对公司的内部控制体系进行评估，发现内部控制存在缺陷和漏洞，无法有效防止和发现财务造假行为。

（3）对公司的业务流程和交易进行实地调查，了解真实的业务情况和财务状况，发现有虚假数据。

（4）与公司的管理层和会计人员进行访谈，了解他们的会计处理和财务会计报告编制过程，发现其中存在的问题和不合规之处。

3. 案例启示

(1) 加强会计职业道德教育。会计从业人员应该时刻牢记自己的职业职责和道德要求，保持诚信、公正、客观和保密等原则。同时，企业和行业组织也应该加强会计职业道德教育，提高会计从业人员的道德素质和职业素养。

(2) 完善内部控制体系。企业应该建立完善的内部控制体系，确保财务会计报告的真实性和可靠性。内部控制体系应该包括明确的职责分工、严格的审批程序、有效的监督和检查机制等。

(3) 强化外部审计监管。审计机构应该加强对企业的外部审计监管，确保企业的财务会计报告符合会计准则和法规的要求。同时，监管机构也应该加强对审计机构的监管和评估，确保审计机构能够勤勉尽责、客观公正地履行审计职责。

(4) 提高投资者风险意识。投资者应该增强风险意识，审慎评估投资风险和收益。在投资过程中，投资者应该关注企业的财务报表和经营状况，了解企业的真实情况和发展前景。

自测题

2-1 会计职业道德是调整会计职业活动利益关系的手段，不具有广泛的社会性。(　　)

【答案】×

2-2 下列关于会计职业道德的说法中，不正确的有(　　)。

A. 会计职业道德涵盖了人与人、人与社会、人与自然之间的关系

B. 会计职业道德与会计法律制度在性质上一样

C. 会计职业道德规范的全部内容归纳起来就是廉洁自律与强化服务

D. 会计职业道德不调整会计人员的外在行为

【答案】ABCD

2-3 会计职业道德与会计法律制度的区别包括(　　)。

A. 性质不同　　B. 保障机制不同

C. 表现形式不同　　D. 评价标准不同

【答案】ABCD

2-4 下列关于会计职业道德和会计法律制度两者的区别，表述错误的有(　　)。

A. 会计法律制度具有很强的他律性，会计职业道德具有很强的自律性

B. 会计法律制度调整会计人员的外在行为，会计职业道德只调整会计人员的内心精神世界

C. 会计法律制度有成文规定，会计职业道德无具体的表现形式

D. 违反会计法律制度的行为不一定违反会计职业道德，违反会计职业道德的行为一定违反会计法律制度

【答案】 BCD

练习题

一、单项选择题

1. 会计职业道德是指在会计职业活动中应当遵循的，体现（　　）特征、调整会计职业关系的职业行为准则和规范。

A. 会计工作　　B. 会计职业　　C. 会计活动　　D. 会计人员

2. 关于会计职业道德的具体含义的说法中，正确的是（　　）。

A. 会计职业道德具有广泛的社会性

B. 会计职业道德具有相对的固定性

C. 会计职业道德具有一定的利益性

D. 会计职业道德是调整会计职业活动道德关系的手段

3. 下列关于会计职业道德与会计法律制度主要区别的说法中，正确的是（　　）。

A. 目标不同　　B. 调整对象不同

C. 作用范围不同　　D. 职责不同

4. 下列关于会计职业道德与会计法律制度联系的说法中，不正确的是（　　）。

A. 两者有共同的目标、相同的调整对象，承担着同样的职责

B. 两者在内容上相互渗透、相互重叠

C. 两者在地位上相互转化、相互吸收

D. 两者在实现形式上都是具体的、明确的和成文的

5. 下列关于会计职业道德的表述中，正确的是（　　）。

A. 相对于会计法律制度而言，会计职业道德是对会计人员行为最低限度的要求

B. 会计职业道德对会计人员而言是非强制性的，具有很强的自律性

C. 会计职业道德具有强制性

D. 会计职业道德在时间和空间上对会计人员的影响没有会计法律制度广泛、持久

6. 下列不属于会计职业道德的基本功能的是（　　）。

A. 指导功能　　B. 教化功能　　C. 监督功能　　D. 评价功能

7. 下列各项中，不属于会计职业道德的作用的是（　　）。

A. 会计职业道德是规范会计行为的基础

B. 会计职业道德是实现会计目标的重要保证

C. 会计职业道德是实现个人利益的首要前提

D. 会计职业道德是对会计法律制度的重要补充

8. 下列关于会计职业道德与会计法律制度的关系的表述中，错误的是（　）。

A. 两者在实施过程中相互作用、相互补充

B. 违反会计法律制度，一定违反会计职业道德

C. 会计法律制度是会计职业道德的最低要求

D. 违反会计职业道德，一定违反会计法律制度

9. 会计职业道德和会计法律制度两者的区别主要有（　）。

A. 会计法律制度具有很强的他律性，会计职业道德具有很强的自律性

B. 会计法律制度调整会计人员的外在行为，会计职业道德只调整会计人员内在的精神世界

C. 会计法律制度有成文规定，会计职业道德无具体的表现形式

D. 违反会计法律制度可能受到法律制裁，违反会计职业道德只会受到道德谴责

10. 关于会计职业道德与会计法律制度的区别，下列说法错误的是（　）。

A. 会计法律制度具有较强的主观性

B. 会计法律制度具有很强的排他性

C. 会计职业道德具有很强的自律性

D. 会计职业道德既有国家法律的要求，又需要会计人员自觉遵守

11. 会计法律制度由（　）来保障实施。

A. 财政部门　　B. 中国会计学会

C. 国家执法机关　　D. 国务院

12. 我国有关法律规定，会计人员应当遵守职业道德，提高业务素质。该法律为（　）。

A.《会计从业法》　　B.《会计职业道德规范》

C.《中华人民共和国会计法》　　D.《注册会计师法》

13. 会计职业道德除具有职业道德的一般特征外，还具有一定的强制性和（　）的特征。

A. 复杂性　　B. 较多关注公众利益

C. 教育性　　D. 独立性

14. 会计职业道德的实施需要构建（　）推动、社会各界配合、齐抓共管的监督机制。

A. 财政部门　　B. 主管部门

C. 审计部门　　D. 新闻舆论

15. 企业不仅要提供符合质量要求的会计信息，而且要为投资者、债权人及社会公众服务，这就要求会计职业道德具有（　）。

A. 社会性　　B. 广泛性

C. 稳定性　　D. 实践性

二、多项选择题

1. 会计职业道德与会计法律制度的联系主要体现在（　　）。

A. 作用上相互补充、相互协调　　B. 内容上相互借鉴、相互渗透

C. 地位上相互转化、相互吸收　　D. 实施上相互作用、相互促进

2. 下列各项中，会计职业道德的主要作用包括（　　）。

A. 会计职业道德是规范会计行为的基础

B. 会计职业道德是实现会计目标的重要保证

C. 会计职业道德是对会计法律制度的重要补充

D. 遵守会计职业道德是提高企业经济效益的唯一途径

3. 下列关于会计职业道德具体含义的阐述中，正确的有（　　）。

A. 会计职业道德具有相对的稳定性

B. 会计职业道德具有相对的固定性

C. 会计职业道德具有广泛的社会性

D. 会计职业道德是调整会计职业活动利益关系的手段

4. 会计职业道德与会计法律制度有（　　）。

A. 共同的目标　　B. 相同的调整对象

C. 同样的职责　　D. 相同的实现形式

5. 会计职业道德与会计法律制度的区别反映在（　　）。

A. 性质不同　　B. 作用范围不同

C. 表现形式不同　　D. 保障机制不同

6. 某企业会计人员在讨论会计职业道德和会计法律制度两者关系时提出下列观点，其中正确的有（　　）。

A. 两者在实施的过程中相互作用、相互独立

B. 会计法律制度是会计职业道德的最低要求

C. 违反会计法律制度一定违反会计职业道德

D. 违反会计职业道德一定违反会计法律制度

7. 会计职业道德的基本原则有（　　）。

A. 为民理财原则　　B. 忠实于会计职业

C. 集体主义原则　　D. 合法利益原则

8. 下列有关会计职业道德与会计法律制度的区别的说法中，正确的有（　　）。

A. 会计职业道德具有很强的自律性

B. 会计职业道德源于会计人员的职业生活和职业实践

C. 会计法律制度以会计人员享有的权利和义务为标准来判定其行为是否违法

D. 会计法律制度侧重于调整会计人员的外在行为和结果的合法化

9. 下列关于会计职业道德与会计法律制度关系的表述中，正确的有（　　）。

A. 两者在实施过程中相互作用、相互补充

B. 前者具有自律性，后者具有他律性

C. 两者在内容上相互借鉴、相互渗透

D. 前者具有他律性，后者具有自律性

10. 会计职业道德的基本功能包括（　　）。

A. 指导功能　　B. 评价功能　　C. 监督功能　　D. 教化功能

11. 会计法律制度中含有会计职业道德的内容，同时，会计职业道德中也包含会计法律制度的某些条款。这一点体现出会计职业道德与会计法律制度（　　）。

A. 在作用上相互补充　　B. 在内容上相互渗透

C. 在内容上相互借鉴　　D. 在地位上相互转化

12. 从会计职业道德和会计法律制度的关系看，违反会计职业道德的行为（　　）。

A. 一定也是违反会计法律制度的行为

B. 可能也是违反会计法律制度的行为

C. 可能不是违反会计法律制度的行为

D. 一定不是违反会计法律制度的行为

13. 会计职业道德的含义体现为（　　）。

A. 会计职业道德是调整会计职业活动利益关系的手段

B. 会计职业道德具有绝对的排他性

C. 会计职业道德具有相对的稳定性

D. 会计职业道德具有广泛的社会性

14. 会计职业道德教育是会计职业道德活动的一项重要内容，（　　）都有教导和督促会计人员加强会计职业道德规范学习的责任。

A. 高校　　B. 会计工作管理部门

C. 会计职业自律组织　　D. 单位负责人

15. 下列关于会计职业道德的表述中，正确的有（　　）。

A. 会计职业道德是指在会计职业活动中应当遵循的，体现会计职业特征、调整会计职业关系的职业行为准则和规范

B. 会计职业道德不允许通过损害国家和社会公众利益而获取违法利益，但允许个人和各经济主体获取合法的自身利益

C. 在会计职业活动中，发生道德冲突时要坚持准则，把社会公众利益放在第一位

D. 会计职业道德不具有强制性

16. 下列情形中，既违反会计法律制度，又违背会计职业道德规范的有（　　）。

A. 会计机构负责人按照单位领导人授意，销毁在有效期内的会计档案

B. 出纳员利用职务便利，用公款炒股

C. 会计人员小李平时喜欢吃喝应酬，不用心钻研会计业务

D. 会计人员小王工作拖沓敷衍

17. 会计职业道德与会计法律制度既有区别又有联系，下列关于二者关系的表述中错误的有（　　）。

A. 会计法律制度中包含会计职业道德的内容，同时，会计职业道德中也包含会计法律制度的某些条款
B. 会计职业道德是会计法律制度的最低要求
C. 会计职业道德不要求调整会计人员的外在行为，而侧重于调整会计人员内在的精神世界
D. 会计法律制度既有成文的规定，也有不成文的规范

18. 开展会计职业道德检查与奖惩有着很重要的现实意义，包括（　　）。
A. 能促使会计人员遵守职业道德规范
B. 对会计人员具有深刻的教育意义
C. 有利于形成抑恶扬善的社会环境
D. 有利于提高企业经济效益

19. 以下关于会计职业道德的描述中，不正确的有（　　）。
A. 会计职业道德涵盖了人与人、人与社会、人与自然之间的关系
B. 会计职业道德与会计法律制度在性质上一样
C. 会计职业道德规范的全部内容归纳起来就是廉洁自律与强化服务
D. 会计职业道德不调整会计人员的外在行为

20. 下列各项中，不属于会计职业道德特征的有（　　）。
A. 一定的强制性　　B. 发展的局限性
C. 特有的固定性　　D. 较多关注公众利益

三、判断题

1. 会计职业道德与会计法律制度有着共同的目标、相同的调整对象，承担着同样的责任。（　　）

2. 会计职业道德是指在会计职业活动中应遵循的，体现会计职业特征、调整会计经济利益关系的职业行为准则和规范。（　　）

3. 会计职业道德是会计法律制度正常运行的社会和思想基础。（　　）

4. 会计法律制度是促进会计职业道德形成和遵守的制度保障。（　　）

5. 会计职业道德与会计法律制度具有相同的调整对象，但是承担着不同的职责。（　　）

6. 会计职业道德具有一定的强制性。（　　）

7. 会计职业道德与会计法律制度的作用范围不同，侧重于调整会计人员内在的精神世界。（　　）

8. 会计职业道德源于会计人员的职业生活和职业实践，日积月累，约定俗成。（　　）

9. 会计职业道德既有国家法律的相应要求，也需要会计人员自觉遵守。（　　）

10. 会计法律制度是会计职业道德的最低要求。（　　）

11. 会计职业道德以会计人员享有的权利和义务为标准来判定其行为是否违背职业道德。（　　）

12. 会计职业道德是对会计法律制度的重要补充。（　　）

13. 会计职业道德与会计法律制度有共同的目标和调整对象。（　　）

14. 会计职业道德是实现会计目标的重要保证。（　　）

15. 会计职业道德具有职业性、实践性和继承性等特征。（　　）

16. 会计职业道德与会计法律制度一样，都有具体的表现形式。（　　）

17. 会计职业道德与会计法律制度在作用上相互补充、相互协调。（　　）

18. 违反会计职业道德的行为，一定违反了会计法律制度。（　　）

19. 会计职业道德与会计法律制度一样，都是以国家的强制力来保障实施的。（　　）

20. 当单位利益与社会公众利益发生冲突时，会计人员应该首先维护社会公众利益。（　　）

第2章即测即评

第3章
会计职业道德规范

引　言

党的二十大报告提出了开辟马克思主义中国化时代化新境界的“两个结合”，指出“中国共产党人深刻认识到，只有把马克思主义基本原理同中国具体实际相结合、同中华优秀传统文化相结合，坚持运用辩证唯物主义和历史唯物主义，才能正确回答时代和实践提出的重大问题，才能始终保持马克思主义的蓬勃生机和旺盛活力”，“坚持和发展马克思主义，必须同中国具体实际相结合。我们坚持以马克思主义为指导，是要运用其科学的世界观和方法论解决中国的问题，而不是要背诵和重复其具体结论和词句，更不能把马克思主义当成一成不变的教条”。要坚定不移全面从严治党，深入推进新时代党的建设新的伟大工程，“坚持不懈用新时代中国特色社会主义思想凝心铸魂”，“加强理想信念教育，引导全党牢记党的宗旨，解决好世界观、人生观、价值观这个总开关问题，自觉做共产主义远大理想和中国特色社会主义共同理想的坚定信仰者和忠实实践者”。“建设堪当民族复兴重任的高素质干部队伍”，“坚持把政治标准放在首位，做深做实干部政治素质考察，突出把好政治关、廉洁关”。

会计工作作为经济工作中的重要组成部分，不仅需要推动形成适应新时代要求的思想观念、精神面貌、文明风尚、行为规范，而且需要做到同中国具体实际相结合、同中华优秀传统文化相结合的“两个结合”，会计人员作为社会经济的重要参与者，应当深入学习并践行会计职业道德规范，以诚信为本，为社会的诚信建设贡献力量。

要把好政治关、廉洁关，这与会计职业道德规范中的诚实守信和廉洁自律等要求相契合。会计人员应当树立诚信理念，以诚立身、以信立业，严格遵守法律法规和会计准则，确保会计信息的真实性和可靠性。

第1节　会计职业道德规范的主要内容

为推进会计诚信体系建设、提高会计人员职业道德水平，财政部在2023年1月印发了《会计人员职业道德规范》。这是我国首次制定全国性的会计人员职业道德规范。

《会计人员职业道德规范》将新时代会计人员职业道德要求总结提炼为三条核心表述，即“坚持诚信，守法奉公”“坚持准则，守责敬业”“坚持学习，守正创新”。这三条要求层层递进，即“三坚三守”：第一条“坚持诚信，守法奉公”是对会计人员的自律要求；第二条“坚持准则，守责敬业”是对会计人员的履职要求；第三条“坚持学习，守正创新”是对会计人员的发展要求。

提示

强调会计人员“三坚三守”的职业特性和价值追求，是对会计人员职业道德要求的集中表达。

根据我国会计工作、会计人员的实际情况，结合《新时代公民道德建设实施纲要》和国际会计职业道德的一般要求，我国会计职业道德规范主要包括爱岗敬业、诚实守信、廉洁自律、客观公正、坚持准则、提高技能、参与管理、强化服务等八项内容。

一、爱岗敬业

（一）爱岗敬业的含义

爱岗敬业是指忠于职守的事业精神，这是会计职业道德的基础。这里所说的“岗”，是指会计工作岗位。会计工作可划分为若干具体的岗位，如总会计师、会计主管、出纳、财产物资核算、成本费用核算、财务会计报告编制、稽核、档案管理等。俗话说“三百六十行，行行出状元”，只要用恭敬严肃的态度认真对待自己的职业，将身心与职业工作融为一体，干一行爱一行、干好一行，就是爱岗敬业。

爱岗和敬业互为前提，相互支持，相辅相成。爱岗是敬业的基石，敬业是爱岗的升华。爱岗是指会计人员热爱自己的本职工作，安心于本职岗位，稳定、持久地在会计天地中耕耘，恪尽职守地做好本职工作。敬业是指会计人员充分认识本职工作在社会经济活动中的地位和作用，认识本职工作的社会意义和道德价值，具有会计职业的荣誉感和自豪感，在职业活动中具有高度的劳动热情和创造性，以强烈的事业心、责任感从事会计工作。

如果会计人员对所从事的会计工作不热爱，工作中就难以做到兢兢业业，就不会主动地刻苦钻研业务，更新专业知识，提高业务技能；就不会珍惜会计这份工作，努力维护会计职业的声誉和形象；就无法具备与其职务相适应的业务素质和能力，更谈不上坚持准则、客观公正、文明服务，维护国家和集体的利益，承担责任。反之，会计人员虽有热爱会计职业的一腔热情，但如果没有勤奋踏实的工作作风和忠于职守的实际行动，敬业也就成为一句空话。

（二）爱岗敬业的地位

爱岗敬业是会计从业人员做好本职工作的基础和条件，是最基本的道德素质，是所有职业道德规范的共同要求。

（三）爱岗敬业的基本要求

爱岗敬业的基本要求有：

1. 正确认识会计职业，树立职业荣誉感

如果会计人员对所从事的会计职业缺乏正确的认识，认为会计不过是简单的“写写算算”“收收支支”的琐碎工作，或者有“会计难当，职权难用，成绩难见，违纪难免”的想法，必然会不自觉地把这些意识反映到其工作行动之中，表现出“懒”“惰”“拖”等不良行为，给会计职业及其声誉造成不良影响。

会计人员只有正确地认识会计本质，明确会计在经济管理工作中的地位和重要性，树立职业荣誉感，才有可能爱岗敬业。这是爱岗敬业的前提，也是首要要求。

2. 热爱会计工作，敬重会计职业

热爱一项工作，首先就意味着对这项工作有一种职业的荣誉感，有自信心和自尊心；其次是对这项工作抱有浓厚的兴趣，把职业生活看成是一种乐趣。这样，平凡甚至琐碎的日常工作，就会成为人们生活中不可缺少的内容，并且能在工作中时时感受到乐趣。只要人们根据自己的爱好、兴趣和特长来选择职业，通常都会对所选职业充满情感，喜爱这一职业。但是，任何社会、任何时候都难以绝对保证人们所选择的职业是自己满意的。因而，在所从事的职业与自己的兴趣、爱好不一致时，要求人们对所从事的职业有正确的态度。如果做了会计，就应该热爱会计工作，敬重会计职业，即使对会计职业并不感兴趣。

各行各业无数职业道德标兵的先进事迹告诉我们，热爱自己的工作，敬重自己的岗位，是做好本职工作的前提。会计人员只要树立了干一行爱一行的思想，就会发现会计职业中的乐趣；只有树立干一行爱一行的思想，才会刻苦钻研会计业务技能，才会努力学习会计业务知识，才会发现在会计核算、企业理财领域有许多值得研究探索的东西。有了对本职工作的热爱，就会激发出一种敬业精神，自觉自愿地执行职业道德的各种规范，不断改进自己的工作，在平凡的岗位上做出不平凡的业绩。

3. 安心工作，任劳任怨

安心本职工作，就会以从事会计工作为“乐”，而不是“这山望着那山高”。只有安心本职工作，才能潜下心来勤学多思，勤问多练，才会探索和研究会计工作中不断出现的新问题，才能真正做到敬业。任劳任怨，要求会计人员具有不怕吃苦的精神和不计较个人得失的思想境界。会计人员在处理会计事项的过程中，有时会遇到两难的情况，当集体利益与职工个人利益或国家利益与单位利益发生冲突时，会计人员如果维护了国家利益或集体利益，就可能不被人们理解；反之，则会出现道德危机。会计职业道德要求会计人员既任劳也任怨。

4. 严肃认真，一丝不苟

从业者对自己本职工作的热爱，必定会体现在对工作所需职业技能的态度上，体现在对自己工作成果的追求上，即对工作严肃认真、一丝不苟，对技术精益求精。会计是一项严肃细致的工作，没有严谨认真的工作态度和一丝不苟的工作作风，就容易出现偏差。对一些损失浪费、违法乱纪的行为和一切不合法、不合理的业务开支，要严肃认真地对待，把好费用支出关。要将严肃认真、一丝不苟的职业作风贯穿会计工作的始终，不仅要数字计算准确，手续清楚完备，而且不能有“都是熟人不会错”的麻痹思想和马马虎虎的工作作风。

5. 忠于职守，尽职尽责

忠于职守，不仅要求会计人员认真执行岗位规范，而且要求会计人员在各种复杂的情况下，能够抵制各种诱惑，忠实地履行岗位职责。尽职尽责具体表现为会计人员对自己应承担的责任和义务表现出的一种责任感和义务感，这种责任感和义务感包含两方面的内容：一是社会或他人对会计人员规定的责任；二是会计人员对社会或他人所负的道义责任。

在现代经济生活中，由于会计职业所处的环境具有特殊性，不同的岗位要求承担的责任和义务不尽相同。注册会计师接受单位委托对委托者进行审计、鉴证或咨询，要维护委托人的权益，保守商业秘密，依法出具审计报告。单位内部会计人员不仅要尽职尽责地履行会计职能，客观真实地记录反映服务主体的经济活动状况，负责其资金的有效运作，积极参与经营和决策，而且应抵制不当的开支，防止有人侵占单位资产，保护财产安全完整。在对单位（或雇主）的忠诚与国家及社会公众利益发生冲突时，会计人员应该忠实于国家、忠实于社会公众，承担起维护国家和社会公众利益的责任。单位会计人员应向有关服务主体提供真实可靠的会计信息；注册会计师不仅要对委托人负责，更应对广大的信息使用者负责，对被审计单位的财务状况和经营成果出具客观、公允的审计报告。

二、诚实守信

（一）诚实守信的含义

诚实是指言行思想一致，不弄虚作假，不欺上瞒下，做老实人、说老实话、办老实事。守信是指遵守自己所做出的承诺，讲信用、重信用，信守诺言、保守秘密。诚实守信是做人的基本准则，也是会计职业道德的精髓。

诚实与守信具有内在的因果联系，一般来说，诚实即为守信，守信就是诚实。有诚无信，道德品质得不到推广和延伸；有信无诚，信就失去了根基，德就失去了依托。诚实必须守信。

“中国现代会计之父”潘序伦先生认为，诚信是会计职业道德的重要内容。他终身倡导“信以立志，信以守身，信以处事，信以待人，毋忘‘立信’，当必有成”，并将其作为所创办的会计学校的校训。为凸显并倡导会计职业的诚信，潘序伦先生一生的实业皆冠之以“立信”，如立信会计师事务所、上海立信会计金融学院、立信会计出版社等。

人无信不立，国无信不强。在现代市场经济社会，诚信尤为重要。市场经济是信用经济、契约经济，注重的就是诚实守信。可以说，信用是市场经济步入良性发展轨道的前提和基础，是市场经济社会赖以生存的基石。

（二）诚实守信的地位

诚实守信是会计职业道德的基本工作准则。

（三）诚实守信的基本要求

诚实守信的基本要求有：

1. 做老实人，说老实话，办老实事，不搞虚假

做老实人，要求会计人员言行一致，表里如一，光明正大。说老实话，要求会计人员说话诚实，是一说一，是二说二，不夸大，不缩小，不隐瞒，如实反映和披露单位经济业务事项。办老实事，要求会计人员工作踏踏实实，不弄虚作假，不欺上瞒下。总之，会计人员应言行一致，实事求是，如实反映单位经济业务活动情况，不为个人和小集团利益伪造账目、弄虚作假，损害国家和社会公众利益。

近年来，在财政部进行的会计信息质量抽查中，假凭证、假账簿、假报表比较普遍。而虚假信息均出自单位管理层和会计人员之手，一些注册会计师扮演了不光彩的角色，严重影响了会计职业的社会信誉。会计人员要树立良好的职业形象，就必须恪守诚实守信的基本道德准则。

2. 保守秘密，不为利益所诱惑

保守秘密是指会计人员在履行自己的职责时，应树立保密观念，做到保守商业秘密，对机密资料不外传、不外泄，守口如瓶。在市场经济中，严守单位的商业秘密极其重要，因为商业秘密往往关系到单位的生死存亡。会计人员因职业特点经常接触单位和客户的一些秘密，如单位的财务状况、经营情况、成本资料及重要单据、经济合同等。因而，依法保守单位秘密是会计人员应尽的义务，也是诚实守信的具体体现。

泄密不仅是一种不道德的行为，而且是违法行为，是会计职业的大忌。没有得到法律允许或未经单位规定的程序批准，会计人员不能以任何借口或方式泄露单位的商业秘密。我国有关法律制度对会计人员保守秘密做了相关的规定。如《注册会计师法》第十九条规定："注册会计师对在执行业务中知悉的商业秘密，负有保密义务。"《会计基础工作规范》第二十三条规定："会计人员应当保守本单位的商业秘密。除法律规定和单位领导人同意外，不能私自向外界提供或者泄露单位的会计信息。"

会计人员如果泄露本单位的商业秘密，不仅会对单位的利益产生威胁，而且会损害会计人员自身的形象和利益。其一，会计人员是单位的一分子，泄露单位的商业秘密后会使单位利益受损，单位的损失最终将不同程度地反映到每位员工身上，会计人员也会因此受到影响。其二，泄露商业秘密属于违法行为，一旦查出，泄露秘密的会计人员将承担法律责任。其三，会计人员泄露商业秘密将对整个会计职业的社会声誉产生负面影响，使会计职业的信誉受到怀疑，整个行业的利益蒙受损失。在这一点上，对注册会计师的影响尤为显著。

会计人员要做到保守秘密，就要注意不在工作岗位以外的场所谈论、评价企业的经营状况和财务数据，此外，在日常生活中，会计人员应保持必要的警惕，防止无意泄密。俗话说，说者无意，听者有心。人们在日常交流中经常会对熟知的事情脱口而出，而没有想到后果。为了防止这种情况的发生，会计人员要了解自己所知的信息中，哪些是商业秘密，哪些是无关紧要的事项，而且要抵制住各种各样的利益诱惑，绝对不能以商业秘密作为谋利的手段。

三、廉洁自律

（一）廉洁自律的含义

廉洁是指不贪污钱财，不收受贿赂，保持清白。自律是指自律主体按照一定的标准，约束自己、控制自己的言行和思想的过程。廉洁自律是会计职业道德的前提，也是会计职业道德的内在要求。

作为整天与钱财打交道的会计人员，必须两袖清风，不取不义之财，做到面对金钱不眼红。会计人员只有首先做到自身廉洁，严格约束自己，才能要求别人廉洁，才能理直气壮地阻止或防止别人侵害集体利益，正确行使会计职责，保证各项经济活动正常进行。

自律的核心就是用道德观念自觉地抵制不良欲望。一个自律的人能保持清醒的头脑，把持住不迷失方向；不能自律的人则会头脑昏昏，丧失警惕，终将成为权、钱的奴隶。

会计人员的廉洁是会计职业道德自律的基础，而自律是廉洁的保证。自律性不强就很难做到廉洁，不廉洁就谈不上自律。

“吃了人家的嘴软，拿了人家的手短。”会计人员必须既廉洁又自律，二者不可偏废。

（二）廉洁自律的地位

廉洁自律是会计职业道德的内在要求和行为准则。

（三）廉洁自律的基本要求

廉洁自律的基本要求有：

1. 树立正确的人生观和价值观

廉洁自律，首先要求会计人员必须加强世界观的改造，树立正确的人生观和价值观。人生观是指人们对人生的目的和意义总的观点和看法。价值观是指人们对价值的根本观点和看法，它是世界观的重要组成部分，包括对价值的本质、功能、创造、认识、实现等有关价值的一系列问题的基本观点和看法。会计人员应树立科学的人生观和价值观，自觉抵制享乐主义、个人主义、拜金主义等错误的思想，这是在会计工作中做到廉洁自律的思想基础。

2. 公私分明，不贪不占

公私分明是指严格划分公与私的界线，做到公是公、私是私。如果公私分明，就能够廉洁奉公，一尘不染，做到“常在河边走，就是不湿鞋”。如果公私不分，就会出现以权谋私的现象，甚至出现违法违纪行为。

廉洁自律的天敌就是贪欲。在会计工作中，大量的钱财要经过会计人员之手，很容易诱发会计人员的贪欲。一些会计人员贪图金钱和物质上的享受，利用职务之便不自觉地行“贪”。有的被动受贿，有的主动索贿，有的贪污、挪用公款，有的监守自盗，有的集体贪污。究其原因，是这些会计人员忽视了世界观的自我改造，放松了道德的自我修养，弱化了职业道德的自律。

3. 遵纪守法，尽职尽责

遵纪守法，正确处理会计职业权利与职业义务的关系，增强抵制行业不正之风的能力，是会计人员廉洁自律的一个基本要求。《会计法》对会计人员的权利和义务做出了明确规定。会计人员不仅要遵纪守法，不违法乱纪，不以权谋私，做到廉洁自律，而且要敢于、善于运用法律所赋予的权利，尽职尽责，勇于承担职业责任，履行职业义务，保证廉洁自律。

四、客观公正

（一）客观公正的含义

客观是指按事物的本来面目去反映，不掺杂个人的主观意愿，也不为他人意见所左右。公正就是平等、公平、正直，没有偏失。客观公正是在会计职业道德方面所追求的理想目标。

对于会计职业活动而言，客观主要包括两层含义：一是真实性，即以实际发生的经济活动为依据，对会计事项进行确认、计量、记录和报告；二是可靠性，即会计核算要准确，记录要可靠，凭证要合法。

在会计职业活动中，由于涉及对多方利益的协调处理，因此，公正就是要求各企事业单位管理层和会计人员不仅应当具备诚实的品质，而且应公正地开展会计核算和会计监督工作，即在履行会计职能时，摒弃单位、个人私利，公平公正，不偏不倚地对待各利益相关者。注册会计师在进行审计鉴证时，应以超然独立的姿态，进行公平公正的判断和评价，出具客观、适当的审计意见。

客观是公正的基础，公正是客观的反映。要达到公正，仅仅做到客观是不够的。公正不仅仅指诚实、真实、可靠，还包括在此基础上做出公正选择。这种选择尽管建立在客观的基础之上，但需要在主观上做出公平合理的判断。是否公平、合理，既取决于客观的选择标准，也取决于选择者的道德品质和职业态度。

（二）客观公正的基本要求

客观公正的基本要求有：

1. 依法办事

依法办事，认真遵守法律法规，是保证会计工作客观公正的前提。会计人员有了端正的态度和专业知识技能之后，必须依据《会计法》等法律、法规和制度的规定处理会计业务，并对复杂疑难的经济业务做出客观的会计职业判断。总之，只有熟练掌握并严格遵守会计法律法规，才能客观公正地处理会计业务。

2. 实事求是

社会经济是复杂多变的，会计法律制度不可能对所有的经济事项都做出规定，会计人员对经济事项的职业判断就可能会出现偏差。因此，客观公正是会计工作和会计人员追求的目标，通过不断提高专业技能，正确理解、把握并严格执行会计准则、制度，不断消除非客观、非公正因素的影响，最大限度地做到客观公正。

在实际生活中，要做到客观公正，最根本的是要有实事求是的科学态度。没有实事求是的严谨态度，主观、片面、表面地看问题，就无法了解真实情况，也就无法根据客观情况公正地处理问题。即使主观上想客观公正，客观上也无从实现。

客观公正应贯穿会计活动的整个过程：一是指在处理会计业务的过程中或进行职业判断时，保持客观公正的态度，实事求是、不偏不倚；二是指会计人员对经济业务的处理结果是公正的。例如，某人因公出差丢失了报销用的车票，在进行账务处理时，既不能因为无报销凭证就不报销，也不能随意报销，而应要求出差人员在办理各种合法合理的证明手续后再报销，即客观公正地进行会计处理。不报销或随意报销都是不客观公正的。总之，会计核算过程的客观公正和最终结果的客观公正都是十分重要的，没有客观公正的会计核算过程，结果的客观公正就难以保证；没有客观公正的结果，业务操作过程的客观公正就没有意义。

注册会计师的职业特征是维护国家和社会公众利益。注册会计师在进行职业判断时会涉及多方的利益，在处理这些复杂的利益关系时，绝不能采取折中的态度和方法。注册会计师应始终站在第三者的独立立场上，不偏不倚地对待各利益相关者，不以牺牲一方利益为条件而使另一方受益，超然独立地对企业遵守会计准则、制度的具体情况进行客观公正的评价并发表恰当的审计意见。只有这样，财务会计报告使用者才能确定企业财务会计报告的可信度，并做出适当的投资决策或信贷决策。

客观公正是会计从业者的一种工作态度。它要求会计人员对会计业务的处理，对会计政策和会计方法的选择，以及对财务会计报告的编制、披露和评价，做到客观、公平、理智、诚实。

保持独立性对于注册会计师行业尤为重要。由于工作特点和经济利益等因素决定了单位会计人员在形式上或实质上都难以保证绝对的独立性，因此这里所说的独立性主要是指注册会计师在执行审计业务的过程中，与利益相关者应保持独立。独立是客观、公正的基础，也是注册会计师行业存在的基础。

根据《中国注册会计师职业道德规范指导意见》，注册会计师应当做到以下两点以保持其独立性：

（1）注册会计师应当回避可能影响独立性的审计事项，实现形式上的独立。注册会计师在履行其职责时保持独立性固然十分重要，但财务报表使用者对这种独立性的信任也很重要。如果审计人员在执业过程中实质上是独立的，但报表使用者认为他们是客户的辩护人，则审计职业的大部分价值将丧失。

（2）注册会计师应当恪守职业道德，保持实质上的独立。形式上独立是实质上独立的必要条件，形式上不独立，就不能保证实质上独立，但形式上独立并不一定能够保持实质上独立。注册会计师更重要的是保持实质上的独立。

例题

某商场出纳员在报销差旅费时，对于同样是领导批准、主管会计审核无误的差旅费报销单，对和自己私人关系不错的人随来随报，对和自己有矛盾、私人关系较为疏远的人则以账面无款、库存无现金、整理账务等理由无故拖欠。

请问：该出纳员在报销差旅费时，是否遵守了会计人员职业道德规范？如果你是出纳员，对此问题应该如何处理？

【解析】

这名出纳员没有遵守会计人员职业道德规范，违背了客观公正的会计职业道德要求。客观公正规范要求会计人员端正态度，依法办事，实事求是，不偏不倚，保持应有的独立性。出纳员对任何持领导批准、主管会计审核无误的差旅费报销单的人员应一视同仁，不能因关系的远近而有所不同。

五、坚持准则

（一）坚持准则的含义

坚持准则是指会计人员在处理业务过程中，要严格按照会计法律制度办事，不为主观或他人意志左右。这里所说的准则不仅指会计准则，还包括会计法律、法规、国家统一的会计制度以及与会计工作相关的法律制度。坚持准则是会计职业道德的核心。

会计人员在进行核算和监督的过程中，只有坚持准则，才能将准则作为自己的行动指南，在发生道德冲突时维护国家利益、社会公众利益和正常的经济秩序。注册会计师在开展审计业务时，应严格按照独立审计准则的有关要求和国家统一会计制度的规定，出具客观公正的审计报告。

现实生活中经常会出现单位、社会公众和国家利益发生冲突的情况。面对不同的情况，会计人员应如何处理，国际会计师联合会发布的《职业会计师道德守则》提出了如下建议。

（1）如遇到严重的职业道德问题，职业会计师首先应遵循所在组织的已有政策加以解决；如果这些政策不能解决道德冲突，则可私下向独立的咨询师或会计职业团体寻求建议，以便采取可能的行动步骤。

（2）若自己无法独立解决，可与最直接的上级一起研究解决这种冲突的办法。

（3）若仍无法解决，在通知直接上级的情况下，可请教更高一级的管理层。若有迹象表明上级已卷入这种冲突，职业会计师必须和更高一级的管理层商讨该问题。

（4）如果在经过内部所有层级审议之后道德冲突仍然存在，那么对于一些重大问题（如舞弊），职业会计师可能没有其他选择。作为最后手段，他只能诉诸辞职，并向该组织的适当代表提交一份信息备忘录。

国际会计师联合会发布的《职业会计师道德守则》中提出的解决道德冲突的途径值得借鉴。我国会计人员如果遇到道德冲突，首先要对发生的事件做出是非判断，在涉及严重的道德冲突时，应维护国家和社会公众利益。

（二）坚持准则的地位

坚持准则是会计人员履行会计职责的标准和依据。

（三）坚持准则的基本要求

1. 熟悉准则

熟悉准则是指会计人员应了解和掌握《会计法》和国家统一的会计制度及与会计相关的法律制度，这是遵循准则、坚守准则的前提。只有熟悉准则，才能按准则办事，遵纪守法，保证会计信息的真实性、完整性。

2. 遵循准则

遵循准则即执行准则。准则是会计人员开展会计工作的外在标准和参照物。会计人员在进行会计核算和监督时要自觉地严格遵守各项准则，将单位具体的经济业务事项与准则相对照，先做出是否合法合规的判断，对不合法的经济业务不予受理。在实际工作中，由于经济的发展和社会环境的变化，会计业务日趋复杂，因而准则规范的内容也会不断变化和完善。这就要求会计人员不仅要经常学习、掌握准则的最新变化，了解本部门、本单位的实际情况，准确地理解和执行准则，还要在面对经济活动中出现的新情况、新问题以及准则未涉及的经济业务或事项时，通过运用所掌握的会计专业理论和技能，做出客观的职业判断，予以妥善处理。

3. 坚守准则

市场经济是利益经济。在会计工作中，各种利益的交织往往会引起会计人员道德上的冲突。这种情况下，如果会计人员为了个人利益不受影响，放弃原则，做老好人，就会使会计工作严重偏离准则，会计信息的真实性、完整性将无法保证，会计人员应当承担相应责任；如果会计人员坚守准则，往往会受到单位负责人和其他方面的阻挠、刁难甚至打击报复。

为了切实维护会计人员的合法权益，《会计法》强化了单位负责人对单位会计工作的法律责任，赋予会计人员相应的权利，营造了会计人员的执法环境。会计人员应认真执行国家统一的会计制度，依法履行会计监督职责，发生冲突时应坚持准则，对法律负责，对国家和社会公众负责，敢于同违反会计法律法规和财务制度的现象做斗争，确保会计信息的真实性和完整性。

六、提高技能

（一）提高技能的含义

提高技能是指会计人员通过学习、培训和实践等途径，持续提高会计职业技能，以达到和维持足够的专业胜任能力。会计工作的专业性和技术性很强，从业人员只有具备一定的会计专业知识和技能才能胜任。作为一名会计工作者，必须不断地提高职业技能，这既是会计人员的义务，也是在职业活动中做到客观公正、坚持准则的基础，是参与管理的前提。

职业技能，也称职业能力，是人们进行职业活动、承担职业责任的能力和手段。就会计职业而言，职业技能包括会计理论水平、会计实务操作能力、职业判断能力、自动更新知识的能力、提供会计信息的能力、沟通交流能力以及职业经验等。遵守会计职业道德客观上需要不断提高会计职业技能。

会计人员在对会计事项进行确认、计量、记录和报告以及对单位内部会计控制制度进行设计时，需要有扎实的理论功底和丰富的实践经验；在进行具体业务处理时，会计处理方法的选择、会计估计的变更、会计信息电算化的处理、网络化传输等都是技术性很强的工作。没有娴熟的专业技能，将无法开展会计工作、履行会计职责。特别是当前，我国经济逐渐融入全球经济体系，要求会计准则、会计制度与国际会计惯例充分协调，需要会计人员不断学习新的会计理论和新的准则制度，熟悉和掌握新的法律法规。会计人员只有不断地学习，才能保持持续的专业胜任能力、职业判断能力和交流沟通能力，不断地提高会计专业技能，以适应我国深化会计改革和会计国际化的要求。

（二）提高技能的基本要求

1. 具有不断提高会计专业技能的意识和愿望

随着市场经济的发展、全球经济一体化以及科学技术日新月异，会计在经济发展中的作用越来越明显，对会计的要求也越来越高，会计人才的竞争也越来越激烈。会计人员要想生存和发展，就必须具有不断提高会计专业技能的意识和愿望，只有这样，才能主动地求知、求学，刻苦钻研，使自身的专业技能不断提高，使自己的知识不断更新，从而掌握过硬的本领，在会计人才的竞争中立于不败之地。

2. 具有勤学苦练的精神，掌握科学的学习方法

专业技能的学习和提高不可能是一劳永逸之事，必须持之以恒。只有锲而不舍地勤学，同时掌握科学的学习方法，在学中思，在思中学，在实践中锤炼，才能不断地提高自己的业务水平，才能推动会计工作和会计职业的发展，以适应不断变化的新形势和新情况的需要。

谦虚好学、刻苦钻研、锲而不舍，是练就高超的专业技术和过硬本领的唯一途径，也是衡量会计人员职业道德水准高低的重要标志之一。

例题

某企业每周二下午都有两个小时固定的业务理论学习时间。因为会计人员工作繁忙，现会计主管向领导提出建议：财务部门的全体人员不参加或少参加学习。

试分析：该会计主管的建议是否正确？为什么？

【解析】

该会计主管的建议不正确，违背了提高技能的会计职业道德要求。

提高技能就是要求会计人员增强提高专业技能的自觉性和紧迫感，勤学苦练，刻苦钻研，不断进取，提高业务水平。会计人员只有通过不断学习、培训和实践等途径，持续提高职业技能，才能一直保持足够的专业胜任能力，不能找借口或因工作繁忙就不参加或少参加学习。

七、参与管理

（一）参与管理的含义

参与管理简单地讲就是参加管理活动，为管理者当参谋，为管理活动服务。会计管理是企业管理的重要组成部分，在企业管理中具有十分重要的作用。但会计工作的性质决定了会计人员在企业管理活动中更多地从事间接管理活动。参与管理规范要求会计人员积极主动地向单位领导反映本单位的财务、经营状况及存在的问题，主动提出合理化建议，积极参与市场调研和预测，参与决策方案的制定和选择，参与决策的执行、检查和监督，为领导的经营管理和决策活动当好助手和参谋。如果没有会计人员的积极参与，企业的经营管理就会出现问题，决策就可能出现失误。会计人员特别是会计部门的负责人，必须强化自己参与管理、当好参谋的角色意识和责任意识。

（二）参与管理的地位

会计人员在管理活动中扮演着重要的参谋角色，承担着参与管理的职责和义务。

（三）参与管理的基本要求

1. 努力钻研业务，熟悉财经法规和相关制度，提高业务技能，为参与管理打下坚实的基础

业务娴熟、技能精湛是会计人员参与管理的前提。会计人员只有努力钻研业务，不断提高业务技能，深刻领会财经法规和相关制度，才能有效地参与管理，为改善经营管理、提高经济效益服务。首先，要有扎实的基本功，掌握会计的基本理论、基本方法和基本技能，做好会计核算的各项基础性工作，确保会计信息真实、完整。其次，要充分利用掌握的大量会计信息，运用各种管理分析方法，对单位的经营管理活动进行分析、预测，找出经营管理中的问题和薄弱环节，提出改进意见和措施，把管理融入日常工作，使会计的事后反映变为事前的预测和事中的控制，真正起到当家理财的作用，成为决策层的参谋助手。

2. 熟悉服务对象的经营活动和业务流程，使管理活动更具针对性和有效性

会计人员应当了解本单位的整体情况，特别是要熟悉本单位的生产经营、业务流程和管理情况，掌握单位的生产经营能力、技术设备条件、产品市场及资源状况等情况。只有这样，才能充分利用会计工作的优势，更好地满足经营管理的需要，才能在参与管理的活动中有针对性地拟定可行性方案，提高经营决策的合理性和科学性，更有效地服务于单位的总体发展目标。

八、强化服务

（一）强化服务的含义

强化服务规范要求会计人员有文明的服务态度、强烈的服务意识和优良的服务质量。服务态度是服务者的行为表现，“文明服务，以礼待人”不仅是对服务行业提出的道德要求，而且是对所有职业活动提出的道德要求。在我们的社会生活中，各岗位的就业者都处于服务他人和接受他人服务的地位。在服务他人的过程中，人们承担对他人的责任和义务，也接受他人的服务。

会计工作虽不完全属于“窗口”行业，但涉及面广，往往需要服务对象和其他部门的协作及配合。会计工作的政策性很强，导致业务处理过程中容易同其他部门及服务对象产生利益冲突或意见分歧，因此，会计人员待人处世的态度直接关系到工作能否顺利开展和工作的成效。这就要求会计人员不仅要热情、耐心、诚恳，礼貌待人，而且在遇到问题时以商量的口吻，充分尊重服务对象和其他部门的意见，做到大事讲原则，小事讲风格，沟通讲策略，用语讲准确，建议看场合。

强化服务的结果就是奉献社会。任何职业的利益、职业劳动者个人的利益都必须服从社会的利益、国家的利益。如果说爱岗敬业是职业道德的出发点，那么，强化服务、奉献社会就是职业道德的归宿。

（二）强化服务的基本要求

1. 强化服务意识

会计人员要树立强烈的服务意识，为管理者服务、为所有者服务、为社会公众服务、为人民服务。不论服务对象的地位高低，会计人员都要摆正自己的工作位置，以管钱管账为自己的工作职责，以参与管理为自己的义务。只有树立了强烈的服务意识，才能做好会计工作，履行会计职能，为单位和社会经济的发展做出应有的贡献。

（1）“谦”。会计人员应做到谦虚谨慎，时时将自己放在与其他同事平等的地位，尊重每一位同事；遇到问题要以商量的口吻，耐心说服解释，充分尊重其他同事的意见；同时自觉把自己置于群众监督之下，虚心学习，接受监督。

（2）“温”。态度温和，语言文明。常言道：“良言一句三冬暖，恶语伤人六月寒。”会计工作需要与各种人打交道，会计人员的一言一行、一举一动表现出道德素养的高低，直接反映会计人员的社会形象。因此，文明用语、礼貌待人是会计人员道德规范的基本要求。

（3）“尊”。尊重同志、尊老爱幼、尊重事实是强化服务的又一表现。会计人员在处理各方面关系、解决各种矛盾和问题时，不能以权势欺压人，而是要尊重同志，尊重事实，心平气和地解释和沟通，做到说话和气，以诚待人，认真听取对方意见，以理服人。

（4）“和”。会计人员之间、会计人员与其他人员之间要团结协作，互相支持，以和为贵。会计人员不仅要培养团结协作、互相支持的道德观念，并以此规范自己的言行，而且要严于律己、宽以待人，同时要正确处理各部门之间以及上下级之间的关系。

2. 提高服务质量

强化服务的关键是提高服务质量。会计人员的服务质量表现在：是否真实地记录单位的经济活动，向有关方面提供可靠的会计信息；是否积极主动地向单位领导反映经营活动情况和存在的问题，提出合理化建议，协助领导决策，参与经营管理活动。注册会计师的服务质量表现在：是否以客观公正的态度正确评价委托单位的财务状况、经营成果，出具恰当的审计报告，为社会公众及信息使用者提供服务。

会计职业道德规范的地位和基本要求见表 3-1。

表 3-1 会计职业道德规范的地位和基本要求

会计职业道德规范	地位	基本要求
爱岗敬业	爱岗敬业是会计从业人员做好本职工作的基础和条件，是最基本的道德素质，是所有职业道德规范的共同要求	（1）正确认识会计职业，树立职业荣誉感 （2）热爱会计工作，敬重会计职业 （3）安心工作，任劳任怨 （4）严肃认真，一丝不苟 （5）忠于职守，尽职尽责
诚实守信	诚实守信是会计职业道德的基本工作准则	（1）做老实人，说老实话，办老实事，不搞虚假 （2）保守秘密，不为利益所诱惑
廉洁自律	廉洁自律是会计职业道德的内在要求和行为准则	（1）树立正确的人生观和价值观 （2）公私分明，不贪不占 （3）遵纪守法，尽职尽责
客观公正	客观公正是会计从业者的一种工作态度	（1）依法办事 （2）实事求是
坚持准则	坚持准则是会计人员履行会计职责的标准和依据	（1）熟悉准则 （2）遵循准则 （3）坚守准则
提高技能	提高技能既是会计人员的义务，也是在职业活动中做到客观公正、坚持准则的基础，是参与管理的前提	（1）具有不断提高专业技能的意识和愿望 （2）具有勤学苦练的精神，掌握科学的学习方法
参与管理	会计人员在管理活动中扮演着重要的参谋角色，承担着参与管理的职责和义务	（1）努力钻研业务，熟悉财经法规和相关制度，提高业务技能，为参与管理打下坚实的基础 （2）熟悉服务对象的经营活动和业务流程，使管理活动更具针对性和有效性
强化服务	强化服务、奉献社会是职业道德的归宿	（1）强化服务意识 （2）提高服务质量

自测题

3-1 下列各项中，体现诚实守信这一会计职业道德要求的有（　　）。

A. 忠于职守，尽职尽责　　B. 做老实人，说老实话，办老实事

C. 保守商业秘密，不为利益所诱惑　　D. 不弄虚作假，信誉至上

【答案】BCD

3-2 “中国现代会计之父”潘序伦先生倡导“信以立志，信以守身，信以处事，信以待人，毋忘‘立信’，当必有成”，这句话体现的会计职业道德内容是（　　）。

A. 坚持准则　B. 客观公正　C. 诚实守信　D. 廉洁自律

【答案】C

3-3 会计人员实事求是地反映企业的经济业务是（　　）这一会计职业道德的要求。

A. 文明服务　B. 客观公正　C. 提高技能　D. 廉洁自律

【答案】B

3-4 客观公正的基本要求有（　　）。

A. 端正态度　B. 依法办事　C. 不偏不倚　D. 保持独立性

【答案】ABCD

3-5 会计人员陈某认为，会计工作只是记记账、算算账，与单位经营决策关系不大，没有必要要求会计人员参与管理。（　　）

【答案】×

3-6 下列各项中，属于会计人员职业道德规范内容的是（　　）。

A. 爱岗敬业　B. 注重仪表　C. 尊老爱幼　D. 提高效益

【答案】A

3-7 会计人员要勤学苦练，不断进取，这是会计职业道德规范中（　　）的基本要求。

A. 客观公正　B. 提高技能　C. 廉洁自律　D. 爱岗敬业

【答案】B

3-8 在会计职业道德的主要内容中，（　　）体现了做人的基本准则，也是公民道德规范的主要内容。

A. 诚实守信　B. 强化服务　C. 坚持准则　D. 参与管理

【答案】A

3-9 会计职业道德修养主要表现为个人的（　　）。

A. 改造活动　B. 教育活动

C. 思想意识活动　D. 提高活动

【答案】C

3-10 （　　）是会计人员遵守会计职业道德的根本。

A. 爱岗　B. 敬业　C. 廉洁　D. 诚信

【答案】D

例题

现象一：会计人员看人办事，“官大办得快，官小办得慢，无官拖着办”。

现象二：会计人员“站得住的顶不住，顶得住的站不住”，领导怎么说就怎么做，只要领导高兴，“原则”可以变成“圆则”。

现象三：会计人员整天与钱物打交道，“常在河边走，就是不湿鞋”，只要坚持“不犯罪”这条底线就行了。

要求：分析上述三种现象违背了会计职业道德的哪些要求。

【解析】

现象一：违背了强化服务这一会计职业道德要求。

现象二：违背了坚持准则这一会计职业道德要求。

现象三：违背了廉洁自律这一会计职业道德要求。

例题

小王是A公司的会计主管，平时工作十分努力，经常为A公司提出各种合理化建议。作为会计主管，小王参与了A公司所有重大项目和决策。一天，在B公司工作的同学小张来找小王。小张说，B公司对自己很器重，已经提拔他为部门经理，目前负责B公司某项目的开发。但是，项目开发进展遇到不少困难，他正在为此事发愁，希望小王能将A公司的有关项目资料和财务数据复印给自己，帮助自己完成这个项目开发。同时，小张声称对此事一定保守秘密。小王尽管感到十分为难，但是考虑到友情，将A公司的有关项目资料和财务数据复印给了小张。借助这些资料，项目很快开发成功，但小王所在的公司因此遭受了不小的损失。最终，A公司经过调查发现了小王的行为，小王也因此受到了应有的处罚。

要求：分析小王的上述行为违背了会计职业道德的哪些要求。

【解析】

小王的行为违背了诚实守信这一会计职业道德要求。

第2节　会计职业道德规范的主要案例

一、案例：银广夏的财务舞弊

银广夏全称为广夏（银川）实业股份有限公司，于1994年6月上市，曾因其骄人的业绩和诱人的前景而被称为“中国第一蓝筹股”。2001年8月，《财经》杂志发表《银广夏陷阱》一文，银广夏虚构财务报表事件被曝光。专家认为，天津广夏出口德国诚信贸易公司的业务为“不可能的产量、不可能的价格、不可能的产品”：以天津广夏萃取设备的产能，即使通宵达旦运作，也生产不出所宣称的数量；天津广夏萃取产品出口价格高到近乎荒谬；对德出口合同中的某些产品，根本不能用二氧化碳超临界萃取设备提取。

（一）疑点

1. 2000年利润率高达46%

2000年年报，银广夏的利润率高达46%，而当时沪深两市农业类、中草药类和葡萄酿酒类上市公司的利润率鲜有超过20%的。如果天津广夏宣称的出口属实，按照我国税法，应办理几千万元的出口退税，但年报里根本找不到出口退税的项目。

2000年，公司工业生产性的收入形成毛利5.43亿元，按当时的增值税税率17%（从2019年4月开始工业商业等企业增值税税率为13%）计算，公司应当计交的增值税至少为9 231万元，但公司披露2000年年末应交增值税余额为负数，不但不欠税，而且增值税的进项税额还没有抵扣完。（如果是在自2019年4月1日起的减税降费执行期间，该公司可以申请增值税期末留抵税额退税。）

2. 签下总金额达60亿元合同的德国诚信公司实际上是一家小型贸易公司

德国诚信公司只与银广夏单线联系，据称为一家百年老店，事实上却是注册资本仅为10万德国马克的一家小型贸易公司。

3. 账实不相符

公司的原材料购买批量很大，都是整数吨位，一次购买上千吨桂皮、生姜，整个厂区恐怕都放不下，而其库房、工艺也不许外人察看。萃取技术高温、高压、高耗电，但公司水电费1999年仅为20万元，2000年仅为70万元。

4. 1998年及之前的财务资料全部神秘“消失”

不符合会计档案的保管要求，1998年及之前的财务资料居然全部神秘“消失”。

（二）造假与违规情况

2002年5月，中国证监会对银广夏的行政处罚决定书认定，公司1998—2001年期间累计虚增利润77 156.70万元，其中：1998年虚增1 776.10万元，由于主要控股子公司天津广夏1998年及之前年度的财务资料丢失，因此利润真实性无法确定；1999年虚增17 781.86万元，实际亏损5 003.20万元；2000年虚增56 704.74万元，实际亏损14 940.10万元；2001年1—6月虚增894万元，实际亏损2 557.10万元。从原料购进到生产、销售、出口等环节，公司伪造了全部单据，包括销售合同和发票、银行票据、海关出口报关单和所得税免税文件。2001年9月以后，因涉及银广夏利润造假案，深圳中天勤这家审计众多上市公司财务报表的会计师事务所实际上已经解体。财政部于9月初宣布，吊销签字注册会计师刘某荣、徐某文的注册会计师资格，吊销深圳中天勤会计师事务所的执业资格，并会同证监会吊销其证券、期货相关业务许可证，同时，将追究深圳中天勤会计师事务所负责人的责任。

（三）造假流水线

据庭审记录，1999 年 11 月，天津广夏董事长兼财务总监董某接到了银广夏财务总监、总会计师兼董事局秘书丁某民的电话，要求他将每股利润做到 0.8 元。董某便进行了相应的计算，得出天津广夏需要制造多少利润，进而根据这一利润，计算出天津广夏需要多大的产量、多少的销售量以及购入多少原材料等数据。由此，1999 年的财务造假从购入原材料开始。董某虚构了北京瑞杰商贸有限公司、北京市京通商贸有限公司、北京市东风实用技术研究所等单位，让这几家单位作为天津广夏的原材料提供方，虚假购入萃取产品原材料、蛋黄粉、姜、桂皮、产品包装桶等物，并到黑市上购买了发票、汇款单、银行进账单等票据，从而伪造了这几家单位的销售发票和天津广夏发往这几家单位的银行汇款单。有了原材料的购入，便有了产品的售出，董某伪造了总价值 5 610 万德国马克的货物出口报关单四份、德国捷高公司北京办事处支付的金额 5 400 万元出口产品货款银行进账单三份。

为完善造假过程，董某又指使时任天津广夏总经理的阎某岱伪造萃取产品生产记录。于是，阎某岱便指使天津广夏职工伪造了萃取产品虚假原料入库单、班组生产记录、产品出库单等。

最后，董某虚构天津广夏萃取产品出口收入 23 898.60 万元。该虚假的年度财务报表经深圳中天勤会计师事务所审计后，并入银广夏公司年报，银广夏向社会发布的虚假净利润高达 12 778.66 万元。2000 年，财务造假行为继续进行，只是此次已不再需要虚构原材料供货方。依旧是接受了丁某民的指示，董某伪造了虚假出口销售合同、银行汇款单、销售发票、出口报关单及德国诚信贸易公司支付的货款进账单，同时指使天津广夏职工伪造了虚假财务凭据。

2000 年，天津广夏共虚造萃取产品出口收入 72 400 万元，虚假年度财务报表由深圳中天勤会计师事务所审计，注册会计师刘某荣、徐某文签署无保留意见后，向社会发布虚假净利润 41 764.643 1 万元。

2001 年年初，为进一步完善造假程序，董某虚报销售收入，从天津市北辰区国税局领购增值税专用发票 500 份（从 2016 年 5 月 1 日执行全行业的“营改增”以来，所有的增值税一般纳税人自行在税控系统上开具增值税专用发票和增值税普通发票），除向正常销售单位开具外，董某指使天津广夏职工付某通以天津广夏公司名义向天津禾源公司（系天津广夏公司萃取产品总经销商）虚开增值税专用发票 290 份，价税合计 22 145.659 4 万元，涉及税款 3 764.761 9 万元，后以销售货款没有全部回笼为由，仅向北辰区国税局缴纳“税款”500 万元。2001 年 5 月，为中期利润分红，银广夏总裁李某强以购买设备为由，向上海金尔顿投资公司借款 1.5 亿元打入天津禾源公司，又以销售萃取产品回款的形式打回天津广夏账户，随后其中 1.25 亿元以天津广夏利润的形式上交银广夏。

据董某当庭供述，在造假过程中，部分财务单据及所涉及的银行公章，均是其在电脑上制作出来的。这样，依据庭审及起诉书，银广夏造假是一个由李某强同意、丁某民授意、董某实施、阎某岱协助，以及刘某荣、徐某文“明知有假而不为”的过程。

（四）真相

1. 编制合并报表时未抵销与子公司之间的关联交易

银广夏编制合并报表时，未抵销与子公司之间的关联交易，也未按股权协议的比例合并子公司，从而虚增巨额资产和利润。注册会计师未能发现或报告有关重大虚假问题，违反了《独立审计实务公告第5号——合并会计报表审计的特殊考虑》的相关要求。例如，根据第二章“编制审计计划时的特殊考虑”第四条的规定，注册会计师应当了解合并会计报表的编制范围、集团内公司间的股权关系、集团内公司间交易频率、性质及规模等与编制合并会计报表相关的事项，以合理制订审计计划。根据第三章“实施审计程序时的特殊考虑”第九条的规定，注册会计师应当对被审计单位的合并工作底稿、抵销分录和其他合并资料进行重点审计。根据第十五条的规定，注册会计师应当对集团内公司间的债权、债务、存货交易、固定资产交易、收入、支出及其他重大交易以及其未实现损益的抵销情况进行审计，以确定其影响是否消除。根据第十七条的规定，注册会计师应当对合并会计报表中的少数股东权益和少数股东损益进行审计，以确定合并会计报表是否恰当反映少数股东权益及少数股东损益。根据第四章“编制审计报告时的特殊考虑”第二十五条的规定，注册会计师应当特别关注是否存在未抵销的集团内公司间重大交易，并据以确定其对合并会计报表审计意见的影响。

2. 注册会计师未能有效执行应收账款函证程序

在对天津广夏的审计过程中，将所有询证函交由公司发出，而并未要求公司债务人将回函直接寄达注册会计师处。2000年发出14封询证函，没有收到一封回函。对于无法执行函证程序的应收账款，审计人员在运用替代程序时，未取得海关报关单、运单、提单等外部证据，仅根据公司内部证据便确认公司应收账款，违反了《独立审计具体准则第5号——审计证据》的相关要求。例如，根据第二章“一般原则”第五条的规定，注册会计师执行审计业务，应当在取得充分、适当的审计证据后，形成审计意见，出具审计报告。注册会计师应当运用专业判断，确定审计证据是否充分、适当。第十一条指出，审计证据的可靠程度可参照下述标准来判断：外部证据比内部证据可靠；注册会计师自行获得的证据比由被审计单位提供的证据可靠；不同来源或不同性质的审计证据能相互印证时，审计证据更为可靠。第十二条指出，注册会计师获取审计证据时，可以考虑成本效益原则，但对于重要审计项目，不应将审计成本的高低或获取审计证据的难易程度作为减少必要审计程序的理由。

3. 注册会计师未有效执行分析性测试程序

对银广夏在2000年度主营业务收入大幅增长的同时生产用电的费用却提高不多的情况，注册会计师竟没有发现或报告；面对银广夏2000年度生产卵磷脂的投入产出比率较 1999 年度大幅下降的异常情况，注册会计师既未实地考察，也没有咨询专家意见，而轻信银广夏声称的“生产进入成熟期”，违反《独立审计具体准则第 11 号——分析性复核》和《独立审计具体准则第 12 号——利用专家的工作》的相关要求。例如，根据《独立审计具体准则第 11 号——分析性复核》第二章“一般原则”第六条的规定，注册会计师在进行分析性复核时应当考虑会计信息各构成要素之间的关系以及会计信息和相关非会计信息之间的关系。根据第三章“分析性复核程序的运用”第十四条的规定，注册会计师在对会计报表进行整体复核时，应当审阅会计报表及其附注，并考虑针对已发现的异常差异或未预期差异所获取的审计证据是否适当，是否存在尚未发现的异常差异或未预期差异。根据第四章“分析性复核结果的处理”第十七条的规定，当分析性复核结果出现异常情况时，注册会计师应当进行调查，要求被审计单位予以解释，并获得适当的验证证据；如果被审计单位不予解释或解释不当，注册会计师应当考虑是否实施其他审计程序。根据《独立审计具体准则第 12 号——利用专家的工作》第二章“一般原则”第四条的规定，注册会计师可以根据需要，利用专家协助工作。第五条指出，在决定是否需要利用专家协助工作时，注册会计师应当考虑相关会计报表项目的重要性、相关事项的性质、复杂程度及其导致错报、漏报的风险。第七条指出，注册会计师可以在以下方面利用专家的工作：特定资产的估价、特定资产数量和物质状况的测定、需用特殊技术或方法的金额测算。

4. 天津广夏审计项目负责人由非注册会计师担任

审计人员普遍缺乏外贸业务知识，不具备专业胜任能力，严重违反《独立审计基本准则》和《独立审计具体准则第 3 号——审计计划》的相关要求。例如，根据《独立审计基本准则》第二章“一般准则”第五条的规定，担任独立审计工作的注册会计师应当具备专门学识与经验，经过适当的专业训练，并具有足够的分析、判断能力。根据《独立审计具体准则第 3 号——审计计划》第二章“一般原则”第七条的规定，在编制审计计划时，注册会计师应当特别考虑以下因素：审计小组成员的业务能力、审计经历和对被审计单位情况的了解程度。根据第四章“审计计划的审核”第十七条的规定，审计计划应当经会计师事务所的有关业务负责人审核和批准。根据第十八条的规定，对总体审计计划，应审核以下主要事项：审计小组成员的选派与分工是否恰当。

5. 审计人员没有予以应有的异常税金的关注

对于不符合国家税法规定的异常增值税及所得税政策披露情况，审计人员没有予以应有关注；在收集了真假两种海关报关单后未予以必要关注（例如，注册会计师审查的几份事实上根本不存在的盖着“天津东港海关”字样印章的报关单上，每种商品前的“出口商品编号”均为空白，稍懂外贸实务常识的人都能发现，这是违反报关单填写基本要求的）；对于境外销售合同的行文不符合一般商业惯例的情况，未能予以关注；未收集或严格审查重要的法律文件；未关注重大不良资产；存在以预审代替年审、未贯彻三级复核制度等重大审计程序缺陷，违反《独立审计具体准则第 21 号——了解被审计单位情况》《独立审计具体准则第 5 号——审计证据》《独立审计具体准则第 3 号——审计计划》《独立审计具体准则第 6 号——审计工作底稿》等多项准则的相关条款。

（五）造假者受法律惩处的结果

依照《关于经济犯罪案件追诉标准的规定》，公司向股东和社会公众提供虚假的或者隐瞒重要事实的财务会计报告，造成股东或他人直接经济损失 50 万元以上，或致使股票被取消上市资格或交易被迫停牌的，应予以立案追究。2003 年 9 月 16 日，宁夏回族自治区银川市中级人民法院对银广夏刑事案做出一审判决，天津广夏原董事长兼财务总监董某因提供虚假财会报告罪被判处有期徒刑三年，并处罚金人民币 10 万元。同时，法院以提供虚假财会报告罪分别判处银广夏原董事局副主席兼总裁李某强、银广夏原董事兼财务总监兼总会计师丁某名、天津广夏原副董事长兼总经理阎某岱有期徒刑二年零六个月，并处罚金 3 万元至 8 万元；以出具证明文件重大失实罪分别判处被告人深圳中天勤会计师事务所合伙人刘某荣、徐某文有期徒刑二年零六个月、二年零三个月，并各处罚金 3 万元。

提示

天津广夏 1999 年、2000 年获得“暴利”的萃取产品出口，纯属子虚乌有。从大宗萃取产品出口到银广夏利润猛增到股价离谱上涨，可以说是一场彻头彻尾的骗局。

二、案例：安然唱起悲歌，会计路在何方

（一）基本案情

1. 安然的神话

1985 年 7 月，美国休斯敦天然气公司与奥马哈的安然天然气公司合并，成立了后来的安然石油天然气公司。15 年以后，该公司成为美国、一度也是全球的头号能源交易商，市值曾高达 700 亿美元、年收入达 1 000 亿美元。2000 年 12 月 28 日，安然的股票价格达到 84.87 美元（有资料说是 90.75 美元）。至 2001 年年初，安然曾被美国《财富》杂志连续四年评为美国“最具创新精神的公司”。

2. 安然的轰然倒塌

美国创造了安然，安然创造了现代神话。可谁知美梦苦短，一瞬间，安然轰然倒塌。2001 年 10 月 16 日，安然公布其第三季度亏损 6.38 亿美元。11 月安然向美国证券交易委员会承认，自 1997 年以来，共虚报利润 5.86 亿美元。11 月 29 日，安然股价一天之内猛跌超过 75%，创下纽约股票交易所和纳斯达克证券交易所有史

以来的单日下跌之最；次日，安然股票暴跌至每股 0.26 美元，成为名副其实的垃圾股，其股价缩水近 360 倍。两天后，即 12 月 2 日，安然向纽约破产法院申请破产保护，其申请文件中开列的资产总额为 468 亿美元。安然又创造两个之最——美国（或许是世界）有史以来最大宗的破产申请记录和最快的破产速度。

3. 安然到底做了什么

一是在财务报表上隐瞒并粉饰公司的真实财务状况；二是利用错综复杂的关联方交易虚构利润，利用现行财务规则漏洞“不进入资产负债表”隐藏债务，以回避法律和规则对其提出的信息披露要求；三是通过夸大公司业绩并向投资者隐瞒公司业务等违法手段来误导投资者。而国际“五大”会计师事务所之一的安达信会计师事务所又为其提供了不实的审计报告，从而使安然神话成为“皇帝的新衣”。

（二）案例评析

1. 安然事件的原因

（1）制度腐败。安然事件的原因之一，其实是由于现代企业制度、公司治理制度、现代会计制度、证券及金融市场制度、社会审计制度等存在问题，内部人滥用职权而没有有效的监督和约束机制。此案涉及美国两党政要及众多政府高官和国会议员，可以说，这与其社会制度不无关系，安然的破产揭示了现代资本主义的各种弊端。

（2）道德沦丧。据媒体披露，安然与布什家族、众多政府要员、国会议员关系非同一般，在其破产前后，更是接触频繁。公司总裁肯尼斯 · 莱在公司破产前已经秘密抛售了其掌握的全部股票，那些持有安然股份的时任布什政府的官员，也在公司倒闭前卖出了自己手中的股票。因为金字塔顶端的少数人把钱抽走，使得公司数亿美元的退休金一夜之间化为乌有，安然的一般雇员失去了他们一生的积蓄。骇人听闻的暗箱操作，毫无社会责任感和诚信可言，亦毫无恻隐之心，道德沦丧殆尽。

2. 安然事件的启示

（1）恪守职业道德，保持职业尊严。从会计的角度看安然事件，主要不是会计标准和会计人员的专业水平问题，而是如何坚守职业道德的问题。应该建立健全行业自律组织，制定行业自律规范，并确保有效实施（奖惩、准入、退出等）。不论是公司财务会计人员还是社会审计人员，都应坚守职业道德底线，保持职业尊严，做高尚的会计人，“诚信为本，操守为重”。有人说，会计没有了诚实，就像战士没有了勇敢，科学家没有了智慧，官员没有了廉洁。

（2）保持审计的独立性。自 20 世纪 90 年代中期以来，安达信既是安然的外部审计人，又是内部审计人和管理咨询服务人，一方面教其做账，另一方面为其所做的账出具审计报告。换言之，安达信既是安然的裁判员，又是安然的运动员。为此，安达信每年从安然得到上千万美元的丰厚报酬，试问，安达信还能保持最起码的独立性吗？因此，安然的丑闻也必定成为安达信的丑闻。安然轰倒后，其在销毁重要文件的同时，为安然出具审计报告的安达信首席审计师大卫 · 邓肯也在销毁资料。这充分说明，会计师真正做到独立、公正从业仍然路途遥远。

（3）加强政府监管。从安然事件及安达信丑闻中，我们不仅看到了道德严重失范，更看到了法制的缺漏和政府监管乏力。因此，应该建立健全法制，既要规范企业，又要规范社会中介；对政府官员、注册会计师进入企业任职，要有严格规定、具体要求，政府监督、监察部门也要严格执法，对违法者严惩不贷。

例题

某公司会计小高因工作努力、钻研业务、积极提出合理化建议，多次被公司评为先进会计工作者。小高的男友在一家民营电子企业任总经理，在其男友的多次请求下，小高将在工作中接触到的公司新产品研发计划及相关会计资料复印件提供给其男友，给公司带来一定的损失。公司认为小高不宜继续担任会计工作。

分析并回答下列问题：

1. 小高违反了哪些会计职业道德的要求？

2. 哪些单位可以对小高违反会计职业道德行为进行处理？并说明理由。

对问题1“小高违反了哪些会计职业道德的要求？”主要有以下三种答案。

（1）小高违反了客观公正、坚持准则、参与管理会计职业道德的要求。

（2）小高违反了爱岗敬业、提高技能、参与管理会计职业道德的要求。

（3）小高违反了诚实守信、廉洁自律会计职业道德的要求。

对问题2“哪些单位可以对小高违反会计职业道德行为进行处理？并说明理由。”主要有以下四种答案。

（1）只能由会计职业组织对小高违反会计职业道德行为进行处理。主要理由：会计职业道德是一种职业规范，应由会计职业组织对不遵守会计职业道德的会计人员（会员）进行惩戒，其他部门和单位均不宜处理。

（2）只能由财政部门对小高违反会计职业道德行为进行处理。主要理由：国务院财政部门主管全国的会计工作。县级以上地方各级人民政府财政部门管理本行政区域内的会计工作。会计人员违反会计职业道德行为，应由财政部门进行处理。

（3）财政部门、会计职业组织、本单位均可在各自的职权范围内对小高违反会计职业道德行为进行处理。主要理由：财政部门、会计职业组织、所在单位可根据法律、规章的规定，在各自的职权范围内对违反会计职业道德行为进行处理。

（4）任何单位均不能对小高违反会计职业道德行为进行处理。主要理由：会计职业道德不属于会计法律规范，而是一种软约束，需要依靠会计人员自律、自愿遵守，如果不遵守只能受到道义上的谴责。

要求：从会计职业道德角度，分析判断每个问题中的答案哪个是正确的，并分别说明理由。

【解析】

1. 问题1中的答案（3）正确。小高违反了诚实守信、廉洁自律会计职业道德的要求。因为诚实守信是指会计人员应当做老实人，说老实话，办老实事，执业谨慎，信誉至上，不为利益所诱惑，不弄虚作假，不泄露秘密。廉洁自律是指会计人员应当公私分明，不贪不占，遵纪守法，尽职尽责。小高把在工作中接触到的公司新产品研发计划及相关会计资料复印件，提供给在一家民营电子企业任总经理的男友，这是因情感和利益诱惑等而违背了诚实守信、廉洁自律会计职业道德的要求，泄露了公司商业秘密，给公司带来了一定的损失。

2. 问题2中的答案（3）正确。财政部门、会计职业组织、本单位均可在各自的职权范围内对小高违反会计职业道德行为进行处理。（1）《会计法》规定，会计人员应当遵守会计职业道德。《会计专业技术资格考试暂行规定》等均把遵守会计职业道德作为参加会计资格考试的前提条件。财政部门可以对会计职业道德进行监督检查。（2）会计职业组织是行业自律性组织。如果会计职业组织会员违反了会计职业道德要求，会计职业组织可以根据行业自律性监管的有关规定，对其会员采取行业内部惩戒，直至取消其会员资格等惩戒措施。（3）根据《会计法》的规定，单位负责人对本单位的会计工作和会计资料的真实性、完整性负责。单位负责人有责任建立和完善内部控制制度，开展会计职业道德教育，检查和考核本单位会计人员会计职业道德遵守情况，对违反会计职业道德行为，可以按照单位内部有关制度进行直至除名的处理。

练习题

一、单项选择题

1. A市某公司财务部年末时发现，该年度业务招待费超过规定的开支标准，于是会计人员按照领导意图，搞来一些假发票，准备将超值的业务招待费列入管理费用，会计人员的行为违反了会计职业道德中的（　　）。

A. 廉洁自律　　B. 坚持准则　　C. 爱岗敬业　　D. 参与管理

2.（　　）是会计职业道德的前提和内在要求，是会计人员的行为准则。

A. 诚实守信　　B. 廉洁自律　　C. 客观公正　　D. 爱岗敬业

3. 下面关于会计职业道德和会计法律的说法中不正确的是（　　）。

A. 会计法律侧重调整会计人员的外在行为和结果的合法化

B. 会计职业道德调整会计人员内心世界，不管会计人员的外在行为

C. 会计法律具有较强的客观性

D. 受到会计职业道德谴责的，不一定受到会计法律制裁

4. 对一些损失浪费、违法乱纪的行为和一切不合法不合理的业务开支，要严肃认真地对待，把好关，守好口。这体现了“爱岗就业”基本要求的是（　　）。

A. 热爱会计工作　　B. 敬重会计职业

C. 严肃认真，一丝不苟　　D. 忠于职守，尽职尽责

5. 下列各项中，要求会计人员对于工作中知悉的商业秘密应依法保守，不得泄露的会计职业道德是（　　）。

A. 诚实守信　　B. 廉洁自律　　C. 办事公道　　D. 客观公正

6. 努力钻研业务，熟悉财经法规和相关制度，提高业务技能，是（　　）坚实的基础。

A. 参与管理　　B. 诚实守信　　C. 强化服务　　D. 提高技能

7. 会计职业道德中，（　　）就是间接参加管理活动，为管理者当参谋，为管理活动服务。

A. 廉洁自律　　B. 参与管理　　C. 爱岗敬业　　D. 强化服务

8. 下列各项中，体现了“客观公正”要求的是（　　）。

A. 公私分明　　B. 不贪不占　　C. 依法办事　　D. 坚持准则

9. “严肃认真，一丝不苟”是会计职业道德中的（　　）的基本要求。

A. 服务群众　　B. 参与管理　　C. 提高技能　　D. 爱岗敬业

10. “树立正确的人生观和价值观，自觉抵制享乐主义”是会计职业道德中（　　）的基本要求之一。

A. 爱岗敬业　　B. 提高技能　　C. 参与管理　　D. 廉洁自律

11. 下列会计职业道德规范中，要求会计人员在工作中应主动就单位经营管理中存在的问题提出合理化建议，协助领导决策体现的是（　　）。

A. 提高技能　　B. 参与管理　　C. 坚持准则　　D. 爱岗敬业

12. “宁可清贫自乐，不可浊富多忧”体现的是会计职业道德中（　　）要求。

A. 客观公正　　B. 爱岗敬业　　C. 坚持准则　　D. 廉洁自律

13. （　　）是指从业人员在办理事情处理问题时，要站在公正的立场上，按照同一标准和同一原则办事的职业道德规范。

A. 爱岗敬业　　B. 诚实守信　　C. 服务群众　　D. 客观公正

14. 依法办事是会计工作保证（　　）的前提。

A. 爱岗敬业　　B. 参与管理　　C. 强化服务　　D. 客观公正

15. 会计职业道德中“客观公正”要求会计人员依法办事、（　　）、如实反映。

A. 保持应有的原则性　　B. 实事求是

C. 保持应有的谨慎性　　D. 坚持准则

16. 会计人员小张认为自己管钱管账，就高人一等。小张这样的思想违背了（　　）的会计职业道德要求。

A. 坚持准则　　B. 强化服务　　C. 诚实守信　　D. 强化服务

17. 某公司资金紧张，需向银行贷款500万元。公司经理请返聘的张会计对公司提供给银行的会计报表进行技术处理。张会计很清楚公司目前的财务状况和偿债能力，做这种技术处理是很危险的，但在经理的反复劝说下，张会计感恩经理平时对自己的照顾，于是编制了一份经过技术处理的会计报表，使公司获得了银行贷款。下列对张会计行为的认定中，正确的是（　　）。

A. 张会计违反了爱岗敬业、客观公正的会计职业道德要求

B. 张会计违反了参与管理、坚持准则的会计职业道德要求

C. 张会计违反了客观公正、坚持准则的会计职业道德要求

D. 张会计违反了强化服务、客观公正的会计职业道德要求

18. 某公司为获得一份工程合同，拟向工程发包方的有关人员支付好处费 8 万元，公司市场部持公司的批示到财务部领取该笔款项。财务部经理谢某认为该项支出不符合有关规定，但考虑到公司主要领导已做了批示，遂同意拨付款项。下列对谢某做法的认定中，正确的是（　　）。

A. 谢某违反了爱岗敬业的会计职业道德要求

B. 谢某违反了参与管理的会计职业道德要求

C. 谢某违反了客观公正的会计职业道德要求

D. 谢某违反了坚持准则的会计职业道德要求

19. 下列选项中，不属于提高技能的基本要求的是（　　）。

A. 具有不断提高会计专业技能的意识和愿望

B. 不断进取，主动求和

C. 具有勤学苦练的精神和科学的学习方法

D. 强化服务意识，提高服务质量

20. 会计小李是个时尚的“90 后”女孩，有一点享乐主义和拜金主义，经常利用职务之便挪用公司钱财，小李的行为违反了（　　）的会计职业道德要求。

A. 爱岗敬业　　B. 坚持准则　　C. 客观公正　　D. 廉洁自律

二、多项选择题

1. 下列各项中，符合会计职业道德“廉洁自律”要求有（　　）。

A. 树立正确的人生观和价值观

B. 严格划分公私界限，公私分明，不贪不占

C. 遵纪守法，不收受贿赂，不贪污钱财，保持清白

D. 自觉抵制拜金主义，个人主义

2. 对于会计职业组织实施的职业道德惩戒，可采取（　　）方式进行。

A. 通报批评　　B. 罚款

C. 取消其会员资格　　D. 支付费用

3. 坚持准则的基本要求包括（　　）。

A. 熟悉法律、法规和国家统一的会计制度

B. 始终坚持按相关准则进行会计核算，实施会计监督

C. 在发生道德冲突时，应坚持准则，维护国家利益、社会公众利益和正常的经济秩序

D. 运用准则

4. 廉洁自律这一会计职业道德的要求是指会计人员清正廉洁、遵纪守法及（ ）。

A. 公私分明　　B. 不弄虚作假

C. 不贪不占　　D. 不为利益所诱惑

5. 下列各项中，属于会计职业道德内容规范的有（ ）。

A. 爱岗敬业　　B. 参与管理　　C. 提高技能　　D. 廉洁自律

6. 强化服务这一会计职业道德的要求是会计人员应（ ）。

A. 树立服务意识

B. 提高服务质量

C. 保持应有的谨慎性

D. 努力维护和提升会计职业的良好社会形象

7. 下列有关会计职业道德“廉洁自律”的表述中，正确的是（ ）。

A. 自律的核心就是自觉地抵制自己的不良欲望

B. 廉洁自律是会计职业道德的内在要求

C. 只有自身廉洁自律，才能抵制他人的不法行为

D. 不能做到廉洁自律，也就很难做到坚持准则和客观公正

8. 下列各项中，属于会计职业道德规范中“坚持准则”的要求的有（ ）。

A. 严格执行会计法律法规

B. 严格执行与会计相关的经济法律制度

C. 严格执行单位内部会计控制制度

D. 严格执行单位内部财务管理制度

9. 甲公交公司因经营管理不善而长年亏损，新上任财务部经理张某一边利用业余时间参加新会计制度培训班的学习，一边在工作中强化成本管理。张某抓住公司经营管理中的薄弱环节，以强化成本核算和管理为突破口，将成本逐层分解至每辆车及其司乘人员，并创建了成本监控中心，使每日、每车的运营收支情况一目了然，对异常成本变动能立即采取应对措施。有效的成本管理为公司领导作出扩大购车规模、增加营运能力的决策提供了科学依据。经过努力，公司营业收入在3年内翻两番，彻底扭转了亏损局面。从会计职业道德角度分析，下列表述中，正确的有（ ）。

A. 张某的行为体现了客观公正会计职业道德的要求

B. 张某的行为体现了参与管理会计职业道德的要求

C. 张某的行为体现了诚实守信会计职业道德的要求

D. 张某的行为体现了提高技能会计职业道德的要求

10. 提高技能的基本要求是（ ）。

A. 具有不断提高会计专业技能的意识和愿望

B. 具有勤学苦练的精神和科学的学习方法

C. 热爱工作

D. 积极维护单位负责人的利益

11. 诚实守信的基本要求包括（　　）。

A. 做老实人、说老实话　　B. 办老实事，不弄虚作假

C. 保守秘密　　D. 不为利益所诱惑

12. 下列各项中，体现客观公正这一会计职业道德要求的有（　　）。

A. 依法办事　　B. 保持独立性　　C. 实事求是　　D. 不偏不倚

13. 某单位制定的内部会计人员管理制度中，符合会计职业道德要求的有（　　）。

A. 会计人员在工作中应当树立良好的职业品质、严谨的工作作风，遵守工作纪律，努力提高工作效率和工作质量

B. 会计人员应当熟悉财经法律、法规、规章和国家统一的会计制度，并结合会计工作进行广泛宣传

C. 会计人员应当熟悉本单位的生产经营和业务管理情况，运用掌握的会计信息和会计方法，为改善单位内部管理、提高经济效益服务

D. 会计人员应当保守本单位的商业秘密。除法律规定和单位领导人同意外，不能私自向外界提供或者泄露单位的会计信息

14. 下列有关客观公正这一会计职业道德的表述中，正确的有（　　）。

A. 依法办事是保证会计工作客观公正的前提

B. 扎实的理论功底和较高的专业技能是做到客观公正的重要条件

C. 在会计工作中客观是公正的基础，公正是客观的反映

D. 会计活动的整个过程都离不开客观公正

15. 朱镕基同志在 2001 年视察北京国家会计学院时，为北京国家会计学院题词的内容包括（　　）。

A. 诚信为本　　B. 操守为重　　C. 坚持准则　　D. 不做假账

16. 下列各项中，符合坚持准则这一会计职业道德要求的有（　　）。

A. 会计人员在进行会计核算和监督时自觉遵守各项准则

B. 会计人员了解和掌握《会计法》和国家统一的会计制度及与会计相关的法律制度

C. 稽核人员认真检查凭证内容与格式，并就规范领导审批程序提出建议

D. 会计人员应敢于同违反会计法律法规和财务制度的现象作斗争，确保会计信息的真实性和完整性

17. 下列关于提高技能的表述中，正确的有（　　）。

A. 会计人员小王经常利用业余时间参加会计培训

B. 会计人员小李认为现有的知识水平足够应付工作中的业务，从而懒惰学习

C. 提高技能是会计人员的义务

D. 提高技能是参与管理的前提

18. 根据《中国注册会计师职业道德规范指导意见》，注册会计师（　　）。

A. 应当回避可能影响独立性的审计事项，实行形式上的独立

B. 应当恪守职业道德，保持实质上的独立

C. 更重要的是保持实质上的独立

D. 更重要的是保持形式上的独立

19. 下列有关“客观公正”的描述正确的是（　　）。

A. 客观是指按事物的本来面目去反映，不掺杂个人的主观意愿，不为他人左右

B. 客观包含真实性和可靠性

C. 客观是公正的基础，公正是客观的反映

D. 客观公正是在会计职业道德方面所追求的理想目标

20. 下列有关“客观公正”的基本要求，正确的是（　　）。

A. 依法办事，认真遵守法律法规

B. 实事求是，不主观、片面地看待问题

C. 对会计业务的处理做到客观、公平、理智、诚实

D. 注册会计师在维护多方利益时，可以采取折中的态度和方法

三、判断题

1. 会计职业道德与会计法律制度的作用范围不同，其仅调整会计人员内在的精神世界。（　　）

2. 会计职业道德的特征之一是职业性。（　　）

3. 会计职业道德教育是指为了促使会计人员正确履行会计职能，而对其施行的有目的、有计划、有组织的道德教育。（　　）

4. 对会计人员爱岗敬业的要求是会计职业道德的出发点和归宿。（　　）

5. 会计职业道德只需要依靠会计从业人员的自觉性，具有很强的自律性。（　　）

6. 会计职业道德与会计法律制度在内容上相互区别。（　　）

7. 爱岗敬业是指言行一致，不弄虚作假，做老实人，说老实话，做老实事。（　　）

8. 爱岗敬业是会计职业道德的根本。（　　）

9. 爱岗敬业，即要求会计人员端正态度、依法办事、实事求是、不偏不倚、保持应有的独立性。（　　）

10. 会计工作是一项政策性、原则性很强的工作，整天与钱物打交道，因此遵纪守法是会计人员的基本职业道德。（　　）

11. 实事求是、不偏不倚体现诚实守信这一会计职业道德的要求。（　　）

12. 会计职业道德是会计人员能力框架中重要的组成部分。（　　）

13. 会计人员遵循参与管理的职业道德原则，就是要积极主动参与到企业管理工作中，对企业经营活动做出决策。（　　）

14. 会计职业道德规范的对象仅指单位会计人员，不包括注册会计师。（　　）

15. 会计人员遵循坚持准则的会计职业道德要求，就是只需要坚持和遵循会计

核算的基本准则和具体准则，严格按这些准则办事。（　　）

16. 会计人员在任何情况下都不能向外界提供或者泄露本单位的会计信息。（　　）

17. 会计职业道德自律是以会计职业法律为核心的。（　　）

18. 对会计职业道德情况的检查，除了依靠政府监管外，行业自律也是一种重要手段。（　　）

19. 执业谨慎、信誉至上体现的是会计职业道德规范中“爱岗敬业”的要求。（　　）

20. 会计人员陈某认为，会计工作知识记记账、算算账，与单位经营决策关系不大，没必要要求会计人员“参与管理”。（　　）

第 3 章即测即评

第4章

会计职业道德教育和建设

引　言

党的二十大报告提出推进文化自信自强，指出提高全社会文明程度，“弘扬诚信文化，健全诚信建设长效机制。发挥党和国家功勋荣誉表彰的精神引领、典型示范作用，推动全社会见贤思齐、崇尚英雄、争做先锋”。增强中华文明传播力影响力，“坚守中华文化立场，提炼展示中华文明的精神标识和文化精髓，加快构建中国话语和中国叙事体系，讲好中国故事、传播好中国声音，展现可信、可爱、可敬的中国形象。加强国际传播能力建设，全面提升国际传播效能，形成同我国综合国力和国际地位相匹配的国际话语权。深化文明交流互鉴，推动中华文化更好走向世界”。

党的二十大报告强调弘扬诚信文化，健全诚信建设长效机制，这同样适用于会计行业。会计职业道德教育是培养会计人员形成良好道德品质、履行职业道德义务的重要活动。这有助于引导会计人员树立正确的价值观和职业操守，提高他们的职业素养和道德水平。这种教育对于维护国家财经纪律和经济秩序的稳定具有重大意义，因为会计人员承担着生成和提供会计信息的重要职责。

加强职业道德建设，推动形成适应新时代要求的思想观念、精神面貌、文明风尚、行为规范。作为经济管理中的会计人员应当加强职业道德教育和建设，树立正确的价值观和职业操守，提高职业素养和道德水平。

第 1 节　会计职业道德教育

一、会计职业道德教育的含义

会计职业道德教育是指根据会计工作的特点，有目的、有组织、有计划地对会计人员施加系统的会计职业道德影响，促使会计人员形成会计职业道德品质，履行会计职业道德义务的活动。

《会计法》第三十七条规定，“对会计人员的教育和培训工作应当加强”。

目前，我国会计人员职业道德水平不够高、专业胜任能力相对较低、法制观念不强，有必要推动和强化会计人员职业道德教育和专业培训，使会计人员不仅了解会计职业道德规范，而且逐步将会计职业道德规范转化为自身的思想观念，约束自身的行为，提高职业道德自律能力，形成良好、稳定的道德品质。

会计职业道德教育是提高会计职业道德水平的重要方式和手段，也是提高会计职业道德水平的重要途径。它是公民教育的一个重要组成部分，其意义表现在以下几方面。

1. 有利于提高会计职业道德水平

会计职业道德的形成，教育是根本。只有加强会计职业道德教育，才能使会计人员树立诚信观念，对职业道德规范有正确的认识。只有从总体上提高会计职业道德水平，会计信息才有可能真实可靠。

2. 有利于培养会计人员的会计职业道德情感

会计职业道德教育是一种教育性道德影响活动，它通过一定的教育方式和方法，将会计职业道德观念灌输给会计人员，逐渐培养其职业道德情感。会计职业道德情感包括会计职业的荣誉感、责任感以及对服务对象的热情等。会计职业道德中的爱岗敬业是会计职业情感的核心内容。应通过教育手段，运用会计行业涌现出的先进模范人物的典型案例，晓之以理、动之以情，增强会计人员的荣誉感、责任感。

3. 有利于树立会计职业道德信念

我国社会主义市场经济的建立和发展需要公正公平的竞争原则，也需要人们发扬奉献社会、顾全大局、互相尊敬、诚实守信等精神，而良好的会计职业道德信念的形成离不开会计职业道德教育。加强会计职业道德教育，应引导会计人员加强自我修养，将法律的外在约束和道德的内在制约结合起来，形成良好的会计职业道德信念。

二、会计职业道德教育的形式

会计职业道德教育的形式有接受教育和自我教育两种。

1. 接受教育（外在教育）

接受教育是通过学校或培训单位对会计人员进行以职业责任、职业义务为核心内容的正面灌输，以规范其职业行为，维护国家和社会公众利益的教育。接受教育具有导向作用。

2. 自我教育（内在教育）

自我教育是通过自我学习提升自身道德修养的行为活动，是内在教育。把外在的会计职业道德的内容要求，逐步转变为会计人员内在的职业道德认知、会计职业道德情感、会计职业道德意志和会计职业道德信念，要通过内在的自我教育实现。

三、会计职业道德教育的内容

会计职业道德教育的内容主要包括以下几方面。

1. 职业道德观念教育

通过学习会计职业道德知识，树立会计职业道德观念，了解会计职业道德对社会经济秩序、会计信息质量的影响，以及违反会计职业道德将受到的惩戒和处罚。

普及会计职业道德基础知识，是会计职业道德教育的基础，也是重要的一环。应广泛宣传会计职业道德基本常识，使广大会计人员懂得什么是会计职业道德，它对社会经济秩序、会计信息质量有何重要影响；懂得一旦违反会计职业道德，除了会受到良心和道义上的谴责外，还会受到行业惩戒和处罚。把会计职业道德教育同社会教育、学校教育、家庭教育结合起来。采取广播电视、报刊等媒介普及会计职业道德知识，形成会计人员遵守职业道德光荣、不遵守职业道德可耻的社会氛围。

2. 职业道德规范教育

职业道德规范教育是指对会计人员开展以会计职业道德规范为内容的教育。会计职业道德的主要内容是爱岗敬业、诚实守信、廉洁自律、客观公正、坚持准则、提高技能、参与管理和强化服务等。这是会计职业道德教育的核心内容，应贯穿会计职业道德教育的始终。

3. 职业道德警示教育

职业道德警示教育是通过对违背会计职业道德和违法的会计行为典型案例的讨论和剖析，给会计人员以启发和警示。根据不同的教育对象，选择一些典型案例，开展广泛深入的讨论，可以提高会计人员的法制意识和会计职业道德观念，提高会计人员辨别是非的能力。

四、会计职业道德教育的途径

（一）接受教育的途径

会计人员接受教育的途径主要有岗前职业道德教育和岗位职业道德继续教育。

1. 岗前职业道德教育

岗前职业道德教育是指对将要从事会计职业的人员进行的道德教育，包括会计专业学历教育中的职业道德教育及获取会计职业资格涉及的职业道德教育。教育的侧重点应放在职业观念、职业情感及职业规范等方面。

（1）会计专业学历教育中的职业道德教育。在我国，高等院校是培养各类专门人才的基地，其会计类专业在校学生是会计队伍的预备人员，他们中的大部分人将进入会计队伍，从事会计工作。会计专业学历教育阶段是他们的会计职业情感、道德观念和是非善恶判断标准初步形成的时期，所以高等院校是会计职业道德教育的重要阵地，是会计人员岗前道德教育的主要场所，在会计职业道德教育中具有基础性地位。

要对会计专业的在校学生进行会计职业道德教育，高等院校应把教书与育人紧密结合起来，不仅传授会计专业知识和业务技能，而且将会计职业道德教育渗透到学校教育的各个环节之中，使学生在学校就开始学习和了解会计职业道德理论、规范，培养他们的会计情感和会计道德观念，增强其社会责任感。

（2）获取会计职业资格涉及的职业道德教育。这是对从事会计职业的人员在入职前进行的职业道德教育。根据现行会计人员管理制度的规定，会计职业道德教育是会计从业人员岗前教育的一项必学内容，使会计人员逐渐认知并熟悉会计职业道德规范，形成良好的道德品质，以指引和约束自身的行为。

2. 岗位职业道德继续教育

岗位职业道德继续教育是对会计从业人员进行的继续教育，即会计从业人员在完成某一阶段的工作和学习后，重新接受一定形式的、有组织的知识更新教育和培训活动。会计人员继续教育是强化会计职业道德教育的有效形式。

会计职业道德教育应贯穿会计人员继续教育的始终。继续教育中应体现出社会经济的发展变化对道德的要求，也就是说，在不同的阶段，道德教育的侧重点应有所不同。就现阶段而言，会计人员继续教育中的会计职业道德教育目标是适应新的市场经济形势的发展变化，在不断更新、补充、拓展会计人员业务能力的同时，使其政治素质、职业道德水平不断提高，具体包括以下内容。

（1）形势教育。教育的重点是贯彻"以德治国"重要思想和"诚信为本，操守为重，坚持准则，不做假账"的指示精神，全面系统地加强会计职业道德培训，提高广大会计人员的政治水平和思想道德意识。

（2）品德教育。教育的重点是引导会计人员自觉地用会计职业道德规范指导和约束自身的行为，提高职业道德自律能力，最终形成良好、稳定的道德品行。

（3）法制教育。教育的重点是引导会计人员了解并熟悉不同历史时期的会计法律法规政策，学会运用法律的手段处理会计事务。

（二）自我教育的途径

会计人员自我教育的途径主要有慎独慎欲、慎省慎微、自警自励。

1. 慎独慎欲

慎独是指独处时要谨慎。慎欲是指注意节制自己的不良欲望。

会计职业道德修养的最高境界在于做到慎独。慎独要求每个会计人员严格要求自己，在履行职责时自律谨慎，不管财务制度本身是否有漏洞，也不管领导管理严不严，都应按照职业道德要求办事。在独立工作、无人监督的情况下，会计人员应坚持自觉地按照道德准则办事，不做任何对国家、对社会、对他人不道德的事情。

慎独的前提是有坚定的职业信念和职业良心，以高度自觉性为前提，通过自我约束、自我监督，更好地培养、锻炼坚强的职业道德信念和意志。

2. 慎省慎微

慎省是指时常提醒反省自己的得失。慎微是指细微处要谨慎。

3. 自警自励

自警就是要随时警醒自己，告诫自己，自觉抵制各种腐朽思想的侵蚀。自励就是要以崇高的会计职业道德理想、信念激励自己，忠实履行自己的神圣职责。

第2节　会计职业道德建设

为了充分发挥会计职业道德的作用，健全会计职业道德体系，应在建立会计职业道德规范和加强职业道德教育的基础上，强化对会计人员职业道德规范遵循情况的检查，并根据检查的结果进行相应的表彰和惩罚，建立会计职业道德的奖惩机制，这就需要政府部门、行业组织、有关单位积极参与，运用经济、法律、行政、自律等综合治理手段保证会计职业道德规范的有效实施。

一、财政部门的组织推动

各级财政部门应当负起组织和推动本地区会计职业道德建设的责任，把会计职业道德建设与会计法制建设紧密结合起来。

1. 采用多种形式开展会计职业道德宣传教育

会计职业道德建设是会计管理工作的重要组成部分，应当列入财政部门管理会计工作的重要议事日程。各级财政部门应充分认识到新形势下加强会计职业道德建设的艰巨性、长期性和紧迫性，把会计职业道德建设作为新时期会计管理工作的一项十分重要的内容，负起组织和推动本地区会计职业道德建设的责任，常抓不懈，做到有计划、有步骤、有目标地开展各阶段的工作。

2. 会计职业道德建设与从业资格管理相结合

《会计基础工作规范》规定，财政部门、业务主管部门和各单位应当定期检查会计人员遵守职业道德的情况，并将其作为会计人员晋升、晋级、聘任专业职务、表彰奖励的重要考核依据。会计人员违反职业道德的，由所在单位进行处理。

将从业资格管理与会计职业道德检查结合起来，有利于强化对会计人员行为的约束，引导会计人员遵守会计职业道德。

3. 会计职业道德建设与会计专业技术资格考评、聘用相结合

根据财政部、原人事部联合印发的《会计专业技术资格考试暂行规定》及其实施办法的规定，报考初级、中级资格的会计人员，应“坚持原则，具备良好的职业道德品质”等。会计专业技术资格考试管理机构在组织报名时，应对参加报名的会计人员的职业道德情况进行检查。对有不遵守会计职业道德记录的，应取消其报名资格。

目前，高级会计师资格考试采取考试和评审相结合的方式，会计职业道德不仅是考试的重要内容，而且是评审标准的重要内容。各单位在聘用会计人员时，除考察其专业胜任能力外，更应将遵守职业道德情况作为一项重要的考核内容，将会计职业道德奖惩与会计专业技术资格的考、评、聘联系起来。

4. 会计职业道德建设与《会计法》执法检查相结合

财政部门作为《会计法》的执法主体，可以依法对各单位执行会计法律制度的情况及会计信息质量进行检查。通过检查，一方面督促各单位严格执行会计法律法规，另一方面掌握各单位会计人员遵守会计职业道德的情况。对于检查中发现的违反《会计法》的行为，会计人员不仅要承担《会计法》规定的法律责任，受到行政处罚或刑事处罚，还必须接受相应的道德制裁。道德制裁可以是在会计行业范围内通报批评，指令其参加一定学时的继续教育课程，在行业内部的公开刊物上予以曝光。

5. 会计职业道德建设与会计人员表彰奖励制度相结合

《会计法》第六条规定：“对认真执行本法，忠于职守，坚持原则，做出显著成绩的会计人员，给予精神的或者物质的奖励。”因此，对于那些自觉遵守会计职业道德规范的优秀会计人员，应当给予精神的或者物质的奖励。此外，《会计法》对忠于职守、坚持原则的会计人员，也应当给予保护。会计职业道德规范的贯彻与实施，既要对违背会计职业道德的行为进行惩戒，同时又要对自觉遵守会计职业道德规范的先进单位和先进个人进行表彰。

二、企事业单位的内部监督

要在企事业单位形成内部约束机制，防范舞弊和经营风险，支持并督促会计人员遵守会计职业道德，依法开展会计工作。

单位负责人要切实抓好会计职业道德建设。《会计法》第四条规定：“单位负责人对本单位的会计工作和会计资料的真实性、完整性负责。”因此，单位负责人必须重视和加强本单位会计人员的职业道德建设，在任用会计人员时，应当审查其职业记录和诚信档案，选择业务素质高、职业道德好、无不良记录的会计人员从事会计工作；在日常工作中，应注意开展对会计人员的道德和纪律教育，并加强检查，督促会计人员诚实守信、坚持原则；在制度建设上，要重视内部控制制度建设，完善内部约束机制，有效防范舞弊和经营风险。同时，单位负责人要做遵纪守法的表率，支持会计人员依法开展工作。

各有关部门和机构要重视会计职业道德建设。要根据会计职业道德规范的要求，结合本系统、本行业（单位）特点，有针对性地制定具体的职业道德规范，开展多种形式的宣传教育，抓好督促落实。要使外在的会计职业道德要求转化为会计人员内在的职业道德品质，促使会计人员自觉履行应尽的职业义务，保证会计信息的真实性和完整性。

三、社会各界的监督与配合

加强会计职业道德建设，既是提高广大会计人员素质的一项基础性工作，又是一项复杂的社会系统工程；不是一个单位、一个部门的任务，而是各地区、各部门、各单位的共同责任。

应广泛开展会计职业道德的宣传教育，加强舆论监督，在全社会会计人员中倡导诚信为荣、失信为耻的职业道德意识，引导会计人员加强职业修养。

各新闻媒体要加强社会舆论监督，形成良好的社会氛围。良好的会计职业道德风尚离不开社会舆论的支持和监督，强化舆论监督有利于在全社会形成守信的氛围。要以新闻媒体为阵地，广泛开展会计职业道德的宣传教育，使社会各界了解会计职业道德规范的内容，促进良好的会计职业道德风尚深入人心，形成良好的会计职业道德环境和氛围。

第 3 节　会计职业道德的检查与奖惩

一、会计职业道德检查与奖惩的意义

开展会计职业道德检查与奖惩工作是道德规范付诸实施的必要方式，也是促使道德力量发挥作用的必要手段。会计职业道德检查与奖惩的意义主要有以下几点。

1. 具有促使会计人员遵守职业道德规范的作用

奖惩机制利用人类趋利避害的特点，以利益的给予或剥夺为砝码，对会计人员起着引导或威慑的作用，使会计行为主体不论出于什么样的动机，都必须遵守会计职业道德规范，否则就会遭受利益损失。奖惩机制把会计职业道德要求与个人利益结合起来，体现了义利统一的原则。

2. 具有裁决与教育的作用

奖惩机制可以对各种会计行为进行裁决，对会计人员具有深刻的教育作用。会计人员的哪些会计行为是对的，哪些会计行为是不对的，均可通过会计职业道德的检查与奖惩做出裁决。在这里，会计职业道德的检查与奖惩起着道德法庭的作用。

它运用各种会计法规、条例及道德要求等一系列标准，鞭笞违背道德的行为，同时褒奖那些符合职业道德要求的行为，并使其发扬光大。因此，会计职业道德的检查与奖惩能使广大会计人员生动直接地感受到道德的价值分量，其教育作用是不可低估的。

3. 有利于形成抑恶扬善的社会环境

会计职业道德是整个社会道德的一个组成部分，因此，会计职业道德的好坏对社会道德环境的优劣会产生一定的影响；反之，社会道德环境的好坏也影响着会计行为。奖惩机制是抑恶扬善的杠杆。对会计行为而言，判断善恶的标准就是会计职业道德规范。那些遵守职业道德规范的行为，就可称为善行；反之，那些违背职业道德规范的行为，就可称为恶行。通过倡导、赞扬、鼓励自觉遵守会计职业道德规范的行为，贬抑、鞭挞、查处会计造假等不良行为，有助于人们分清是非，形成良好的社会风气，进一步促进会计职业道德的发展。

就道德规范自身特点而言，它主要是依靠传统习俗、社会舆论和内心信念来维系的。这种非刚性的特征也就决定了它的落实、实施必须借助政府部门的行政监管、职业团体自律性监管和企事业单位内部纪律等外在的硬性他律机制。只有这样，才能有效地发挥道德规范潜在的裁判和激励效力。

二、会计职业道德检查与奖惩机制

会计职业道德检查与奖惩机制包括以下方面。

（一）财政部门的监督检查

《会计法》第七条规定："国务院财政部门主管全国的会计工作。县级以上地方各级人民政府财政部门管理本行政区域内的会计工作。"根据《注册会计师法》的规定，财政部门对注册会计师、会计师事务所和注册会计师协会进行监督、指导。会计职业道德建设是会计管理工作的重要组成部分，因此，各级财政部门应负起组织和推动本地区会计职业道德建设的责任。财政部门可以利用行政管理上的优势，对会计职业道德情况实施必要的行政监管。

1. 执法检查与会计职业道德检查相结合

财政部门作为《会计法》的执法主体，可以依法对各单位执行会计法律制度的情况及会计信息质量进行不同形式的检查或抽查。通过检查，一方面督促各单位严格执行会计法律法规，另一方面掌握各单位会计人员执行会计职业道德的情况。

2018年4月19日，财政部发布《关于加强会计人员诚信建设的指导意见》，强调建立严重失信会计人员“黑名单”制度。将有提供虚假财务会计报告，做假账，隐匿或者故意销毁会计凭证、会计账簿、财务会计报告，贪污，挪用公款，职务侵占等与会计职务有关违法行为的会计人员，作为严重失信会计人员列入“黑名单”，纳入全国信用信息共享平台，依法通过“信用中国”网站等途径，向社会公开披露相关信息。对严重失信会计人员实施约束和惩戒。在先进会计工作者评选、会计职称考试或评审、高端会计人才选拔等资格资质审查过程中，对严重失信会计人员实行“一票否决制”。对于严重失信会计人员，依法取消其已经取得的会计专业技术资格；被依法追究刑事责任的，不得再从事会计工作。支持用人单位根据会计人员失信的具体情况，对其进行降职撤职或解聘。

2. 会计专业技术资格考评、聘用与会计职业道德检查相结合

目前，有不少地方实行高级会计师资格考试与评审相结合的方式，因此有必要在考试和评审两个方面对会计职业道德进行检查、考核。

（1）考试方面，考虑到职业道德对高级会计师的重要性，有必要增设职业道德的内容，从理论上加深其对会计职业道德的理解和认识。

（2）评审方面，要对申报人的会计职业道德情况严格审查。可以规定一些关于职业道德规范的否决条款。比如申报人曾因违法犯罪行为而受过刑事处罚，则不能参加高级会计师资格的评审。

将会计职业道德奖惩与会计专业技术资格的考、评、聘联系起来，必将使广大会计人员像重视自己的专业技术职称那样重视自己的职业道德形象，在日常的学习工作中不断提高职业道德修养。

（二）会计职业组织的自律管理与约束

对会计职业道德情况的检查，除了依靠政府监管外，行业自律也是一种重要手段。会计行业自律是一个群体概念，是会计职业组织对整个会计职业的会计行为进行自我约束、自我控制的过程。在会计职业较发达的市场经济国家，会计职业道德准则一般是由会计职业组织制定、颁布与督导实施的，有些做法和经验值得我们借鉴。

在日常会计工作中，经常发生这样的情况：一些会计人员缺乏必要的专业胜任能力，业务素质低下，专业知识贫乏，对新颁布的会计准则、会计制度知之甚少，导致记账不符合规范，账簿混乱，账账、账表不符，报表挤数现象时有发生；还有一些会计人员按照领导的意志，放弃了客观性原则，钻准则、制度的空子，通过改变会计估计或会计方法，调节利润或亏损，达到隐瞒、拖欠或逃避缴纳税款的目的。这些做法有的虽然没有触犯法律，但违背了会计职业道德。在会计行业自律组织比较健全的情况下，可以由职业团体通过自律性监管，对发现违背会计职业道德的行为进行相应的惩罚，根据情节轻重程度采取通报批评、罚款、支付费用、取消会员资格、警告、退回向客户收取的费用、参加后续教育等方式。目前，我国会计职业的行业自律机制尚不健全，对违背会计职业道德的会计人员和会计师事务所惩处力度不够。所以，必须建立健全会计职业团体自律性监管机制，确保会计职业的健康发展。

（三）激励机制的建立

对会计人员遵守职业道德的情况进行考核和奖惩，对自觉遵守会计职业道德的优秀会计工作者进行表彰、宣传，可以使受表彰者感受到遵守道德规范的回报和社会肯定，强化其道德行为。同时，还可以树立本行业的楷模、榜样，使会计职业道德原则和规范具体化、人格化，使广大会计工作者从这些富于感染性、可行性的道德榜样身上获得启示和动力，在潜移默化中逐渐提高自身的职业道德素质。

奖励是积极的，是对一个人的肯定，它利用人的上进心，调动人的荣誉感，使其遵纪守法、尽职尽责，并发挥内在的潜能，带给人满足、自尊、自豪感；惩罚则是消极的，它利用人的恐惧心理，使人循规蹈矩，但过分的惩罚会使人产生挫折感，损伤自尊心和自信心。

大量事实表明，奖励和惩罚相结合的方法优于只奖不罚或只罚不奖。赏罚结合可以带来双重的激励效果。因此，在对违背会计职业道德的行为进行惩戒的同时，还应对自觉遵守会计职业道德的先进人物进行表彰。

我国会计人员表彰早在 1963 年就已制度化。1963 年 1 月，《会计人员职权试行条例》开始实施，确立了会计人员奖惩制度，其中规定，“凡是工作积极负责，奉公守法，厉行节约，保护国家财产，如实反映情况，完成任务有显著成绩的，给予表扬或奖励”。《会计法》第六条规定：“对认真执行本法，忠于职守，坚持原则，做出显著成绩的会计人员，给予精神的或者物质的奖励。”这一条规定是 1985 年 1 月《会计法》开始实施就有的规定。此后，财政部多次组织全国先进财会工作集体和先进会计工作者评选表彰活动，充分调动了广大会计人员的积极性，树立了可信、可学的楷模，推动了会计人员职业道德建设活动。

会计职业道德激励机制与会计人员表彰制度相结合，可以起到弘扬正气、激励先进、鞭策后进的作用。我国会计人员队伍庞大，涌现出许多优秀的先进人物和感人事迹。在会计职业道德检查中，应善于发现典型、树立榜样，在表彰时注意将物质奖励和精神奖励相结合。通过对优秀会计工作者进行表彰、奖励，营造抑恶扬善的环境，在潜移默化中提高全体会计人员的职业道德素质。

自测题

4-1 （　　）对会计职业道德进行自律管理与约束。

A. 财政部门　　B. 会计职业组织

C. 税务部门　　D. 工商部门

【答案】 B

4-2 “对认真执行本法，忠于职守，坚持原则，做出显著成绩的会计人员，给予精神的或者物质的奖励”，最早做出这一规定的法律是（　　）。

A. 1985 年制定的《会计法》

B. 1993 年修正的《会计法》

C. 1993 年制定的《注册会计师法》

D. 1999 年修订的《会计法》

【答案】A

4-3　（　　）应组织和推动会计职业道德建设。

A. 财政部门　　B. 税务部门

C. 单位负责人　　D. 会计机构负责人

【答案】A

4-4　会计职业组织起着联系会员与政府的桥梁作用，会计职业组织主要通过他律形式实现对会员的职业道德约束。（　　）

【答案】×

4-5　对认真执行《会计法》、忠于职守、坚持原则、做出显著成绩的会计人员，应给予精神的或者物质的奖励。（　　）

【答案】√

例题

小张，23岁，大学本科毕业后到某市一国债服务部工作，担任柜台出纳，兼任金库保管员。6月，小张偷偷从金库中取出国库券30万元。4个月后，小张见无人知晓，胆子开始大了起来，又取出50万元，通过证券公司融资回购方法，拆借人民币89.91万元，用来炒股，没想到赔了钱。小张在无力返还单位债券的情况下，索性于12月14日至15日，将金库里剩余的14.03万元国库券全部取出后潜逃，用化名隐匿在该市的一处民房。至此，小张共贪污国库券94.03万元，折合人民币118.51万元。案发后，当地人民检察院立案侦查，小张迫于各种压力，于次年1月8日投案自首，检察院依法提起公诉。

根据上述案例回答下列问题：

(1) 上述案例中犯罪嫌疑人小张年轻、有学历，在比较重要的岗位工作，但胆大妄为，从学校刚刚走上工作岗位就犯罪。这说明什么？

(2) 结合上述案例简述会计职业道德教育的意义。

(3) 简述会计职业道德教育的层次及具体内容。

【解析】

(1) 说明小张在学校缺乏会计职业道德教育，没有丝毫会计职业道德观念和法制观念，内心深处没有构筑道德的防线，或者说道德防线十分脆弱，不堪一击。从会计职业道德规范的角度分析，该会计人员违背了爱岗敬业、诚实守信、廉洁自律等会计职业道德规范。此外，此案也说明了建立单位内部控制制度的重要性。

(2) 会计职业道德教育有利于提高会计职业道德水平，有利于培养会计人员会计职业道德情感，有利于树立会计职业道德信念。

(3) 会计职业道德的层次：一是对潜在会计人员进行会计职业道德教育；二是对会计人员进行岗前会计职业道德教育；三是对会计人员进行继续教育。

练习题

一、单项选择题

1. （ ）是强化会计职业道德教育的有效形式。

A. 学历教育 B. 规范教育 C. 继续教育 D. 强化教育

2. 下列不属于会计职业道德自我教育内容的是（ ）。

A. 会计职业法制教育 B. 会计职业义务教育

C. 会计职业荣誉教育 D. 会计职业情操教育

3. 会计职业道德警示教育的主要形式是（ ）。

A. 理论教育与课堂教授 B. 典型案例讨论与剖析

C. 理论教育与自我教育 D. 实际情况讨论和分析

4. 在会计学历教育中进行职业道德教育，属于会计职业道德（ ）的内容。

A. 岗中职业道德教育 B. 岗前职业道德教育

C. 岗位职业道德教育 D. 法制教育

5. 会计职业道德教育的各种途径中，具有基础性地位的是（ ）。

A. 会计继续教育 B. 会计学历教育

C. 会计自我教育 D. 会计职业荣誉教育

6. 搞好会计职业道德建设的关键在于（ ）。

A. 制定完善的会计法律体系

B. 加强和改善会计职业道德建设的组织和领导

C. 对违反会计职业道德的行为进行严厉制裁

D. 社会舆论监督，形成良好的社会氛围

7. （ ）是对会计从业人员进行的继续教育，即会计从业人员在完成某一阶段的工作和学习后，重新接受一定形式的、有组织的知识更新教育和培训活动。

A. 岗位职业道德继续教育 B. 岗前职业道德教育

C. 会计专业学历教育 D. 会计职业资格考试

8. 通过学校或培训单位对会计人员进行以职业责任、职业义务为核心内容的正面教育，属于（ ）。

A. 自我教育 B. 接受教育 C. 继续教育 D. 学历教育

9. 会计人员继续教育中，最基础的会计职业道德教育是（ ）。

A. 法制教育 B. 形势教育 C. 品德教育 D. 自我教育

10. 下列关于会计职业道德的说法中，正确的是（ ）。

A. 会计职业道德规范的对象为单位从事会计工作的人员

B. 会计职业道德的功能包括指导功能、规范功能和教化功能

C. 会计职业道德要求会计人员在职业活动中发生道德冲突时把单位集体利益放在第一位

D. 会计职业道德与会计法律制度的作用范围不同

11. 下列各项中，属于会计职业道德教育的核心内容，并贯穿会计职业道德教育始终的是（　　）。

A. 会计职业道德观念教育　　B. 会计职业道德警示教育

C. 会计职业道德规范教育　　D. 其他相关教育

12. 会计行业组织对会计人员遵守职业道德规范情况进行检查，并根据检查结果进行表彰或惩戒，这种机制属于（　　）。

A. 服务机构　　B. 法律机制

C. 自律机制　　D. 行政管理机制

13. 会计人员在独立工作，无人监督时，仍能坚持自己的道德信念，依据一定的道德原则去行事，坚持准则，不做道德败坏之事。这反映的是自我修养中的（　　）。

A. 自警自励　　B. 慎省慎微　　C. 自我反省　　D. 慎独慎欲

14. （　　）的重点是引导会计人员了解并熟悉不同历史时期的会计法律法规政策，学会运用法律的手段处理会计事物。

A. 形势教育　　B. 实质教育　　C. 品德教育　　D. 法制教育

15. 新中国第一部《会计法》的颁布时间是（　　）。

A. 1985 年 1 月　　B. 1984 年 8 月

C. 1993 年 7 月　　D. 1993 年 12 月

16. （　　）就是要随时警醒自己，告诫自己，自觉抵制各种腐朽思想的侵蚀。

A. 慎独　　B. 自警　　C. 自励　　D. 慎欲

17. 关于道德，准确的说法是（　　）。

A. 在人类历史上，道德具有普遍适用性，没有文化差异

B. 道德是处理人与人、人与社会、人与自然之间关系的特殊行为规范

C. 道德是一种无法确定教育结果但社会十分需要的说教

D.“德”为“才”所统辖，“才”高那么“德”重

18. （　　）是通过自我学习提升自身道德修养的行为活动。

A. 接受教育　　B. 自我教育

C. 会计职业教育　　D. 职业道德规范教育

19. 目前，高级会计师资格考试采取（　　）的形式。

A. 考试　　B. 考察

C. 评审　　D. 考试与评审相结合

20. （　　）的重点是贯彻“以德治国”重要思想和“诚信为本，操守为主，坚持准则，不做假账”的指示精神，全面系统地加强会计职业道德培训，提高广大会计人员的政治水平和思想道德意识。

A. 品德教育　　B. 法制教育　　C. 法治教育　　D. 形势教育

二、多项选择题

1. 会计职业道德检查与奖惩机制包括（　　）。

A. 财政部门的监督检查　　B. 会计行业组织的自律管理与约束

C. 激励机制的建立　　D. 社会舆论监督

2. 会计职业道德教育的途径包括（　　）。
A. 通过会计从业资格考试进行
B. 通过会计专业资格考试进行
C. 通过会计学历教育进行
D. 通过会计继续教育进行
3. 会计职业道德教育形式中的自我教育是会计人员（　　）的行为活动。
A. 自我学习　　B. 自身道德修养
C. 自身道德约束　　D. 自我认识
4. 开展会计职业道德观念教育的目的是让会计人员（　　）。
A. 树立会计职业道德观念
B. 了解会计职业道德对社会经济秩序的影响
C. 了解会计职业道德对会计信息质量的影响
D. 了解违背会计职业道德将受到的惩戒和处理
5. 会计职业道德教育的内容包括（　　）。
A. 会计职业道德观念教育　　B. 会计职业道德规范教育
C. 会计职业道德警示教育　　D. 其他相关教育
6. 会计职业道德教育的主要途径包括会计人员的（　　）。
A. 会计学历教育　　B. 会计继续教育
C. 自我教育　　D. 自我教育与修养
7. 会计职业道德检查与奖惩（　　）。
A. 具有促使会计人员遵守职业道德规范的作用
B. 具有裁决与教育的作用
C. 有利于形成抑恶扬善的社会环境
D. 有利于政府监管和行业自律
8. 会计职业道德观念教育的主要目的是（　　）。
A. 树立会计职业道德观念，普及会计职业道德基础知识
B. 了解会计职业道德对社会经济秩序的影响
C. 了解会计职业道德对会计信息质量的影响
D. 了解违反会计职业道德除了会受到良心和道义上的谴责外，还会受到行业惩戒和处罚
9. 目前我国会计职业道德教育的途径主要包括（　　）。
A. 岗前职业道德教育　　B. 行业职业道德教育
C. 自我教育　　D. 岗位职业道德继续教育
10. 各级财政部门应该负起组织和推动本地区会计职业道德建设的责任，把会计职业道德建设与会计法治建设紧密结合起来。可以采取的措施包括（　　）。
A. 采取多种形式开展会计职业道德宣传教育
B. 会计职业道德建设与从业资格管理相结合

C. 会计职业道德建设与会计专业技术资格考评、聘用相结合
D. 会计职业道德建设与《会计法》执法检查相结合
11. 会计学历教育的具体目标主要包括（　　）。
A. 使学生了解会计职业道德规范的内容，树立职业道德观念
B. 使学生了解会计职业面临的道德风险，提高运用道德标准判断是非的能力
C. 培养学生树立起会计职业情感和观念，为今后从事会计工作奠定基础
D. 使学生了解会计职业道德水平，为今后工作奠定道德基础
12. 会计职业道德教育的主要任务是（　　）。
A. 使会计人员懂得什么是对的、什么是错的，什么可以做、什么不应该做
B. 帮助和引导会计人员培养会计职业道德情感
C. 树立会计职业道德信念
D. 遵守会计职业道德规范
13. 自我教育的途径包括（　　）。
A. 慎独慎欲　　B. 慎省慎微
C. 学历教育　　D. 社会实践活动
14. 职业道德的作用包括（　　）。
A. 促进职业活动有序进行
B. 实现会计目标的重要保证
C. 对社会道德风尚产生积极的影响
D. 提高会计人员职业素养的内在要求
15. 下列各项中，不属于会计职业道德教育内容的是（　　）。
A. 自我教育　　B. 专业理论教育
C. 观念教育　　D. 规范教育
16. “慎独”是会计职业道德教育中的一种很高的境界，“慎独”的前提是（　　）。
A. 有坚定的职业信念和职业良心　　B. 高度自觉性
C. 不与人沟通交流，自己做自己的事　　D. 保持独立性
17. 下列关于会计职业道德教育的内容，正确的是（　　）。
A. 职业道德观念教育　　B. 职业道德规范教育
C. 职业道德警示教育　　D. 会计资格证教育
18. 会计职业道德教育的形式包括（　　）。
A. 接受教育　　B. 自我教育　　C. 学历教育　　D. 继续教育
19. 会计职业道德教育（　　）。
A. 有利于提高会计职业道德水平
B. 有利于培养会计人员的会计职业道德情感
C. 有利于树立会计职业道德信念
D. 有利于减少会计职业犯罪

20. 会计职业道德教育是根据会计工作的特点，（　　）地对会计人员施加系统的会计职业道德影响，促使会计人员形成会计职业道德品质，履行会计职业道德义务的活动。

A. 有目的　　B. 有计划　　C. 有组织　　D. 有行动

三、判断题

1. 会计职业道德规范教育是会计职业道德教育的核心内容，贯穿于会计职业道德教育的始终。（　　）

2. 会计人员继续教育是强化会计职业道德教育的有效形式。（　　）

3. 加强会计职业道德建设，既是提高广大会计人员素质的一项基础性工作，又是一项复杂的社会系统工程；不是一个单位、一个部门的任务，而是各地区、各部门的共同责任。（　　）

4. 自我修养即外在教育，是指通过学校或培训单位对会计从业人员进行以职业责任、职业义务为核心内容的正面灌输。（　　）

5. 会计职业道德教育的各种途径中，具有基础性地位的是会计继续教育。（　　）

6. 会计职业道德激励机制与会计人员表彰制度相结合，可以起到弘扬正气、激励先进、鞭策后进的作用。（　　）

7. 会计职业教育的形式主要有接受教育和自我教育。（　　）

8. 会计职业道德与社会道德无关，会计职业道德的好坏也不会对整个社会的道德产生影响。（　　）

9. 岗位职业道德继续教育是指对将要从事会计职业的人员进行的道德教育。（　　）

10. 会计人员违背职业道德，依旧可以从事会计工作。（　　）

11. 将从业资格管理与会计职业道德检查相结合，有利于强化对会计人员行为的约束，引导会计人员遵守会计职业道德。（　　）

12. 所有会计人员均可报名参加会计专业技术资格考试。（　　）

13. 对会计职业道德检查中涌现出的先进人物事迹进行表彰奖励时，应注意物质奖励。（　　）

14. 会计职业道德的奖惩机制把会计职业道德要求与个人利益结合起来，体现了义利统一的原则。（　　）

15. 会计职业道德建设的组织与实施包括财政部门的组织推动、会计行业的自律、企事业单位的内部监督、社会各界的监督与配合。（　　）

16. 违背职业道德的会计人员，其所在单位无权处罚，应由行政部门给予惩罚。（　　）

17. 注册会计师协会属于行政组织，有责任建立行业自律机制和会计师职业道德惩戒制度。（　　）

18. 会计行业的自律机制和会计职业道德惩戒制度是由财政部门组织建立的。（　　）

19. 将会计执法检查与会计职业道德检查相结合是财政部门对会计职业道德进行监督检查的途径之一。（　　）

20.《会计法》规定，对认真执行本法，忠于职守，坚持原则，做出显著成绩的会计人员，给予精神的或者物质的奖励。（　　）

第 4 章即测即评

第5章

会计法律制度的基本内容

引　言

党的二十大报告提出坚定不移全面从严治党，指出“完善党的自我革命制度规范体系。坚持制度治党、依规治党，以党章为根本，以民主集中制为核心，完善党内法规制度体系，增强党内法规权威性和执行力，形成坚持真理、修正错误，发现问题、纠正偏差的机制。健全党统一领导、全面覆盖、权威高效的监督体系，完善权力监督制约机制，以党内监督为主导，促进各类监督贯通协调，让权力在阳光下运行。推进政治监督具体化、精准化、常态化，增强对‘一把手’和领导班子监督实效。发挥政治巡视利剑作用，加强巡视整改和成果运用。落实全面从严治党政治责任，用好问责利器”。

坚持制度治党、依规治党，为会计法律制度的完善和执行提供了重要保障；增强对“一把手”和领导班子的监督实效，要求进一步深化会计制度改革，完善会计法律法规体系，提高会计信息质量和透明度。

会计法律制度是国家对会计工作进行规范和管理的法律依据，它明确了会计工作的基本原则、要求和责任，有助于规范会计人员的行为，确保会计信息的真实性、准确性和完整性。会计人员学习会计法律制度有助于维护市场秩序，保护投资者和债权人的合法权益，促进市场经济的健康发展，同时有助于了解国际会计准则和惯例，促进我国会计制度的国际化，加强与国际社会的交流与合作。

第1节 会计法律制度

一、会计法律制度的概念和意义

（一）会计法律制度的概念

会计法律制度是指国家权力机关和行政机关制定的，用以调整会计关系的各种法律、法规、规章和规范性文件的总称。

会计关系是指会计机构和会计人员在办理会计事务过程中以及国家在管理会计工作过程中发生的各种经济关系。

关于会计法律制度的立法宗旨，《会计法》第一条指出，为了规范会计行为，保证会计资料真实、完整，加强经济管理和财务管理，提高经济效益，维护社会主义市场经济秩序，制定本法。

这是《会计法》的立法宗旨，通常也作为会计法律制度的立法宗旨。《会计法》是调整会计法律关系的基本法，是各单位处理会计事务必须遵循的行为规范，由国家权力机关制定，以国家强制力保障其实施。

（二）会计法律制度的意义

会计法律制度的意义有如下几点。

1. 规范会计行为，保证会计资料真实、完整

会计行为是指以会计核算和会计监督为主要内容的会计管理活动。会计资料是指记录和反映单位实际发生的经济业务活动的专业性资料，包括会计凭证、会计账簿、财务会计报告和其他书面会计资料。

加强会计核算和会计监督，保证会计资料真实、完整地反映经济业务活动情况，参与经济管理和经营决策，是会计工作的基本职能。随着经济的发展，会计工作的这种职能和作用会更加突出。长期的实践证明，哪个时期的会计核算和会计监督做得好，这个时期的经济运行就会比较正常；哪个时期的会计核算和会计监督做得不好，这个时期的经济秩序就会出现混乱。

2. 加强经济管理和财务管理，提高经济效益

经济管理是指运用经济、行政、法律手段规范经济行为，维护经济秩序，促进经济良性循环，提高经济效益的经济管理活动，其中就包括财务收支管理。加强经济管理和财务管理的核心是加强会计管理。会计的基本职能是依法对经济活动进行记录、核算和监督，为提高经济效益、加强经济管理和财务管理提供会计信息。

3. 维护社会主义市场经济秩序

建立和发展社会主义市场经济是我国经济体制改革的目标，实现这个目标要有良好的经济秩序做保障，而良好的经济秩序的建立，一方面要靠国家立法和执法予以保障，另一方面要靠各企业事业单位、其他组织自觉遵守法律来实现。也就是说，要利用法律机制调整和规范市场经济条件下的各种社会关系，维护社会主义市场经济秩序，促进社会主义市场经济发展。这不仅是市场经济对法律的要求，也是市场经济健康发展的保障。《会计法》对维护社会主义市场经济秩序、促进社会主义市场经济发展发挥了积极作用。

二、会计法律制度的构成

我国的会计法律制度主要包括会计法律、会计行政法规、会计部门规章和地方性会计法规。

（一）会计法律

会计法律是指由全国人民代表大会及其常务委员会经过一定立法程序制定的有关会计工作的法律。我国目前有两部会计法律，分别是《会计法》和《注册会计师法》。

1. 《会计法》

（1）制定机关：全国人民代表大会常务委员会。

（2）调整对象：我国经济生活中的会计关系。

（3）制定时间：1985 年 1 月 21 日通过，1993 年 12 月 29 日第一次修正，1999 年 10 月 31 日修订，2017 年 11 月 4 日第二次修正，2024 年 6 月 28 日第三次修正。

（4）主要内容：规定会计工作的基本目的、会计管理权限、会计责任主体、会计核算和会计监督的基本要求、会计人员和会计机构的职责权限，并对会计法律责任做出了详细规定。

（5）适用范围。

①对象范围：办理会计事务的单位，包括国家机关、社会团体、公司、企业（包括外商投资企业、中外合资企业和中外合作企业）、事业单位和其他组织（如农村的村民委员会、外国在我国的常驻机构等）；主管机关及其他有关机关，包括各级财政部门、税务部门、审计部门和业务主管部门；个体工商户管理的具体办法由国务院财政部门依据该法原则另行规定。②空间范围：未做规定，但可理解为境内。③时间范围：2024 年 6 月 28 日修正的《会计法》自 2024 年 7 月 1 日起发生法律效力，对 2024 年 7 月 1 日之前发生的会计行为没有追溯力。

2. 《注册会计师法》

（1）制定机关：全国人民代表大会常务委员会。

（2）制定时间：1993 年 10 月 31 日通过，2014 年 8 月 31 日修正。

（3）主要内容：介绍了注册会计师的考试与注册，注册会计师承办的业务范围和规则，会计师事务所、注册会计师协会的相关问题，以及与注册会计师有关的法律责任。

（二）会计行政法规

会计行政法规是指由国务院制定并发布，或者由国务院有关部门拟订并经国务院批准发布，调整经济生活中某些方面的会计关系的法律规范。

（1）制定机关：国务院。

（2）调整对象：经济生活中某些方面的会计关系。

（3）构成：如《企业财务会计报告条例》《总会计师条例》等。

（三）会计部门规章

会计部门规章是指国家主管会计工作的行政部门（即财政部）以及其他相关部委根据法律和国务院的行政法规、决定、命令，在本部门的权限范围内制定的调整会计工作中某些方面内容的国家统一的会计制度和规范性文件，包括国家统一的会计核算制度、会计监督制度、会计机构和会计人员管理制度以及会计工作管理制度等。

（1）制定机关：财政部。

（2）构成：如《财政部门实施会计监督办法》《企业会计准则——基本准则》《代理记账管理办法》《会计师事务所审批和监督暂行办法》《注册会计师注册办法》等。

（四）地方性会计法规

地方性会计法规是指由省、自治区、直辖市人民代表大会或常务委员会在同宪法、会计法律、行政法规和国家统一的会计制度不相抵触的前提下，根据本地区情况制定发布的关于会计核算、会计监督、会计机构和会计人员以及会计工作管理的地方规范性文件。

（1）制定机关：省、自治区、直辖市人民代表大会及其常务委员会。

（2）构成：如《云南省会计条例》等。

会计规范性文件的制定依据是会计法律（法律效力最高）、会计行政法规（法律效力次之）和会计部门规章（法律效力再次之）。

提示

我国的企业会计准则体系由 1 项基本准则、42 项具体准则和相关应用指南构成。《企业会计准则——基本准则》包括总则、会计信息质量要求、资产、负债、所有者权益、收入、费用、利润、会计计量、财务会计报告、附则共 11 章内容。《企业会计准则——基本准则》是最大的原则，是准则中的准则，也是在起草具体准则时必须遵循的准则，它统驭所有具体准则。

《会计基础工作规范》是对各单位的会计凭证、会计账簿、会计报表、会计档案、会计交接等基础工作提出的规范化要求。

我国会计法律制度的主要构成见表 5－1。

表 5-1 我国会计法律制度的主要构成

构成	制定机关	法律制度	效力	备注
会计法律	全国人民代表大会及其常务委员会（全国最高立法机关）	《会计法》《注册会计师法》	最高	《会计法》是会计法律制度中层次最高的法律规范，是制定其他会计法规的依据，也是指导会计工作的最高准则
会计行政法规	国务院（全国最高行政机关）	《总会计师条例》《企业财务会计报告条例》	低于法律	制定依据是《会计法》
会计部门规章	财政部	《财政部门实施会计监督办法》《企业会计准则——基本准则》等	低于行政法规	由财政部制定，并由部门首长签署命令予以公布
地方性会计法规	省、自治区、直辖市人民代表大会及其常务委员会	《云南省会计条例》等	低于部门规章	

自测题

5-1 会计关系是（　　）在办理会计事务过程中以及国家在管理会计工作过程中发生的各种经济关系。

A. 财政部门和管理人员　　B. 审计机关和审计人员

C. 会计机构和会计人员　　D. 注册会计师和会计师事务所

【答案】 C

5-2 下列各项中，属于会计法律的是（　　）。

A.《会计法》　　B.《总会计师条例》

C.《会计基础工作规范》　　D.《企业会计制度》

【答案】 A

5-3 下列各项中，属于会计行政法规的是（　　）。

A.《会计法》　　B.《企业财务会计报告条例》

C.《财政部门实施会计监督办法》　　D.《企业会计制度》

【答案】 B

5-4 下列各项中，属于会计法律制度的有（　　）。

A. 会计法律　　B. 会计行政法规

C. 国家统一的会计制度　　D. 单位制定的内部监督制度

【答案】 ABC

5-5 下列各项中，属于会计法律制度的有（　　）。

A. 会计法律　　B. 会计行政法规

C. 会计部门规章　　D. 会计规范性文件

【答案】ABCD

5-6　下列各项中，属于国家统一的会计制度的有（　　）

A.《企业会计准则》　　B.《会计基础工作规范》

C.《会计档案管理办法》　　D.《会计法》

【答案】ABC

5-7　下列各项中，属于会计部门规章的有（　　）。

A.《会计法》

B.《财政部门实施会计监督办法》

C.《金融企业会计制度》

D.《代理记账管理办法》

【答案】BD

5-8　《总会计师条例》的制定部门是国务院财政部门。（　　）

【答案】×

5-9　国务院发布的《企业财务会计报告条例》的法律地位低于全国人大常务委员会通过的《注册会计师法》。（　　）

【答案】√

第 2 节　会计工作管理体制

一、会计工作的行政管理

（一）会计工作行政管理体制

我国会计工作行政管理体制实行统一领导、分级管理的原则。《会计法》第七条规定："国务院财政部门主管全国的会计工作。县级以上地方各级人民政府财政部门管理本行政区域内的会计工作。"

财政部作为全国会计工作的主管部门，对全国的会计工作进行统一指导，对地方的会计管理工作予以指导、监督；地方财政部门应在财政部的统一指导下，做好本行政区域内的会计管理工作。

（二）会计工作行政管理的内容

会计工作行政管理的内容主要包括：（1）制定国家统一的会计制度；（2）会计市场管理；（3）会计专业人才评价；（4）会计监督检查。

1. 制定国家统一的会计制度

会计制度及相关标准规范的制定和组织实施是财政部门管理会计工作最基本的职能。

《会计法》第八条规定，“国家实行统一的会计制度。国家统一的会计制度由国务院财政部门根据本法制定并公布。国务院有关部门可以依照本法和国家统一的会计制度制定对会计核算和会计监督有特殊要求的行业实施国家统一的会计制度的具体办法或者补充规定，报国务院财政部门审核批准”。

《会计法》第四十九条规定：“中央军事委员会有关部门可以依照本法和国家统一的会计制度制定军队实施国家统一的会计制度的具体办法，抄送国务院财政部门。”

表 5－2 列出了会计制度的制定权限，表 5－3 列出了国家统一的会计制度。

表 5－2 会计制度的制定权限

部门	权限
国务院财政部门	根据《会计法》制定国家统一的会计制度
国务院有关部门	依照《会计法》和国家统一的会计制度制定特殊行业会计制度的具体办法或者补充规定，报国务院财政部门审核批准
中央军事委员会有关部门	依照《会计法》和国家统一的会计制度制定军队实施国家统一的会计制度的具体办法，抄送国务院财政部门

表 5－3 国家统一的会计制度

会计制度	举例
会计核算制度	《企业会计准则》（基本准则、具体准则和应用指南） 《企业会计制度》 《小企业会计准则》
会计机构和会计人员管理制度	《总会计师条例》 《会计专业技术资格考试实施办法》
会计工作管理制度	《会计档案管理办法》 《会计基础工作规范》

自测题

5－10 下列各项中，属于会计机构和会计人员管理制度的有（　　）。

A.《会计专业技术资格考试实施办法》

B.《企业会计准则——应用指南》

C.《总会计师条例》

D.《会计基础工作规范》

【答案】 AC

5－11 国务院有关部门可以依照《会计法》和国家统一的会计制度制定特殊行业会计制度的具体办法或者补充规定，报国务院财政部门备案。（　　）

【答案】 ×

2. 会计市场管理

会计市场是指会计资源市场，是对会计资源进行有效开发、合理配置，从而达到充分利用的运行机制。它可以理解为会计资源的流动、流向、交换的场所和领域，也可以看作会计资源与其他商品交换关系的总和。会计市场的管理涉及会计信息质量以及会计师事务所执业质量的管理，直接影响市场秩序，关系到国家经济秩序和社会公共利益。会计市场管理的内容包括以下几方面。

(1) 会计市场的准入管理。会计市场准入管理的内容包括会计师事务所的设立和代理机构的设立。要注意：①对于不具备设置会计机构和会计人员条件的单位，应当委托代理记账机构办理会计业务。②除会计师事务所以外，代理记账机构应当经所在地的县级以上人民政府财政部门批准，并取得由财政部门统一印制的代理记账许可证书。

(2) 会计市场的运行管理。我国规定，从事社会审计业务的人员必须具有注册会计师资格。我国实行注册会计师全国统一考试制度，考试成绩合格并从事审计业务工作2年以上的人员，才可以申请成为注册会计师。注册会计师承办业务，必须加入会计师事务所。

(3) 会计市场的退出管理。代理记账机构和人员不符合相应条件时，原审批机关可以撤回行政许可。发生违反《会计法》《注册会计师法》行为的，财政部门有权对其进行处罚，情节严重的，可吊销其执业资格，强制其退出会计市场。

自测题

5-12 根据《会计法》的规定，从事会计工作的人员应当具有的资格是（　　）。

A. 高中以上毕业证书

B. 具备从事会计工作所需要的专业能力

C. 专科以上毕业证书

D. 注册会计师资格证书

【答案】 B

5-13 考试成绩合格并从事审计工作（　　）年以上的人员，才可以申请成为注册会计师。

A. 1　　B. 2　　C. 3　　D. 5

【答案】 B

5-14 所有从事代理记账的机构都应当经过所在地县级以上人民政府部门批准。（　　）

【答案】 ×

3. 会计专业人才评价

我国阶梯式的会计专业人才评价机制已经形成，包括初级、中级、高级会计人才的评价，会计领军人才的培养评价以及其他形式。

（1）会计专业技术资格考试是会计人才评价的一种方式，主要用于对初级、中级、高级会计人才的评价。

（2）会计领军（后备）人才培养是适应我国当前经济发展状况的一种新的会计人才评价方式。

（3）对先进会计工作者的表彰奖励属于会计人才评价的范畴。财政部制定了《全国先进会计工作者评选表彰办法》，明确了评选范围、条件和程序等，先进会计工作者表彰做到了经常化、制度化。财政部负责组织全国先进会计工作者的评选表彰工作，一般每3年组织一次自上而下的评比表彰，同时每年组织评选表彰10名年度全国先进会计工作者。对获得全国先进会计工作者荣誉称号的人员，由财政部颁发荣誉证书。

（4）开展会计人员继续教育工作。根据规定，财政部负责全国会计人员继续教育的管理。财政部对全国会计人员继续教育的管理职能包括：制定全国会计人员继续教育规划、制度、大纲；组织开发、评估、推荐全国会计人员继续教育重点教材；组织全国高级会计人员培训和会计人员继续教育师资培训；指导、督促各地区和有关部门会计人员继续教育工作的开展。地方财政部门和中央各单位负责本地区、本部门、本系统内的会计人员继续教育的组织管理工作。

4. 会计监督检查

会计监督检查的内容主要包括以下三个方面。

（1）对会计信息质量的监督检查。财政部门组织实施全国会计信息质量检查，并对违法行为实施行政处罚；县级以上财政部门组织实施本行政区域内的会计信息质量检查，并依法对本行政区域内单位或人员的违法会计行为实施行政处罚。

（2）对会计师事务所的监督检查。财政部门组织实施全国会计师事务所执业质量检查，并对违反《注册会计师法》的行为实施行政处罚；省、自治区、直辖市人民政府财政部门组织实施本行政区域内的会计师事务所执业质量检查，并依法对本行政区域内会计师事务所或注册会计师违反《注册会计师法》的行为实施行政处罚。

（3）对会计行业自律组织的监督指导。财政部门对会计市场进行监管，依法加强对会计行业自律组织的监督指导。

自测题

5-15 根据《会计法》的规定，行使会计工作管理职能的政府部门是（　　）。

A. 税务部门　　B. 财政部门

C. 审计部门　　D. 金融主管部门

【答案】B

5-16 财政部门对会计市场的监督检查主要包括（　　）。

A. 对会计信息质量的检查

B. 对会计人员素质的检查

C. 对会计行业自律组织的指导

D. 对会计师事务所执业质量的检查

【答案】 ACD

二、会计工作的自律管理

行业自律是与行政管理相对应的一种管理模式。行政管理是指国家行政机关依法对国家和社会公共事务进行管理。行业自律是指行业协会根据会员一致的意愿，自行制定规则，并据此对各成员进行管理，以保证成员之间的公平竞争和促进行业的有序发展。会计行业自律管理制度是对行政管理制度的一种有益的补充，有助于督促会计人员依法开展会计工作，树立良好的行业风气，促进行业的发展。

我国会计工作的行业自律组织主要有中国注册会计师协会、中国会计学会和中国总会计师协会。

（一）中国注册会计师协会

中国注册会计师协会是依据《注册会计师法》和《社会团体管理登记条例》的有关规定设立，在财政部党组和理事会领导下开展行业管理和服务的法定组织。

注册会计师协会是由注册会计师组成的社会团体，履行行业自律管理职能。中国注册会计师协会是注册会计师行业的全国性组织，省、自治区、直辖市注册会计师协会是注册会计师行业的地方性组织。中国注册会计师协会的最高权力机构是全国会员代表大会。只有注册会计师才能成为该协会的会员。全国会员代表大会选举产生理事会，理事会下设 11 个专门委员会。中国注册会计师协会的主要职责是：制定行业自律管理规范，对违反行业自律管理规范的行为予以惩戒；对注册会计师任职资格、注册会计师和会计师事务所的执业情况进行年度检查；组织和推动会员培训、行业人才建设工作；协调行业内外部关系，支持会员依法执业，维护会员合法权益等。

（二）中国会计学会

1. 组织架构

中国会计学会下设有 20 个分会、12 个专业委员会，这些机构负责不同领域的专业交流和管理。

2. 会员管理

中国会计学会将个人会员分为会员、高级会员和资深会员三个级别。每个级别的会员享有不同的服务和权益。

学会为会员提供各种服务，如提供专业培训和咨询、发布行业资讯、举办学术研讨会等。此外，会员还可以享受学会提供的各种出版物和资源。

会员在满足一定条件后可以申请晋升到更高级别的会员。例如，中国会计学会规定，从事会计相关工作并具备副高级及以上职称，或在政府部门从事会计管理工作并取得一定理论或实务研究成果者，可申请并经批准成为高级会员。

3. 业务活动

学会组织会员开展会计理论研究和学术交流，促进科研成果的推广和运用。学会通过举办专题研讨会、座谈会等活动，为会员提供实务交流的平台，促进经验分享和合作。学会编辑出版会计刊物、专著、资料等，为会员提供丰富的学术资源。学会积极开展国际学术交流与合作，拓宽会员的视野，提高我国会计行业的国际影响力。

4. 日常管理与监督

原则上每年举行一次会员大会，对学会一年的工作进行总结，展示科研成果，交流工作经验。学会通过内部通讯、微信群等方式，及时通报学会各类工作事项，为会员提供业务交流的平台。

（三）中国总会计师协会

中国总会计师协会是经财政部审核同意、民政部正式批准，依法注册登记成立的跨地区、跨部门、跨行业的全国非营利一级社团组织，是总会计师行业的全国性自律组织。

三、单位内部的会计工作管理

单位内部会计工作管理的内容主要包括：（1）明确单位负责人的职责；（2）会计机构的设置；（3）会计人员的选拔任用；（4）建立会计人员回避制度。具体内容如下。

（一）明确单位负责人的职责

《会计法》第四条规定："单位负责人对本单位的会计工作和会计资料的真实性、完整性负责。"

《会计法》第二十六条规定："单位负责人应当保证会计机构、会计人员依法履行职责，不得授意、指使、强令会计机构、会计人员违法办理会计事项。"

这些规定明确了单位负责人在单位会计工作管理中的权力和责任。单位负责人（除合伙企业外）是指单位的"一把手"，有时也称"第一责任人"，是单位法定代表人或者法律、行政法规规定代表单位行使职权的主要负责人。

（1）单位负责人是本单位的最高负责人，统管本单位所有的工作，包括会计工作。由单位负责人对本单位的会计工作和会计资料的真实性、完整性负责，这是其义不容辞的责任，也是国际通行做法。

（2）从单位负责人与会计机构、会计人员对于本单位会计工作的职责划分来看，单位负责人是本单位会计工作的领导者和管理者，会计机构、会计人员是本单位会计工作的执行者和被管理者，二者的关系和责任不能颠倒。

(3) 长期的实践证明，将保证会计资料真实性、完整性的责任仅仅压在会计人员的肩上，不能从根本上解决做假账的问题，只有在法律中明确规定单位负责人对本单位的会计工作和会计资料的真实性、完整性负责，才能促使单位负责人重视会计工作，加强会计管理，采取有效措施保证会计资料真实、完整。

(4) 单位负责人对本单位的会计工作和会计资料的真实性、完整性负责，不是要单位负责人代替会计人员进行会计核算和会计监督，而是要其做到以下几点：

①单位负责人必须学法、知法、自觉守法，对自己主管或经办的经济业务，严格按照会计法律、法规和国家统一的会计制度的规定办理会计手续，不得利用职权干扰会计机构、会计人员依法进行会计核算和会计监督。

②单位负责人必须加强对本单位会计工作的领导，支持会计机构、会计人员依照会计法律、法规和国家统一的会计制度的规定办理会计事务，进行会计核算和会计监督，帮助会计机构、会计人员解决在会计核算和会计监督中遇到的问题和困难，为会计机构、会计人员依法履行职责提供支持。

③单位负责人必须重视并加强对本单位全体职工的法制教育，保证本单位全体职工自觉按照会计法律、法规和国家统一的会计制度的规定办事，支持、配合会计机构、会计人员依法履行职责。

④单位负责人必须重视并加强本单位内部会计机构建设，建立健全内部控制机制，配备适当、合格的会计人员，明确会计资料生成的各环节的职责和相互制约措施，督促会计机构、会计人员严格按照会计法律、法规和国家统一的会计制度的规定进行会计核算和会计监督，保证本单位的会计资料真实、完整。

提示

单位负责人必须增强责任意识，在签发本单位编报或者向社会公开披露的会计资料前，应当责成本单位内部监督审计机构先行审计、提出意见，再决定是否签发，保证签发的会计资料真实、完整，真正负起“第一责任人”的责任。

（二）会计机构的设置

《会计法》第三十四条规定：“各单位应当根据会计业务的需要，依法采取下列一种方式组织本单位的会计工作：(一) 设置会计机构；(二) 在有关机构中设置会计岗位并指定会计主管人员；(三) 委托经批准设立从事会计代理记账业务的中介机构代理记账；(四) 国务院财政部门规定的其他方式。”

各单位是否设置会计机构，应当根据会计业务的需要来决定，即各单位可以根据本单位会计业务的繁简情况决定是否设置会计机构。

需要考虑的主要因素有：(1) 单位规模的大小；(2) 经济业务和财务收支的繁简；(3) 经营管理的要求。

不设置会计机构的单位应设置会计人员并指定会计主管人员。会计主管人员是负责组织管理会计事务、行使会计机构负责人职权的人。

单位会计岗位的设置原则上可以一人一岗、一人多岗或者一岗多人。

提示

会计岗位包括稽核、档案管理等岗位。

（三）会计人员的选拔任用

会计人员的选拔任用由所在单位具体负责。在国家机关、社会团体、公司、企业、事业单位和其他组织从事会计工作的人员必须具备从事会计工作所需的能力。

1. 会计人员应具备会计工作所需要的专业能力

《会计法》第三十六条规定："会计人员应当具备从事会计工作所需要的专业能力。担任单位会计机构负责人（会计主管人员）的，应当具备会计师以上专业技术职务资格或者从事会计工作三年以上经历。本法所称会计人员的范围由国务院财政部门规定。"

财政部只对从事会计工作人员的相关资格条件进行统一规定，比如：从事具体会计工作应当具备从事会计工作所需的专业能力；担任会计机构负责人应当具备会计师以上专业技术职务资格或者从事会计工作 3 年以上的经历；担任会计职务应当通过相应级别的会计专业技术资格考试或考评；总会计师的任职资格、任免程序、职责权限由国务院规定。会计人员取得相关资格或符合有关条件的，能否具体从事相关工作，由所在单位自行决定。单位要加强对本单位会计人员的管理，依法合理设置会计岗位，督促会计人员按照国家统一的会计制度的规定进行会计核算和会计监督。

2. 需要设置总会计师的企业

《会计法》第三十四条规定，"国有的和国有资本占控股地位或者主导地位的大、中型企业必须设置总会计师。总会计师的任职资格、任免程序、职责权限由国务院规定"。

国有大中型企业或者国有资产占主导或控股地位的大中型企业必须设置总会计师。凡设置总会计师的单位，不应再设置与总会计师职责重叠的行政副职。

自测题

5-17 因为单位负责人对本单位会计工作和会计资料的真实性、完整性承担最终责任，所以会计人员对本单位会计信息失真没有责任。（　　）

【答案】×

（四）建立会计人员回避制度

回避制度是指为了保证执法或者执业的公正性，对可能影响其公正性的执法或者执业的人员实行职务回避和业务回避的一种制度。

《会计基础工作规范》规定，国家机关、国有企业、事业单位任用会计人员应当实行回避制度。单位领导人的直系亲属不得担任本单位的会计机构负责人、会计主管人员。会计机构负责人、会计主管人员的直系亲属不得在本单位会计机构中担任出纳工作。

需要回避的直系亲属包括：夫妻关系、直系血亲关系（父母子女，祖父母、外祖父母和孙子女、外孙子女等）、三代以内旁系血亲（兄弟姐妹、叔侄等）以及近姻亲关系（岳父母和女婿、公婆和儿媳等），需要回避的直系亲属示例如图 5-1 所示。

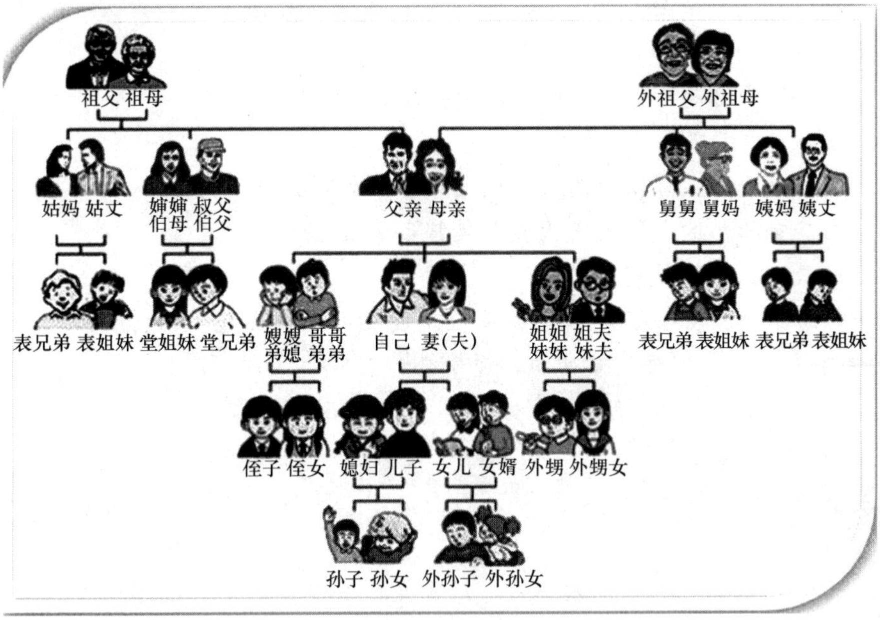

图 5-1　需要回避的直系亲属示例

提示

出纳不得兼任稽核、会计档案保管和债权债务的账目登记工作，是属于内部控制制度的内容，不属于回避制度的内容。

自测题

5-18　根据回避制度的规定，下列事业单位中，没有违背会计人员回避制度规定的是（　　）。

A. 甲单位法定代表人的妻子担任本单位财务部门经理

B. 乙单位会计科长的女儿担任本部门出纳员

C. 丙单位法定代表人的儿子担任财务部门经理

D. 丁单位财务处处长的同学担任本部门出纳员

【答案】 D

练习题

一、单项选择题

1. 下列规范性文件中，属于行政法规的是（　　）。

A. 全国人大常委会通过的《中华人民共和国劳动合同法》

B. 国务院发布的《中华人民共和国企业所得税法实施条例》

C. 上海市人民政府发布的《上海市旅馆业管理办法》

D. 青海省人大常委会通过的《海西蒙古族藏族自治州冷湖天文观测环境保护条例》

2. 下列各部门中，有权制定地方性会计法规的是（　　）。

A. 省级人民政府

B. 省、自治区、直辖市的人民代表大会及其常务委员会

C. 民族自治州的人民代表大会及其常务委员会

D. 较大市的人民政府

3. 财政部门代表国家对单位和单位中的相关人员的会计行为实施监督检查，对发现违法会计行为实施行政处罚，属于会计工作的（　　）。

A. 群众监督　　B. 社会监督

C. 单位内部监督　　D. 政府监督

4. 根据会计法律制度的规定，下列人员中，可以担任企业会计机构负责人的是（　　）。

A. 取得中级会计专业技术资格并从事会计工作1年6个月的张某

B. 中专毕业并从事会计工作2年6个月的刘某

C. 研究生毕业并从事会计工作1年的李某

D. 取得初级会计专业技术资格并从事会计工作2年的王某

5. 会计法律制度中层次最高的是（　　）。

A.《总会计师条例》　　B.《中华人民共和国会计法》

C.《企业会计准则》　　D.《企业会计制度》

6. 下列各项工作中，出纳可以兼任的是（　　）。

A. 营业收入明细账的登记工作　　B. 固定资产明细账的登记工作

C. 会计档案保管工作　　D. 管理费用账目的登记工作

7. 根据会计法律制度的规定，会计人员隐匿会计账簿，尚不构成犯罪的，一定期限内不得从事会计工作。该期限为（　　）。

A. 5年　　B. 2年　　C. 3年　　D. 1年

8. 根据会计法律制度的规定，下列行为中，属于会计工作政府监督的是（　　）。

A. 个人检举会计违法行为

B. 会计师事务所对单位经济活动进行审计

C. 单位内部会计机构审核本单位会计账簿

D. 财政部门对各单位的会计工作进行监督检查

9. 根据会计法律制度的规定，在对外报出的财务会计报告上签名并盖章的人员不包括（　　）。

A. 注册会计师　　B. 会计主管人员

C. 总会计师　　D. 单位负责人

10.《会计法》规定，各单位应根据（　　）设置会计机构，或者在有关机构中设置会计人员并指定会计主管人员。

A. 会计业务的需要　　B. 单位营业收入

C. 会计人员数量　　D. 单位的规模

11. 内部会计监督的对象是（　　）。

A. 单位的经济活动　　B. 单位的货币资金

C. 单位的财产物资　　D. 单位的财务工作

12. 下列关于会计人员回避制度的表述中，不正确的是（　　）。

A. 单位负责人的直系血亲不得担任本单位的会计机构负责人

B. 单位负责人的姻亲不得担任本单位的出纳工作

C. 会计机构负责人的直系血亲不得担任本单位的出纳工作

D. 会计机构负责人的姻亲不得担任本单位的出纳工作

13. 任何单位不得有（　　）行为。

A. 以虚假的经济业务事项或者资料进行会计核算

B. 充分发挥会计的核算和监督职能

C. 以真实的资料进行会计核算

D. 按照国家统一会计制度的规定进行会计核算

14. 下列人员中，具备会计机构负责人任职资格条件的是（　　）。

A. 具备中专学历并从事会计工作2年6个月的赵某

B. 具备硕士学位并从事会计工作6个月的张某

C. 取得会计师专业技术职务资格并从事会计工作1年的王某

D. 取得助理会计师专业技术职务资格并从事会计工作2年的李某

15. 根据会计法律制度的规定，甲公司的下列会计工作中，出纳人员宋某可以兼任的是（　　）。

A. 应付账款明细账登记工作　　B. 会计档案保管工作

C. 固定资产明细账登记工作　　D. 管理费用明细账登记工作

16. 某单位违反《会计法》的规定，任用不具有会计从业资格的余某担任本单位会计机构负责人。县级以上财政部门可以对该违法行为直接负责的主管人员和其他直接责任人员处（　　）。

A. 五万元以上的罚款

B. 五万元以下的罚款

C. 两万元以下的罚款

D. 三万元以下的罚款

17. 根据会计法律制度的规定，下列各项中，不属于会计工作岗位的是（　　）。

A. 出纳岗位　　B. 会计机构中的会计档案保管岗位

C. 财产物资核算岗位　　D. 仓库保管员岗位

18. 下列关于国有企业的表述中，没有违背会计人员回避制度的是（　　）。

A. 法定代表人的妻子担任本单位财务部门经理

B. 财务科科长的同学担任本部门出纳员

C. 厂长的女婿担任财务部门的经理

D. 会计负责人的女儿担任本部门出纳

19. 根据会计法律制度的规定，下列各项中，不属于会计专业职务的是（　　）。

A. 高级会计师　　B. 助理会计师

C. 会计师　　D. 总会计师

20. 根据《会计法》第七条的规定，国务院财政部门主管全国的会计工作。（　　）管理本行政区域内的会计工作。

A. 县级以上地方各级人民政府税务部门

B. 县级以上地方各级人民政府审计部门

C. 县级以上地方各级人民政府工商部门

D. 县级以上地方各级人民政府财政部门

二、多项选择题

1. 下列经济业务事项中，应当办理会计手续，进行会计核算的有（　　）。

A. 款项和有价证券的收付　　B. 财物的收发、增减和使用

C. 债权债务的发生和结算　　D. 报账

2. 下列行为中，属于违反会计法律制度的有（　　）。

A. 变造会计账簿

B. 编制虚假财务会计报告

C. 以不服从工作安排为由将依法履行职责的会计人员解聘

D. 授意会计人员伪造原始凭证

3. 我国会计法律制度的基本构成包括（　　）。

A. 会计法律　　B. 会计行政法规

C. 会计部门规章　　D. 会计制度

4. 根据会计法律制度的规定，下列关于总会计师地位的表述中，正确的有（　　）。

A. 直接对单位主要行政领导人负责　　B. 是单位行政领导成员

C. 是单位会计机构负责人　　D. 是单位内部审计机构负责人

5. 下列各项中，能够作为对会计人员进行会计监督的依据的是（　　）。

A. 会计法律　　B. 国家统一的会计制度

C. 单位内部会计管理制度　　D. 单位行政管理制度

6. 会计监督分为（　　）。

A. 单位内部会计监督　　B. 会计工作的政府监督

C. 会计工作的社会监督　　D. 单位内部审计机构的监督

7. 根据会计法律制度的规定，下列事业单位中，违反会计人员回避制度规定的有（　　）。

A. 甲单位法定代表人的妻子担任本单位财务部门经理

B. 乙单位会计科长的女儿担任本部门出纳员

C. 丙单位法定代表人的儿子担任财务部门经理

D. 丁单位财务部门经理朋友的妻子担任本部门出纳员

8. 关于会计制度的指定权限，下列表述正确的有（　　）。

A. 国务院财政部门制定国家统一的会计制度

B. 省级人民政府财政部门制定执行会计制度的具体方法

C. 国务院有关部门对有特殊要求的行业制定实施会计制度的补充规定，报财政部审核批准

D. 中央军事委员会有关部门制定军队实施会计制度的具体办法，报财政部备案

9. 根据会计法律制度的规定，下列企业中，可以设置总会计师的有（　　）。

A. 国有大中型企业　　B. 个人独资企业

C. 股份有限公司　　D. 普通合伙企业

10. 根据会计法律制度的规定，下列各项中，属于不相容职务的有（　　）。

A. 授权批准与业务经办　　B. 业务经办与会计记录

C. 会计记录与财产保管　　D. 业务经办与稽核检查

11. 根据《会计法》的有关规定，各单位应按照规定填制，取得原始凭证。下列各项中，符合规定的原始凭证有（　　）。

A. 从外单位取得的原始凭证，必须盖有填制单位的公章

B. 从个人取得的原始凭证，必须有填制人员的签名或者盖章

C. 对外开出的原始凭证，必须有单位领导人或者指定人员的签名或盖章，或加盖单位公章

D. 购买实物的原始凭证必须有验收证明

12. 根据《会计法》的规定，下列情形中，对于“随意变更会计处理方法”的行为，应当承担的法律责任是（　　）。

A. 由县级以上人民政府财政部门责令限期改正

B. 对单位可以并处二十万元以下的罚款

C. 对其直接负责的主管人员可以处以两万元以下的罚款

D. 构成犯罪的，依法追究刑事责任

13. 某国有控股公司新的法人代表王某上任后，对会计人员的安排任用违反会计法规定的是（　　）。

A. 在未报经主管单位同意的情况下决定将原会计科长张某调到计划科任科长，张某有相关会计证书

B. 在未报经主管单位同意的情况下提拔只有5年会计经验的李某任科长，李某有相关会计证书

C. 将其朋友的女儿陈某调入会计科任出纳，陈某没有相关会计证书

D. 因会计档案管理工作量小，不适宜安排专人管理，由出纳陈某兼管

14. 根据会计法律制度的规定，下列各项中，属于财政部门对各单位实施监督的内容有（　　）。

A. 会计资料是否真实、完整

B. 会计核算是否符合《会计法》和国家统一的会计制度的规定

C. 从事会计工作的人员是否具备专业能力、遵守职业道德

D. 是否依法设置会计账簿

15. 国家统一的会计制度主要包括（　　）。

A. 会计核算制度　　B. 会计监督制度

C. 会计机构和会计人员管理制度　　D. 会计工作管理制度

16. 根据会计法律制度的规定，出纳不得兼任的有（　　）。

A. 会计档案保管工作　　B. 稽核工作

C. 收入费用账目的登记工作　　D. 债权债务账目的登记工作

17. 下列各项中，属于《会计法》规定的“单位负责人”的是（　　）。

A. 有限责任公司的执行董事

B. 国有企业的厂长

C. 个人独资企业的投资人

D. 代表合伙企业执行合伙事务的合伙人

18. 下列机构中，有权制定会计制度的是（　　）。

A. 国务院财务部门　　B. 国务院有关部门

C. 中央军事委员会相关部门　　D. 中国注册会计师协会

19. 下列可以实施会计监督的是（　　）。

A. 财政部门　　B. 审计部门　　C. 税务部门　　D. 人民银行

20. 根据规定，伪造、变造、编制虚假会计资料，可能构成（　　）。

A. 虚报注册资本罪　　B. 虚假出资、抽逃罪

C. 妨害清算罪　　D. 逃避追缴欠税罪

三、判断题

1. 会计法律是国家财政部门制定的各种会计规范性文件的总称。（　）

2. 违反《会计法》的规定，将检举人姓名和检举材料转给被检举单位和被检举人个人的行为，由所在单位或者有关单位依法给予行政处分。（　）

3. 编制虚假财务会计报告，构成犯罪的，依法追究刑事责任。（　）

4. 会计工作岗位必须一人一岗。（　）

5. 出纳人员不得兼管稽核、会计档案保管和收入、支出、费用、债权债务账目的登记工作。（　）

6. 作为会计法律制度的一种形式，会计行政法规在法律效力上仅次于《会计法》。（　）

7. 在会计法律制度的构成中，《会计法》是我国会计工作的根本性法律，是制定其他会计法规的依据，是会计机构、会计人员开展会计工作，进行会计核算，实施会计监督的基本依据。（　）

8. 根据《会计法》的规定，会计机构、会计人员对伪造、变造、故意毁灭会计账簿或者账外设账行为应当制止和纠正；制止和纠正无效的，应当向上级主管单位报告，请求作出处理。（　）

9. 地方性会计法规是指省、自治区、直辖市人民代表大会及其常务委员会在与会计法律、会计行政法规不相抵触的前提下制定的地方规范性文件。（　）

10. 国有企业单位领导人的直系亲属可以担任本单位的会计机构负责人。（　）

11. 从事会计工作2年且具有助理会计师专业技术资格人员，可担任单位会计机构负责人。（　）

12. 自治条例和单行条例可以依照当地民族的特点，对宪法和民族区域自治法的规定以及其他有关法律、行政法规专门就民族自治地方所作的规定作出变通规定。（　）

13. 《会计法》所称的单位负责人均指法定代表人。（　）

14. 《会计法》所称的单位负责人包括单位的副职领导人。（　）

15. 单位会计机构负责人对本单位的会计工作和会计资料的真实性、完整性负责。（　）

16. 未设立档案机构的，应当在会计机构内部指定专人保管，出纳人员可以酌情监管会计档案。（　）

17. 《会计法》首要的立法宗旨是规范会计行为，保证会计资料真实、完整。（　）

18. 省级以上各级人民政府财政部门管理本行政区域内的会计工作。（　）

19. 《会计法》中的行政处罚形式有：通报、罚款、吊销资格证书、行政拘留。（　）

20. 根据《会计法》的规定，会计工作由财政部门主管，在管理体制上实行统一领导、分级管理的原则。（　）

第 5 章即测即评

第6章

会计核算的法律规定

引　言

党的二十大报告提出全面从严治党，指出“完善党的自我革命制度规范体系。坚持制度治党、依规治党，以党章为根本，以民主集中制为核心，完善党内法规制度体系，增强党内法规权威性和执行力，形成坚持真理、修正错误，发现问题、纠正偏差的机制”。

会计核算是加强会计信息的真实性和可靠性要求的重要基础，是提高会计信息的质量和透明度的关键内容。需要加强会计人员的职业道德教育，促进会计人员遵守会计法律制度规定，确保会计信息的真实性、准确性和完整性。

在快速的经济发展中，如何加快发展数字经济，推动实体经济和数字经济深度融合是理论工作者和实际工作者都十分重视的课题。在会计核算领域，这意味着要适应数字经济的发展趋势，需要探索新的会计核算方法和手段，确保会计信息的及时性和准确性。

第1节　会计核算的要求

《会计法》对会计核算的基本要求主要体现在以下几个方面。

一、会计信息质量要求

会计信息质量要求是会计核算必须遵循的一般原则，是进行会计核算的指导思想和衡量会计工作成败的标准。它体现了社会化大生产对会计核算的基本要求，反映了市场经济条件下会计核算的基本规律。财政部在 2014 年发布的《企业会计准则——基本准则》中规定了八项会计核算的信息质量要求。

1. 可靠性

可靠性是指企业应当以实际发生的交易或者事项为依据进行会计确认、计量和报告，如实反映符合确认和计量要求的各项会计要素及其他相关信息，保证会计信息真实可靠、内容完整。可靠性要求做到内容真实、数字准确、资料可靠。

2. 相关性

相关性也称有用性，是指企业提供的会计信息应当与财务会计报告使用者的经济决策需要相关，有助于财务会计报告使用者对企业过去、现在或者未来的情况做出评价或者预测。

3. 可理解性

可理解性是指企业提供的会计信息应当清晰明了，便于财务会计报告使用者理解和使用。

4. 可比性

可比性是指企业提供的会计信息应当可比较。这主要包括两层含义：首先，同一企业不同时期发生的相同或者相似的交易或者事项，应当采用一致的会计政策，不得随意变更，确需变更的，应当在附注中说明；其次，不同企业发生的相同或者相似的交易或者事项，应当采用规定的会计政策，确保会计信息口径一致、相互可比。

5. 实质重于形式

实质重于形式是指企业应当按照交易或者事项的经济实质进行会计确认、计量和报告，不应仅以交易或者事项的法律形式为依据。

6. 重要性

重要性是指企业提供的会计信息应当反映与企业财务状况、经营成果和现金流量等有关的所有重要交易或者事项。

对于会计核算过程中的交易或事项应当区别其重要程度，采用不同的核算方式。对资产、负债、损益等有较大影响，进而影响财务会计报告使用者据以做出合理判断的重要会计事项，必须按照规定的会计方法和程序进行处理，并在财务会计报告中予以充分、准确的披露；对于次要的会计事项，在不影响会计信息真实性和不至于误导财务会计报告使用者做出正确判断的前提下，可适当简化处理。

7. 谨慎性

谨慎性也称稳健性，是指企业对交易或者事项进行会计确认、计量和报告应当保持应有的谨慎，不应高估资产或者收益、低估负债或者费用。

8. 及时性

及时性是指企业对于已经发生的交易或者事项，应当及时进行会计确认、计量和报告，不得提前或者延后。

二、会计核算的依据

《会计法》第九条规定："各单位必须根据实际发生的经济业务事项进行会计核算，填制会计凭证，登记会计账簿，编制财务会计报告。任何单位不得以虚假的经济业务事项或者资料进行会计核算。"

（1）会计核算应当以实际发生的经济业务事项为依据。具体要求是，根据实际发生的经济业务，取得合法、可靠的凭证，并据此登记账簿，编制财务会计报告，形成符合质量标准的会计资料。

（2）以虚假的经济业务事项或资料进行会计核算，是一种严重的违法行为。

三、对会计资料的基本要求

《会计法》第五条规定："会计机构、会计人员依照本法规定进行会计核算，实行会计监督。任何单位或者个人不得以任何方式授意、指使、强令会计机构、会计人员伪造、变造会计凭证、会计账簿和其他会计资料，提供虚假财务会计报告。任何单位或者个人不得对依法履行职责、抵制违反本法规定行为的会计人员实行打击报复。"

对会计资料的基本要求包括：会计资料的生成和提供必须符合国家统一的会计制度的规定；不得提供虚假的会计资料。

（一）会计资料的生成和提供必须符合国家统一的会计制度的规定

会计资料主要是指会计凭证、会计账簿、财务会计报告等会计核算专业资料，它是会计核算的重要成果，是投资者做出投资决策、经营者进行经营管理、国家进行宏观调控的重要依据。

会计资料的真实性和完整性是会计资料最基本的质量要求，也是会计工作的生命线。

（1）会计资料的真实性，主要是指会计资料所反映的内容和结果，应当同单位实际发生的经济业务的内容及其结果相一致。

（2）会计资料的完整性，主要是指构成会计资料的各项要素都必须齐全，以使会计资料如实、全面地记录和反映经济业务发生的情况，便于会计资料使用者全面、准确地了解经济活动情况。

会计资料必须符合国家统一的会计制度的规定。为了保证会计资料的真实性、统一性，我国政府建立了一系列规章制度，对会计资料进行了规范，取得了良好的效果。目前用于规范会计资料的国家统一的会计制度主要有：《会计基础工作规范》《会计档案管理办法》《企业会计准则——基本准则》及 42 项具体准则和应用指南以及《小企业会计准则》等。

（二）不得提供虚假的会计资料

各单位必须保证会计资料的真实性和完整性，不得伪造、变造会计资料，不得提供虚假的财务会计报告。提供虚假的会计资料是违法行为，主要包括以下几种。

（1）伪造会计凭证、会计账簿及其他会计资料，是指以虚假的经济业务事项为前提编造不真实的会计凭证、会计账簿和其他会计资料，即以假充真。

例如，明明是违反国家规定私分钱物，却以劳务费名义编制会计凭证报账等。

（2）变造会计凭证、会计账簿及其他会计资料，是指用涂改、挖补等手段来改变会计凭证、会计账簿等的真实内容，歪曲事实真相的行为，即篡改事实以达到谋取私利目的的行为。

例如，变造会计凭证，将原始凭证中的数量、单价、金额进行涂改，使原始凭证反映的经济业务与实际情况不符。又如，变造会计账簿，不依法设置和使用账簿，利用账外账，不按照要求记账，或者对内对外采取不同的计算口径、计算方法、计算依据登记账簿，以达到隐瞒收入、逃避缴纳国家税收等非法目的。

（3）编制虚假的财务会计报告，是指通过编造虚假的会计凭证、会计账簿及其他会计资料或篡改财务会计报告上的真实数据，使财务会计报告不真实、不完整地反映财务状况和经营成果，借以误导、欺骗会计资料使用者的行为，即以假乱真。编制虚假的财务会计报告是一种严重危害国家和社会公众利益的欺骗行为。

提示

伪造，即无中生有；变造，即篡改事实。对伪造、变造会计凭证、会计账簿和其他会计资料，提供虚假财务会计报告的行为做出禁止性规定，既是对会计机构、会计人员依法进行会计核算和会计监督的支持，也是对干扰会计机构、会计人员依法履行职责的违法行为人的警告和约束，有利于会计机构、会计人员依法履行职责，从根本上解决会计资料失真问题。

四、对会计电算化的基本要求

《会计法》第十三条规定，“使用电子计算机进行会计核算的，其软件及其生成的会计凭证、会计账簿、财务会计报告和其他会计资料，也必须符合国家统一的会计制度的规定”。

会计软件是会计电算化的重要手段和工具，会计软件符合国家统一的会计制度规定的核算要求和会计人员的习惯，是保证会计资料质量和会计工作正常进行的重要前提。因此，法律要求实行会计电算化的单位使用的会计软件必须符合国家统一的会计制度的规定，开发的软件必须通过财政部门的审核批准。

国家统一的会计制度中有关会计电算化管理的相关规定如下。

（1）会计核算软件设计应当符合我国法律、法规、规章的规定，保证会计数据合法、真实、准确、完整，有利于提高工作效率。

（2）会计核算软件应当具备五项初始功能：输入会计核算所必需的期初数字及有关资料；输入需要在本期进行对账的未达账项；选择会计核算方法；自动定义转账凭证；输入操作人员岗位分工情况。初始化功能运行结束后，软件必须提供必要的方法对初始数据进行正确性校验。

（3）会计核算软件应当提供输入记账凭证的功能，并应提供对已输入但未登记会计账簿的记账凭证进行修改、审核的功能，同时还应当分别提供对审核功能与输入、修改功能的使用权限的控制。

（4）会计核算软件应当提供根据审核通过的计算机内记账凭证及所附原始凭证登记账簿的功能，自动进行银行对账、自动编制会计报表及自动结账的功能。会计核算软件应当同时提供符合国家统一的会计制度规定的多种会计核算方法，以供用户选择。

（5）会计核算软件应能提供计算机内合计数据的查询以及计算机内会计凭证、会计账簿、会计报表的打印、输出功能。对根据计算机内会计凭证和据以登记的相应账簿生成的各种会计报表数据，会计核算软件不能提供直接修改的功能。

（6）会计核算软件应具有按照初始化功能中的设定，防止非指定人员擅自使用的功能，并对指定人员实行使用权限的控制。

第2节　会计核算的内容

《会计法》第十条规定：“各单位应当对下列经济业务事项办理会计手续，进行会计核算：（一）资产的增减和使用；（二）负债的增减；（三）净资产（所有者权益）的增减；（四）收入、支出、费用、成本的增减；（五）财务成果的计算和处理；（六）需要办理会计手续、进行会计核算的其他事项。”

这一条规定明确规定了各单位应当进行会计处理和核算的经济业务事项范围，这些规定是确保会计信息真实、完整、准确的重要基础，对于维护经济秩序、促进经济发展具有重要意义。

下面逐一论述这些经济业务事项。

一、资产的增减和使用

资产是企业或单位拥有或控制的、预期能带来经济利益流入的资源。资产的增减涉及购买新资产、处置旧资产、资产折旧或摊销、资产减值等经济活动。资产的使用涵盖了资产在日常运营中的消耗、转换形态（如原材料转化为产品）或投资等过程。

对这些活动进行会计手续处理和核算，有助于准确反映单位的资产状况和经营能力。

二、负债的增减

负债是企业或单位因过去的交易或事项形成的、预期会导致经济利益流出的现时义务。负债的增加可能源于借款、预收款项、应付款项等，而负债的减少则通常是因为偿还债务、支付应付款项等。对负债的增减进行会计核算，能够清晰展示单位的债务水平和偿债能力，对债权人、投资者及管理者都至关重要。

三、净资产（所有者权益）的增减

净资产即所有者权益，代表企业资产扣除负债后由所有者应享的剩余权益。其增减可能来源于利润的增加（如营业收入超过营业成本）、股东投资、利润分配等。准确核算净资产的变化，对于评估单位的经营成果、资本结构和股东权益具有重要意义。

四、收入、支出、费用、成本的增减

收入是企业或单位在日常活动中形成的、会导致所有者权益增加的、与所有者投入资本无关的经济利益的总流入。支出、费用和成本则反映了企业在生产经营过程中资源的消耗和价值的转移。对这些项目的增减进行会计核算，有助于评估单位的盈利能力、成本控制能力和运营效率。

五、财务成果的计算和处理

财务成果主要包括利润或亏损，是企业一定时期生产经营活动的最终成果。通过对比收入与费用、成本与支出，可以计算出利润或亏损，进而分析单位的经营绩效。对财务成果的计算和处理，是评价单位经营效果、制定未来发展战略的重要依据。

六、需要办理会计手续、进行会计核算的其他事项

需要特别关注的事项包括外币交易、租赁业务、金融资产和金融负债的公允价值变动等，这些事项需要按照会计准则的规定办理会计手续，进行会计核算，以确保会计信息的全面性和准确性。

会计核算的基本要求和内容见表 6-1。

表6-1 会计核算的基本要求和内容

<table>
<tr><td rowspan="8">基本要求</td><td colspan="2">依法建账，不得私设会计账簿；根据实际发生的经济业务进行会计核算</td></tr>
<tr><td rowspan="2">保证会计资料的真实和完整</td><td>伪造：以虚假的经济业务为前提（无中生有）</td></tr>
<tr><td>变造：在原有基础上改变，手段是涂改、挖补（篡改事实）</td></tr>
<tr><td>会计处理方法</td><td>不得随意变更</td></tr>
<tr><td rowspan="2">正确使用会计记录文字</td><td>所有单位应当使用中文</td></tr>
<tr><td>民族自治地方、境内外资企业可以同时使用一种民族/外国文字</td></tr>
<tr><td colspan="2">使用电子计算机进行会计核算必须符合国家统一的会计制度：会计软件，生成的会计资料，会计账簿的登记、更正需合规</td></tr>
<tr><td>内容</td><td colspan="2">款项、有价证券；财物；债权债务；资本、基金；收入、支出、费用、成本；财务成果</td></tr>
</table>

第3节 会计凭证

会计凭证是记录经济业务发生或者完成情况的书面证明，是登记账簿的依据。每个企业都必须按一定的程序填制和审核会计凭证，根据审核无误的会计凭证登记账簿，如实反映企业的经济业务。《会计法》对会计凭证的种类、取得、审核、更正等内容做了规定。

《会计法》第十四条规定："会计凭证包括原始凭证和记账凭证。办理本法第十条所列的经济业务事项，必须填制或者取得原始凭证并及时送交会计机构。会计机构、会计人员必须按照国家统一的会计制度的规定对原始凭证进行审核，对不真实、不合法的原始凭证有权不予接受，并向单位负责人报告；对记载不准确、不完整的原始凭证予以退回，并要求按照国家统一的会计制度的规定更正、补充。原始凭证记载的各项内容均不得涂改；原始凭证有错误的，应当由出具单位重开或者更正，更正处应当加盖出具单位印章。原始凭证金额有错误的，应当由出具单位重开，不得在原始凭证上更正。记账凭证应当根据经过审核的原始凭证及有关资料编制。"

一、原始凭证

（一）原始凭证的概念和基本内容

原始凭证是在经济业务事项发生时由经办人员直接取得或者填制，用以表明某项经济业务事项已经发生或完成，从而明确有关经济责任的一种会计凭据。它是会计核算的原始依据，来源于实际发生的经济业务事项。

原始凭证应包括如下内容：（1）原始凭证名称；（2）填制原始凭证的日期；

（3）填制原始凭证的单位名称或者填制人员的姓名；（4）接受原始凭证的单位；（5）经济业务事项名称；（6）经济业务事项的数量、单价和金额；（7）经办经济业务事项人员的签名或盖章等。

（二）原始凭证的填制和取得

应当办理会计手续的经济业务事项，在其发生时就必须填制或者取得原始凭证，这是依法进行会计核算的第一步，也是如实反映经济活动情况的关键。填制原始凭证表明原始凭证是由本单位自制的，取得原始凭证表明原始凭证是从外部索取的，无论其来源于内部还是外部，在处理应当办理会计手续的经济业务事项时都应有原始凭证。

具体应做到：（1）办理经济业务事项时必须填制或取得原始凭证；（2）填制或取得的原始凭证必须及时送交会计机构，否则就是违法行为。

（三）原始凭证的审核

《会计法》对原始凭证的审核做出了如下具体规定：

（1）会计机构、会计人员必须按照法定职责审核原始凭证。

（2）会计机构、会计人员审核原始凭证应当按照国家统一的会计制度的规定进行。

（3）会计机构、会计人员对不真实、不合法的原始凭证，有权不予受理，并向单位负责人报告，请求查明原因，追究有关当事人的责任；对记载不准确、不完整的原始凭证予以退回，并要求经办人员按照国家统一的会计制度的规定进行更正、补充。

提示

退回≠拒绝接受。拒绝接受是对不真实、不合法的原始凭证从根本上予以否定，退回则是在认可的基础上要求消除缺陷，然后予以承认，比如内容填列不全的可以补充，手续不完备的可以补办。

（四）原始凭证审核的注意事项

（1）从外单位取得的原始凭证，必须盖有填制单位的公章；对外单位开出的原始凭证，必须加盖本单位的公章。总之，必须由购买人以外的第三者查证核实后，会计人员才能据以入账。

（2）凡填有大写和小写金额的原始凭证，大写和小写金额必须相符。

（3）一式几联的原始凭证，应当注明各联的用途，只能以一联作为报销凭证。

（4）发生销货退回的，除填制退货发票，还必须有退货验收证明；退款时，必须取得对方的收款收据或者汇款银行的凭证，不得以退货发票代替收据。

（5）职工公出借款凭据必须附在记账凭证之后。

(6) 经上级有关部门批准的经济业务，应将批准文件作为原始凭证附件。

(五) 原始凭证错误的更正

为了规范原始凭证的内容，明确相关人员的经济责任，防止利用原始凭证进行舞弊，《会计法》和《会计基础工作规范》对原始凭证错误的更正做出了具体规定，内容包括：

(1) 原始凭证所记载的各项内容均不得涂改。

(2) 原始凭证记载的内容有错误的，应当由开具单位重开或更正，更正工作须由原始凭证出具单位进行，并在更正处加盖出具单位印章。

(3) 原始凭证金额出现错误的不得更正，只能由原始凭证开具单位重新开具。

(4) 原始凭证开具单位应当依法开具准确无误的原始凭证，对于填制有误的原始凭证负有更正和重新开具的法律义务，不得拒绝。

原始凭证的审核与更正见表6-2。

表6-2 原始凭证的审核与更正

审核结果	处理	更正方法
不真实、不合法	不予接受，向单位负责人报告	
不准确、不完整	予以退回，要求依法更正、补充	(1) 各项内容均不得涂改 (2) 金额有错误的，应由出具单位重开 (3) 其他记载事项有错误的，应由出具单位重开或更正，更正处应加盖出具单位印章

自测题

6-1 A单位会计王某采用涂改手段，将金额为10 000元的购货发票改为40 000元。根据《会计法》有关规定，该行为属于（　　）。

A. 伪造会计凭证

B. 变造会计凭证

C. 伪造会计账簿

D. 变造会计账簿

【答案】 B

6-2 会计机构、会计人员在审核原始凭证时，对不真实、不合法的原始凭证应当（　　）。

A. 不予受理

B. 向单位负责人报告

C. 请求查明原因，追究有关当事人的责任

D. 予以退回

【答案】 ABC

6-3 下列各项中，不属于原始凭证的是（　　）。

A. 结算凭证　　B. 记账凭证　　C. 领料单　　D. 入库单

【答案】B

6-4 下列对外来发票出现错误金额的处理中，合法的是（　　）。

A. 退回原出具单位，并由原出具单位重新开发票

B. 退回原出具单位，并由原出具单位划线更正、加盖公章

C. 接受单位直接更正，并要求原出具单位说明情况同时加盖单位公章

D. 接受单位直接更正，并说明情况同时加盖单位公章

【答案】A

6-5 下列关于原始凭证更改内容的说法中，正确的是（　　）。

A. 原始凭证记载的各项内容在一定条件下可以进行修改

B. 原始凭证有错误的不得修改，必须由原出具单位重开

C. 原始凭证金额有错误的，必须由原出具单位重开

D. 原始凭证有错误的可以直接在错误处更正，但必须由原出具单位加盖印章

【答案】C

二、记账凭证

（一）记账凭证的概念和基本内容

记账凭证是对经济业务事项按其性质加以归类、确定会计分录，并据以登记会计账簿的会计凭证，它具有分类归纳原始凭证和满足登记会计账簿需要的作用，因此必须根据审核无误的原始凭证和有关资料编制。记账凭证的时间期限一般为一个会计结算期，这样才能够保证会计核算工作的正常进行和当期会计资料的真实、完整。

记账凭证的基本内容有：(1) 填制凭证的日期；(2) 凭证的名称和编号；(3) 经济业务摘要；(4) 应记会计科目、方向及金额；(5) 记账符号；(6) 所附原始凭证的张数；(7) 填制人员、稽核人员、记账人员和会计机构负责人（会计主管人员）的签名或印章。

（二）记账凭证的编制

编制记账凭证在会计核算过程中是非常重要的环节，是会计正确提供信息的关键。

《会计法》第十四条规定，“记账凭证应当根据经过审核的原始凭证及有关资料编制”。这是《会计法》对编制记账凭证的程序和要求做出的规定，强调了记账凭证编制的两个核心要素：

(1) 经过审核的原始凭证。只有经过严格审核并确认无误的原始凭证，才能作为

编制记账凭证的依据。这保证了记账凭证所反映的经济业务内容的真实性和准确性。

（2）有关资料。除了原始凭证外，还可能包括其他与经济业务相关的资料，如合同、协议、审批单等。这些资料作为补充，有助于更全面地了解经济业务的背景和细节，从而更准确地编制记账凭证。

提示

（1）一笔经济业务需填制两张以上记账凭证的，应采用分数编号法。

（2）除结账和更正错误的记账凭证外，其他的记账凭证必须附有原始凭证，并注明原始凭证张数。

三、会计凭证的传递与管理

（1）会计凭证应当及时传递，不得积压。会计凭证登记完毕后，应当按照分类和编号顺序保管，不得散乱丢失。

（2）记账凭证应当连同所附的原始凭证或者原始凭证汇总表一起装订。

（3）对于数量过多的原始凭证，可以单独装订保管，在封面上注明记账凭证日期、编号、种类，同时在记账凭证上注明“附件另订”和原始凭证名称及编号。

（4）原始凭证不得外借，其他单位因特殊原因需要使用原始凭证时，经本单位会计机构负责人（会计主管人员）批准，可以复制。

（5）从外单位取得的原始凭证如有遗失，应当取得原开出单位盖有公章的证明，并注明原来凭证的号码、金额和内容等，由经办单位会计机构负责人、会计主管人员和单位领导人批准后，才能代作原始凭证。

第 4 节　会计账簿

会计账簿是指由一定格式的账页组成的，以经过审核的会计凭证为依据，全面、系统、连续地记录各项经济业务的簿籍。《会计法》对会计账簿的种类、登记规则等内容做了详细的规定。

《会计法》第三条规定：“各单位必须依法设置会计账簿，并保证其真实、完整。”

《会计法》第十五条规定：“会计账簿登记，必须以经过审核的会计凭证为依据，并符合有关法律、行政法规和国家统一的会计制度的规定。会计账簿包括总账、明细账、日记账和其他辅助性账簿。会计账簿应当按照连续编号的页码顺序登记。会计账簿记录发生错误或者隔页、缺号、跳行的，应当按照国家统一的会计制度规定的方法更正，并由会计人员和会计机构负责人（会计主管人员）在更正处盖章。使用电子计算机进行会计核算的，其会计账簿的登记、更正，应当符合国家统一的会计制度的规定。”

一、依法建账

依法建账是会计核算中最基本的要求之一。建账是会计工作中的重要一环，是如实记录和反映经济活动情况的重要前提。依法建账的“法”，既包括《会计法》《会计基础工作规范》等，也包括其他法律、行政法规，如《中华人民共和国税收征收管理法》（简称《税收征收管理法》）、《中华人民共和国公司法》（简称《公司法》）等。

根据这些法律的规定，各单位在建账时应做到以下几点：

（1）国家机关、社会团体、企业、事业单位和其他经济组织，应按照要求设置会计账簿，进行会计核算。不具备建账条件的，应实行代理记账。

（2）设置会计账簿的种类和具体要求，要符合《会计法》和国家统一的会计制度的规定。

（3）各单位发生的经济业务应当统一核算，不得违反规定私设会计账簿进行登记、核算。

二、设置会计账簿的作用

设置会计账簿是会计工作的重要环节，也是进行会计核算和会计监督不可缺少的程序。合理设置会计账簿对会计核算和会计监督具有重要作用和意义。

（1）可以通过会计账簿对会计凭证提供的大量分散的会计核算资料加以归类整理，以全面、系统、连续地反映和监督单位的经济活动情况，为加强会计核算和会计监督、提高经营管理水平提供有效的服务。

（2）通过会计账簿一方面可以从总体上了解和掌握单位的经济活动情况；另一方面可以详细地了解和掌握各项经济活动的资产、负债、所有者权益的增减情况，收入、费用的发生情况，利润的实现和分配情况等，借以考核单位经营计划的执行情况，评价单位的经营成果和财务成果的好坏，发现经营中存在的问题，并找出产生问题的原因。

（3）可以根据会计账簿提供的会计核算资料编制财务会计报告，为不同的会计资料使用者（如股东、投资人及财政、税务、审计机构等）了解、分析、掌握、监督财务会计报告以及编制单位的经营情况提供依据。

三、设置会计账簿的总体要求

《会计法》第十六条规定：“各单位发生的各项经济业务事项应当在依法设置的会计账簿上统一登记、核算，不得违反本法和国家统一的会计制度的规定私设会计账簿登记、核算。”

这是对单位依法设置会计账簿的法律规定，适用范围是所有实行独立核算的国家机关、社会团体、公司、企业、事业单位和其他组织。

（1）各会计核算单位必须依照《会计法》和国家统一的会计制度的规定设置会计账簿，不允许不设置会计账簿。但是，目前由于各种原因，比如一些单位为了避税或者没有合格的会计人员等，不设置会计账簿的情况仍然比较普遍，造成这些单位内部财务管理混乱，收支失控，损失浪费严重，这种状况必须依法予以纠正。

（2）各会计核算单位必须依照《会计法》和国家统一的会计制度的规定设置会计账簿，包括总账、明细账、日记账和其他辅助账簿，不允许用总账代替明细账和日记账，也不允许用明细账代替总账和日记账，或者用日记账代替总账和明细账。凡是依法必须设置的会计账簿，各会计核算单位必须依法设置，不得规避。

（3）各会计核算单位不得违反《会计法》和国家统一的会计制度的规定，在法定的会计账簿之外另设会计账簿（又称私设会计账簿或账外账）。但是，在市场经济条件下，受利益驱动，许多单位设置了账外账，成为滋生腐败的“温床”，这是法律所不允许的，应当依法予以纠正。

（4）各会计核算单位必须保证依法设置的会计账簿真实、完整，即依法应当设置的会计账簿已经全部设置，且记录的内容真实、完整。

四、会计账簿的种类

各单位要依法设置的会计账簿包括：

（1）总账（总分类账）。总账是根据会计科目（也称总账科目）开设的账簿，用于分类登记单位的全部经济业务事项，提供资产、负债、资本、费用、成本、收入和成果等总括核算的资料。总账一般使用外表形式订本账，格式为三栏式。

（2）明细账（明细分类账）。明细账是根据总账科目所属的明细科目设置的，用于分类登记某一类经济业务事项，提供有关明细核算资料。明细账一般使用外表形式活页账，格式有三栏式、数量金额式、多栏式。

（3）日记账。日记账是一种特殊的序时明细账，它是按照经济业务事项发生的时间顺序，逐日逐笔地进行登记的账簿，包括现金日记账和银行存款日记账。日记账一般使用外表形式订本账，格式为三栏式。

（4）其他辅助账簿（备查账簿）。其他辅助账簿是为备忘备查而设置的，一般使用外表形式订本账或活页账。在会计实务中，主要包括各种租借设备、物资的辅助登记或有关应收、应付款项的备查簿，以及担保、抵押备查簿等。

会计账簿基本规定见表6-3。

表 6-3　会计账簿基本规定

种类	用途	形式
总账（总分类账）	根据会计科目开设的账簿，用于分类登记单位的全部经济业务事项，提供资产、负债、资本、费用、成本、收入等总括核算的资料	总账一般使用外表形式订本账
明细账（明细分类账）	根据总账科目所属的明细科目设置的，用于分类登记某一类经济业务事项，提供有关明细核算资料	明细账通常使用外表形式活页账
日记账	日记账是一种特殊的序时明细账，它是按照经济业务事项发生的时间顺序，逐日逐笔地进行登记的账簿	包括现金日记账和银行存款日记账，必须采用外表形式订本账，不得用银行对账单或其他方法代替日记账
其他辅助账（备查账簿）	备查账簿为备忘备查而设置的	主要包括各种租借设备、物资的辅助登记或有关应收、应付款项的备查账簿，以及担保、抵押备查账簿等

提示

各单位必须依法设置会计账簿，并保证其真实、完整。此规定属于法律的强制性规范，各会计核算单位必须执行，不得违反。如果有人置国家的法律于不顾，将受到法律的严惩。

五、会计账簿登记的基本要求

会计账簿的登记应满足以下要求：

（1）根据审核无误的会计凭证登记会计账簿。依据会计凭证登记会计账簿，是基本的会计记账规则，是保证会计账簿记录质量的重要一环。

（2）各种账簿要按页次顺序连续登记，不得跳行、隔页。

（3）会计账簿记录发生错误时，应当按照规定的更正方法进行更正。主要的更正方法有划线更正法、补充登记法、红字更正法三种。更正处由更正人员签章，以明确责任。

（4）实行会计电算化的单位，其会计账簿的登记、更正，也应符合国家统一的会计制度的规定。

（5）禁止账外设账。各单位发生的各项经济业务事项应当在依法设置的会计账簿上统一登记、核算，不得私设账外账。

提示

《会计法》严禁设立的账外账，不同于有些单位为了强化内部管理而在法定会计账簿之外设置的管理会计账簿。

六、账目核对

《会计法》第十七条规定："各单位应当定期将会计账簿记录与实物、款项及有关资料相互核对，保证会计账簿记录与实物及款项的实有数额相符、会计账簿记录与会计凭证的有关内容相符、会计账簿之间相对应的记录相符、会计账簿记录与会计报表的有关内容相符。"

账目核对也称对账，是保证会计账簿记录质量的重要程序。账目核对要做到账实相符、账证相符、账账相符和账表相符。

（一）账实相符

账实相符是会计账簿记录与实物、款项实有数核对相符的简称，主要包括：（1）现金日记账的账面余额与现金实际库存数核对相符；（2）银行存款日记账的账面余额与银行对账单核对相符；（3）各种财物明细账的账面余额与财物实存数核对相符；（4）各种应收、应付款明细账的账面余额与有关债务债权单位或者个人核对相符。

在核对过程中，要对财产进行清查，确定各种材料物资、货币资金和债权债务的实存数，检查账面结存数与实存数是否相符。对账实不符的，要查明原因并依照国家有关规定正确进行会计处理，切实做到账实相符。

（二）账证相符

账证相符是会计账簿记录与会计凭证有关内容核对相符的简称。会计账簿是根据会计凭证等资料登记的，会计凭证是会计账簿登记的基础。通过账证核对，可以检查、验证会计账簿记录和会计凭证的内容是否正确无误，保证会计账簿资料真实、完整。要具体核对会计账簿记录与原始凭证、记账凭证的时间、凭证字号、内容、金额是否一致，记账方向是否相符，切实做到账证相符。

（三）账账相符

账账相符是会计账簿之间对应的记录核对相符的简称。会计账簿之间，包括总账各账户之间、总账与明细账之间、总账与日记账之间，以及会计机构的财产物资明细账与保管部门、使用部门的有关财产物资明细账之间存在内在联系，通过定期核对，可以检查、验证、确认会计账簿记录的正确性，便于及时发现问题，纠正错误，保证会计资料真实、完整和准确无误。

应当对不同会计账簿的记录进行核对，包括总账有关账户的余额核对，总账与明细账核对，总账与日记账核对，会计部门的财产物资明细账与财产物资保管、使用部门的有关明细账核对等，切实做到账账相符。

提示

每个会计事项，一方面要记入有关总账，另一方面要记入该账所属的明细账。

（四）账表相符

账表相符是会计账簿记录与会计报表有关内容核对相符的简称。会计报表是根据会计账簿记录及有关资料编制的，会计账簿和相关资料是编制会计报表的基础，两者之间存在必然的联系。通过检查账表之间的相互关系，可以发现其中是否存在违法行为。

各单位应当严格按照《会计法》关于“财务会计报告应当根据经过审核的会计账簿记录和有关资料编制”的要求编制会计报表，做到有根有据，不得估列代编、弄虚作假，在此基础上定期将会计账簿记录与会计报表的有关内容相互核对，使会计报表所反映的有关资产、负债、现金流量等数据与会计账簿记录的相关数据互相符合，切实做到账表相符。

自测题

6－6 根据会计法律制度的规定，下列各项中，属于单位依法设置的会计账簿的有（　　）。

A. 总账　　B. 明细账　　C. 日记账　　D. 辅助账簿

【答案】 ABCD

6－7 单位会计账簿记录与会计报表有关内容核对相符，简称（　　）。

A. 账实相符　　B. 账证相符　　C. 账表相符　　D. 账账相符

【答案】 C

6－8 根据《会计法》的规定，账目核对应做到（　　）。

A. 账证相符　　B. 账实相符　　C. 账账相符　　D. 账表相符

【答案】 ABCD

第 5 节　财务会计报告

财务会计报告是对企业财务状况、经营成果和现金流量的结构性表述。财务报表至少应当包括下列组成部分：（1）资产负债表；（2）利润表；（3）现金流量表；

(4) 所有者权益（或股东权益）变动表；(5) 附注。财务报表的上述组成部分具有同等的重要程度。

《会计法》第二十条规定：“财务会计报告应当根据经过审核的会计账簿记录和有关资料编制，并符合本法和国家统一的会计制度关于财务会计报告的编制要求、提供对象和提供期限的规定；其他法律、行政法规另有规定的，从其规定。向不同的会计资料使用者提供的财务会计报告，其编制依据应当一致。有关法律、行政法规规定财务会计报告须经注册会计师审计的，注册会计师及其所在的会计师事务所出具的审计报告应当随同财务会计报告一并提供。”

《会计法》第二十一条规定：“财务会计报告应当由单位负责人和主管会计工作的负责人、会计机构负责人（会计主管人员）签名并盖章；设置总会计师的单位，还须由总会计师签名并盖章。单位负责人应当保证财务会计报告真实、完整。”

这是对财务会计报告的编制依据、注册会计师审计、签章程序等做出的法律规定。财政部2019年4月30日发布的《关于修订印发2019年度一般企业财务报表格式的通知》对企业财务报表列报等做出了具体规定。各企业和单位必须按照上述法律、法规和准则的规定执行，做好财务会计报告的编制与对外提供这一重要工作。

一、财务会计报告的概念、构成和分类

1. 财务会计报告的概念

财务会计报告又称财务报告，是企业对外提供的反映企业某一特定日期的财务状况和某一会计期间的经营成果、现金流量等会计信息的文件。

2. 财务会计报告的构成

财务会计报告包括财务报表和其他应当在财务会计报告中披露的相关信息和资料。财务报表至少应当包括“四表一注”，即资产负债表、利润表、现金流量表、所有者权益变动表以及附注。

3. 财务会计报告的分类

财务会计报告分为年度、半年度、季度和月度财务会计报告。

财务报表按照不同的标准可分为不同的种类：

(1) 按财务报表编报期间的不同，可以分为中期财务报表和年度财务报表。其中，中期财务报表是以短于一个完整会计年度的报告期间为基础编制的财务报表，包括月报、季报和半年报等。

(2) 按财务报表编报主体的不同，可以分为个别财务报表和合并财务报表。

二、对财务会计报告编制和报送的要求

(1) 财务会计报告应当根据经过审核的会计账簿记录和有关资料编制。由于财

务会计报告是根据日常的会计账簿记录及其他有关资料编制的，因此会计账簿记录及其他有关资料是否真实、完整、准确，直接关系到财务会计报告的质量。为了保证财务会计报告的准确性、真实性和完整性，《会计法》要求会计账簿记录和有关资料必须经过审核，在编制财务会计报告前依法对会计账簿进行审核。

（2）财务会计报告的编制应当符合《会计法》和国家统一的会计制度的要求。各单位要严格按照《会计法》和国家统一的会计制度规定的财务会计报告的种类、格式和内容编制，并按照规定期限及时报送有关部门。关于财务会计报告的提供期限，根据国家统一的会计制度的规定，各单位应当在月份、季度、年度终了后一定时间内报送。关于财务会计报告的提供对象，因各单位的性质、隶属关系、国家对其监管的要求不同而有所差别。各单位应按规定期限及时对外提供财务会计报告。企业会计准则规定，企业至少应当按年编制财务报表。

对外报送的财务会计报告的签章人见表 6－4。

表 6－4 对外报送的财务会计报告的签章人

自主记账的单位	委托代理记账的单位
（1）单位负责人 （2）主管会计工作的负责人（设总会计师的单位为总会计师） （3）会计机构负责人（或会计主管人员）	（1）代理记账机构负责人 （2）委托人负责人

提示

对外提供的财务会计报告应当依次编定页码，加具封面，装订成册，加盖公章。会计报表的封面需要下列人员签名并盖章：单位负责人和主管会计工作的负责人、会计机构负责人（会计主管人员）；设置总会计师的单位，还须由总会计师签名并盖章。

（3）向不同的会计资料使用者提供的财务会计报告，其编制依据应当一致。财务会计报告是反映单位财务状况和经营成果的书面文件，按照国家统一的会计制度的规定，财务会计报告应当报送财政部门、税务部门、上级主管部门等有关部门。《会计法》要求向不同的会计资料使用者提供的财务会计报告的编制依据应当一致，实际上是要求单位财务会计报告应当真实反映其生产经营成果和财务状况，防止单位对不同的会计资料使用者采取不同的计算口径、计算方法、计算依据编制和提供内容不同的财务会计报告，以达到逃避缴纳税款、隐瞒收支或其他违法违纪等目的。同时，对单位向不同的会计资料使用者提供编制依据不一致的财务会计报告的行为规定了法律责任。

企业应当依照《公司法》的规定，向投资者提供财务会计报告。国务院派出监事会的国有重点大型企业、国有重点金融机构和省、自治区、直辖市人民政府派出监事会的国有企业，应当依法定期向监事会提供财务会计报告。国有企业、国有控股或占主导地位的企业，应当至少每年一次向本企业的职工代表大会公布财务会计报告。

（4）会计报表、会计报表附注和财务情况说明书须经注册会计师审计的，注册会计师及其所在的会计师事务所出具的审计报告应当随同财务会计报告一并提供。由注册会计师对会计报表、会计报表附注和财务情况说明书进行审计，是中介机构对单位财务会计报告的评价和审核，是对会计工作实施社会监督的一种形式。

提示

编制财务会计报告的基本要求一般包括：数据真实、内容完整、计算准确和编报及时。企业应当按照规定的结账日进行结账，不得提前或延迟。年度结账日为公历每年12月31日（一般称为资产负债表日）；半年度、季度、月度结账日分别为公历每半年、每季、每月的最后一天。

自测题

6-9 根据《会计法》的规定，下列单位有关负责人在财务会计报告上签章的做法中，正确的是（　　）。

A. 签名　　B. 盖章

C. 签名或盖章　　D. 签名并盖章

【答案】 D

6-10 根据国家统一的会计制度的规定，单位对外提供的财务会计报告应当由单位有关人员签字并盖章。下列各项中，应当在单位对外提供的财务会计报告上签字并盖章的有（　　）。

A. 单位负责人　　B. 总会计师

C. 会计机构负责人　　D. 单位内部审计人员

【答案】 ABC

6-11 公司、企业可以根据不同报表使用者的需要，采取不同的编制基础、编制依据、编制原则和编制方法分别编制并提供财务会计报告。（　　）

【答案】 ×

第6节　会计处理方法

《会计法》第十八条规定："各单位采用的会计处理方法，前后各期应当一致，不得随意变更；确有必要变更的，应当按照国家统一的会计制度的规定变更，并将变更的原因、情况及影响在财务会计报告中说明。"

会计处理方法是指各单位在会计核算时运用的具体方法。主要包括：编制合并财务报表的原则和方法，外币折算处理方法，收入确认原则和方法，企业所得税会计处理方法，存货计价会计处理方法，长期投资会计处理方法，折旧计提方法，坏账损失计提和核算方法等。会计处理方法的变更会直接影响会计资料的质量和可比性。由于经济业务的复杂性和多样化，一些经济业务可以有多种会计处理方法，例如，计提固定资产折旧有年限平均法、工作量法、加速折旧法（双倍余额递减法和年数总和法）等。尽管加速折旧法的使用受到限制，但在年限平均法中选择使用年限、净残值率等时，企业有一定的自主权。应注意，会计方法的选择必须符合国家统一的会计制度的规定。由于不同的会计处理方法会产生不同的核算结果，因此，有些单位会通过改变会计处理方法，来达到粉饰单位业绩、少缴税等目的。为此，《会计法》对会计处理方法做了专门规定，主要包括以下内容。

（1）各单位采用的会计处理方法前后各期应当一致，不得随意变更。一个单位一旦选定一种会计处理方法，就应当保持一贯性，这是会计核算一贯性原则的具体要求。因为尽管不同的会计处理方法在本质上都是正确的，但仍然存在一定的差异，不同的会计处理方法会产生不同的核算结果。如果各单位在不同时期运用不同的会计处理方法，其不同时期的核算结果就会缺乏可比性。因此，在会计核算中坚持一贯性原则有利于提高会计信息的使用价值，便于不同会计期间会计信息的纵向比较。同时，一贯性原则还可以制约和防止单位通过变更会计处理方法在会计核算上弄虚作假。

（2）各单位采用的会计处理方法确有必要变更的，应当按照国家统一的会计制度的规定变更，并将变更原因、情况及影响在财务会计报告中说明。这是在“各单位采用的会计处理方法，前后各期应当一致”的基础上做的补充规定。会计核算的一贯性原则并不意味着各单位的会计处理方法一成不变，如果确实需要变更会计处理方法，依照《会计法》的规定是可以变更的。允许单位变更会计处理方法，有利于各单位根据实际情况，选择更客观真实地反映单位活动的会计处理方法进行会计核算，使其提供的企业财务状况、经营成果和现金流量等信息更加可靠。因为单位选择会计处理方法的依据是业务发生时所处的特定经济环境以及某类业务的实际情况，随着经济环境的变化，当继续采用原来的会计处理方法不能保证会计信息的可靠性和相关性时，就需要改变会计处理方法。比如，企业原来采用先进先出法进行存货周转成本的计价，但由于通货膨胀，现在采用加权平均法进行计价能更好地反映存货的实际成本。在这种情况下，就应当舍弃原来采用的先进先出法而采用加权平均法。当然，允许单位变更会计处理方法的前提是“确有必要变更”。

提示

企业可以变更会计政策的情形有：一是有关法规发生变化，要求企业变更会计政策；二是改变会计政策后能够更恰当地反映企业的财务状况和经营成果。

第7节　或有事项的列报和披露

《会计法》第十九条规定：“单位提供的担保、未决诉讼等或有事项，应当按照国家统一的会计制度的规定，在财务会计报告中予以说明。”

或有事项是指现存的一种状况，具有不确定性，其最终结果是损失还是收益，只能由某些不完全由企业控制的未来不确定事项的发生或不发生予以证明，可能会给企业未来经营的财务状况带来影响（包括风险）。可能发生的损失称为或有损失，可能发生的负债称为或有负债，可能发生的收益称为或有收益，可能发生的资产称为或有资产。比如，甲企业作为原告起诉乙企业违约，要求乙企业承担违约责任。对于甲企业来讲，它作为原告能否胜诉获得赔偿，要经过法院的最后判决才能确定。甲企业可能获得赔偿这种不确定的情形称为或有事项，可能获得的赔偿称为或有收益。对于乙企业来讲，其作为被告是否要承担违约责任，也要等法院做出最后判决才能确定。乙企业可能要承担违约责任这种不确定的情形就是或有事项，可能承担的违约责任就是或有损失。

或有事项主要涉及以下两种情形。

一、担保

担保是指债务人或第三人以其财产为自己或者他人所做的偿还债务和承担责任的担保。我国担保法规定的担保方式有保证、抵押、质押、留置和定金。在日常的经济活动中，最常见的担保方式是保证、抵押和质押。

1. 保证

保证是指由第三人向债权人担保，在债务人不履行债务时，由第三人负责履行债务或者承担责任。依照担保法的规定，保证分为一般保证和连带责任保证。二者的主要区别是：一般保证是只有在债务人确实不能履行债务时，保证人才承担责任。换言之，债权人首先应当向债务人追偿债务，而不能直接向保证人主张权利。保证人在主合同纠纷未经审判或仲裁，并就债务人财产依法强制执行仍不能履行债务前，对债权人可以拒绝承担保证责任。而连带责任保证是指一旦被保证履行的债务期限届满而债务人未履行债务，债权人就可以直接要求保证人承担保证责任。因此，连带责任保证是一种比一般保证更为严格的保证方式。但无论是哪种保证方式，作为保证人都有以单位财产承担保证责任的可能。

2. 抵押

抵押是指债务人或者第三人不转移财产的占有，将该财产作为债权的担保。当债务人不履行债务时，债权人有权依法以该财产折价、拍卖、变卖的价款优先受偿。虽然以抵押方式提供担保不转移对财产的占有，抵押人仍然具有对抵押财产的占有、使用、收益、处分的权利，但是存在以抵押财产清偿债务的可能。这种担保方式，既包括以单位的财产为自己履行合同提供担保，又包括以单位的财产为他人履行合同提供担保。

3. 质押

质押是指债务人或第三人将其动产或者权利移交债权人占有，将该动产或者权利作为债权的担保。当债务人不履行债务时，债权人有权依法以该动产或者权利折价、拍卖、变卖的价款优先受偿。虽然质押不转移质押物的所有权，但是存在以质押物清偿债务的可能。这种担保方式，既包括以单位的财产或者权利为自己提供担保，也包括以单位的财产或者权利为他人提供担保。

所以，单位提供担保，无论是一般保证还是连带责任保证，无论是单位为自己提供担保还是为他人提供担保，都存在以单位财产承担担保责任的可能。

二、未决诉讼

未决诉讼是指单位作为原告或者被告的正在进行未做最后判决的民事诉讼。双方当事人的民事纠纷起诉到法院后，法院的最后判决是确定双方当事人权利义务的依据。在诉讼尚未结束、法院未做最后判决之前，双方的权利义务是不确定的。

财务会计报告是一个单位依法向国家有关部门提供或者向社会公开披露的反映该单位财务状况和经营成果的书面文件，应当全面、真实、完整地反映单位的资产情况。单位提供担保，存在以提供的担保财产清偿债务的可能，即存在或有损失；未决诉讼使单位在民事诉讼中的责任尚未确定，存在或有收益或者或有损失，这些都涉及单位的资产问题。为此，《会计法》要求单位应当按照国家统一的会计制度的规定，将其提供担保、未决诉讼等或有事项在财务会计报告中予以说明，以使单位的财务会计报告充分反映单位真实的财务状况。

第8节　会计年度

一、会计年度的概念

会计年度是以年度为单位进行会计核算的时间区间，是反映单位财务状况、核算经营成果的时间界限。

二、我国关于会计年度的规定

《会计法》第十一条规定："会计年度自公历1月1日起至12月31日止。"

按照持续经营原则，一个单位的业务经营活动总是连续不断地进行的。按照会计分期原则，必须对企业的业务活动进行分期核算，以考核企业在一定期间的财务成果。因此，会计核算中必须将连续不断的经营过程人为地划分为若干相等的时期，分期进行结算，分期编制财务会计报告，分期反映单位的财务状况和经营成果。这种分期进行会计核算的时间区间，在会计上称为会计期间。《企业财务会计报告条例》规定，会计期间分为年度、半年度、季度和月度，以满足单位经营管理和投资者对会计资料的需要。

企业应当依照有关法律、行政法规和《企业财务会计报告条例》规定的结账日进行结账，不得提前或者延迟。年度结账日为公历年度每年的12月31日，半年度、季度、月度结账日分别为公历年度每半年、每季、每月的最后一天，这是我国会计年度的法律规定。我国自新中国成立以来一直实行公历制，是为了与我国的财政、计划、统计、税务等年度保持一致，便于国家进行宏观经济管理。各单位按年度提供的会计资料是国家实施宏观调控的重要依据。

提示

《会计法》关于会计年度的规定，不仅适用于内资企业，也适用于外商投资企业。

自测题

6-12　根据《会计法》的规定，我国法定会计年度期间是（　　）。

A. 公历1月1日起至12月31日止

B. 公历4月1日起至次年3月31日止

C. 公历7月1日起至次年6月30日止

D. 由企业根据经营特点自行确定的会计年度期间

【答案】 A

第9节　记账本位币

《会计法》第十二条规定：“会计核算以人民币为记账本位币。业务收支以人民币以外的货币为主的单位，可以选定其中一种货币作为记账本位币，但是编报的财务会计报告应当折算为人民币。”

我国境内各单位的会计核算以人民币为记账本位币，单位的一切经济业务事项通过人民币进行核算和反映。随着改革开放的不断深入，人民币以外的其他币种在一些单位的日常会计核算中占据了主导地位。《会计法》规定，可以选用人民币以外的货币作为记账本位币，但是必须符合“业务收支以人民币以外的货币为主”的要求，而且记账本位币一经确定，不得随意变动。以人民币以外的货币为记账本位币的单位，在编制财务会计报告时，应当依据国家统一的会计制度的规定，按照一定的外汇汇率折算为人民币，以便于财务会计报告使用者阅读和使用，也便于税务、工商等部门通过财务会计报告计算应缴税款和进行工商年检。

自测题

6-13 业务收支以人民币以外的货币为主的单位（ ）。

A. 必须使用人民币为记账本位币

B. 可以选定其中一种货币作为记账本位币

C. 其财务会计报告不必折算为人民币

D. 可以根据需要变动记账本位币

【答案】 B

6-14 会计核算以人民币为记账本位币，业务收支以人民币以外的货币为主的单位，应当折算成人民币记账。（ ）

【答案】 ×

第 10 节 会计文字记录

《会计法》第二十二条规定："会计记录的文字应当使用中文。在民族自治地方，会计记录可以同时使用当地通用的一种民族文字。在中华人民共和国境内的外商投资企业、外国企业和其他外国组织的会计记录可以同时使用一种外国文字。"

会计资料作为一种商业语言和社会资源，必须使用规范统一的文字，以使会计资料的使用者真正全面地了解会计资料反映的实际情况。因此，根据《会计法》的规定，会计记录的文字应当使用中文。根据这一规定，在我国境内所有国家机关、社会团体、公司、企业、事业单位和其他组织的会计记录文字都必须使用中文，这是法定要求，违反这一规定应当承担法律责任。

在使用中文的前提下，会计记录可以同时使用民族自治地区通用的一种民族文字，在我国境内的外国经济组织的会计记录可以同时使用一种外国文字。使用中文是强制性的，使用其他文字是备选性的，不能理解为既可以使用中文，也可以使用其他文字。

自测题

6-15 下列关于会计文字记录的表述中，正确的有（ ）。

A. 在我国境内所有单位的会计记录都必须使用中文

B. 在我国境内的外国组织可以单独使用外国文字

C. 民族自治地方的单位的会计记录，可以单独使用当地通用的一种民族文字

D. 使用中文是强制性的，使用其他通用文字是备选性的

【答案】 AD

第 11 节　财产清查

一、财产清查的概念

财产清查是根据账簿记录对各项财产物资和库存现金进行实地盘点，对银行存款和债权债务进行核对，确定各项财产物资、货币资金和债权债务的实存数，并查明实存数与账面数是否相符的一种专门方法。

二、关于财产清查的法律规定

《会计法》第十七条规定："各单位应当定期将会计账簿记录与实物、款项及有关资料相互核对，保证会计账簿记录与实物及款项的实有数额相符、会计账簿记录与会计凭证的有关内容相符、会计账簿之间相对应的记录相符、会计账簿记录与会计报表的有关内容相符。"

《会计法》第二十五条规定，"财产清查的范围、期限和组织程序应当明确"。

财产清查是会计核算工作的一项重要程序，特别是在编制年度财务会计报告之前，必须进行财产清查，并对账实不符等问题根据国家统一的会计制度的规定进行会计处理，以保证财务会计报告反映的会计信息真实、完整。通过财产清查，可以发现财产管理工作中存在的问题，以便查清原因，改善经营管理，保护财产的完整和安全；可以确定各项财产的实存数，以便查明实存数与账面数是否相符，并查明不符的原因和责任，制定相应的措施，做到账实相符，保证会计资料的真实性。

三、财产清查的种类

1. 按照清查的对象和范围可分为全面清查和局部清查

（1）全面清查。全面清查的内容多、范围广，投入的人力多，不可能经常进行，一般只用于年终结算前的清查。当然，在某些特殊情况下，如企业破产、合并、改变隶属关系、清产核资或单位主要负责人调离工作岗位时，为了明确经济责任或核定资金，要进行全面清查。

（2）局部清查。局部清查是指根据需要对部分财产、物资和往来款项等进行盘点和清查。

2. 按照清查的时间可分为定期清查和不定期清查

（1）定期清查。定期清查通常在年末、半年末、季末、月末结账时进行。

（2）不定期清查。不定期清查是指事先没有规定清查时间，根据特殊需要而进行的临时性清查。

第12节　会计档案管理

《会计法》第二十三条规定：“各单位对会计凭证、会计账簿、财务会计报告和其他会计资料应当建立档案，妥善保管。会计档案的保管期限、销毁、安全保护等具体管理办法，由国务院财政部门会同有关部门制定。”

一、会计档案的内容

会计档案是指单位在进行会计核算等过程中接收或形成的，记录和反映单位经济业务事项的，具有保存价值的文字、图表等各种形式的会计资料，包括通过计算机等电子设备形成、传输和存储的电子会计档案。具体包括以下几类。

（1）会计凭证类：原始凭证、记账凭证、汇总凭证及其他会计凭证。

（2）会计账簿类：总账、明细账、日记账、固定资产卡片账、辅助账簿及其他会计账簿。

（3）财务会计报告类：月度、季度、半年度财务会计报告和年度财务会计报告，包括会计报表、附表、附注及文字说明和其他财务报告。

（4）其他类：纳税申报表、银行存款余额调节表、银行对账单、应当保存的会计核算专业资料、会计档案移交清册、会计档案保管清册、会计档案销毁清册、会计档案鉴定意见书。

会计档案管理的基本内容见表6-5。

表6-5　会计档案管理的基本内容

项目	具体内容	
会计凭证	原始凭证、记账凭证、汇总凭证及其他会计凭证	
会计账簿	总账、明细账、日记账、固定资产卡片账、辅助账簿及其他会计账簿	
财务会计报告	月度、季度、半年度财务会计报告和年度财务会计报告	
其他类	银行对账	银行存款余额调节表、银行对账单
	会计档案清册	会计档案移交清册、会计档案保管清册、会计档案销毁清册、会计档案鉴定意见书等
	纳税申报表	

提示

财务预算、计划、制度等文件材料属于文书档案，不属于会计档案。

二、会计档案的管理部门

县级以上各级人民政府财政部门和档案行政管理部门共同负责会计档案工作的指导、监督和检查，管理本行政区域内的会计档案工作。

会计档案的具体管理办法由国务院财政部门会同有关部门制定。这确保了管理办法的专业性、权威性和适用性。

随着信息技术的发展，会计信息越来越多地以电子形式存在和传输，因此加强信息安全管理尤为重要，包括采取技术手段（如加密、防火墙、访问控制等）保护会计信息的机密性、完整性和可用性，防止信息泄露、篡改或非法访问。

三、会计档案的归档

各单位每年形成的会计档案，应当由会计机构按照归档要求，负责整理、立卷、归档。采用电子计算机进行会计核算的单位，应当保存打印出的纸质会计档案。各单位需要为所有会计资料建立档案系统，这有助于确保资料的完整性、准确性和可追溯性。

档案应妥善保管，这意味着要有适当的存储环境（如防火、防潮、防虫等）和保管措施，以防止资料的丢失、损坏或未经授权的访问。

单位的会计机构或会计人员所属机构（统称单位会计管理机构），负责会计资料整理、归档、立卷，编制会计档案保管清册。

四、会计档案的移交

（一）单位内部会计档案移交

当年形成的会计档案，在会计年度终了后，可由单位会计管理机构临时保管 1 年，再移交单位档案管理机构保管。

因工作需要确需推迟移交的，应当经单位档案管理机构同意。单位会计管理机构临时保管会计档案最长不超过 3 年。出纳人员不得兼管会计档案。

单位会计管理机构在办理会计档案移交时，应当编制会计档案移交清册，并按照国家档案管理的有关规定办理移交手续。纸质会计档案移交时应当保持原卷的封装。电子会计档案移交时应当将电子会计档案及其原数据一并移交，特殊格式的电子会计档案应当与其读取数据平台一并移交。

（二）单位之间会计档案移交

单位之间交接会计档案时，交接双方应当办理会计档案交接手续。交接会计档案时，交接双方应当按照会计档案移交清册所列内容逐项交接，并由交接双方的单位有关负责人负责监督。交接完毕后，交接双方经办人和监督人应当在会计档案移交清册上签名或盖章。

电子会计档案应当与其原数据一并移交，特殊格式的电子会计档案应当与其读取数据平台一并移交。

五、会计档案的查阅

单位应当严格按照相关制度利用会计档案，在进行会计档案查阅、复制、借出时履行登记手续，严禁篡改和损坏。

单位保存的会计档案一般不得对外借出，确因工作需要且根据国家有关规定必须借出的，应当严格按照规定办理相关手续。

六、会计档案的保管期限

会计档案的保管期限分为永久和定期两类。定期保管期限一般分为 10 年或 30 年。会计档案的保管期限，从会计年度终了后的第一天算起。

会计档案的保管期限见表 6-6。

表 6-6　会计档案的保管期限

保管期限	会计档案
永久	年度财务会计报告、会计档案保管清册、会计档案销毁清册、会计档案鉴定意见书
30 年	会计账簿、凭证、会计档案移交清册。其中，固定资产卡片账在固定资产报废清理后保管 5 年
10 年	月度、季度、半年度财务会计报告，银行存款余额调节表，银行对账单，纳税申报表

七、会计档案的销毁

（1）单位应当定期对已到保管期限的会计档案进行鉴定。

（2）经鉴定仍需继续保存的会计档案，应当重新划定保管期限。

（3）对保管期满、确无保存价值的会计档案，可以销毁。

（4）保管期满但未结清的债权债务会计凭证和涉及其他未了事项的会计凭证不得销毁。

会计档案的销毁清册见表 6-7。

表6-7　会计档案的销毁清册

编制	由单位档案管理机构编制	
签署意见	下列人员应当在会计档案销毁清册上签署意见： (1) 单位负责人； (2) 档案管理机构负责人、会计管理机构负责人； (3) 档案管理机构经办人、会计管理机构经办人	
监销人	纸质会计档案	单位档案管理机构、会计管理机构共同派员监销
	电子会计档案	单位档案管理机构、会计管理机构和信息系统管理机构共同派员监销
	监销人责任	(1) 监销人在会计档案销毁前，应当按照会计档案销毁清册所列内容进行清点核对； (2) 在会计档案销毁后，应当在会计档案销毁清册上签名或者盖章

自测题

6-16　会计档案的保管期限分为永久和定期两类，其中（　　）属于《会计档案管理办法》中所规定的定期保管期限。

A. 3年　　B. 10年　　C. 25年　　D. 30年

【答案】 BD

6-17　某单位1995年9月的会计凭证按照规定应当保管15年，那么期满之日应当是（　　）。

A. 2010年1月　　B. 2010年9月　　C. 2011年1月　　D. 2011年9月

【答案】 C

6-18　会计档案的保管期限分为永久和定期两类，保管期限从整理归档之日起计算。（　　）

【答案】 ×

练习题

一、单项选择题

1. 会计资料最基本的质量要求是（　　）。

A. 真实性和相关性　　B. 明晰性和谨慎性

C. 真实性和完整性　　D. 重要性和及时性

2. 下列关于账簿记录发生错误的更正方法的说法中，错误的是（　　）。

A. 登记账簿时发生错误，应当将错误的文字或者数字划红线注销，但必须使原有字迹仍可辨认

B. 由于记账凭证错误而使账簿记录发生错误，应当按更正的记账凭证登记账簿

C. 登记账簿时发生错误，对于错误的数字，应当全部划红线更正，不得只更正其中的错误数字

D. 登记账簿时发生错误，对于文字错误，不可只划去错误的部分

3. 下列会计资料不属于会计档案的是（　　）。

A. 记账凭证　　B. 会计档案移交清册

C. 年度财务计划　　D. 银行对账单

4. 下列各项中，不属于会计信息质量要求的是（　　）。

A. 在财务报表中对收入和利得、费用和损失进行分类列报

B. 会计核算应当注重交易和事项的实质

C. 及时将编制的财务会计报告传递给使用者

D. 会计核算应当以权责发生制为基础

5. 根据会计法律制度的规定，下列关于账务核对的表述中，不正确的是（　　）。

A. 保证会计账簿记录与实物及款项的实有数额相符

B. 保证会计账簿记录与年度财务预算相符

C. 保证会计账簿之间相对应的记录相符

D. 保证会计账簿记录与会计凭证的有关内容相符

6. 关于记账本位币，下列表述中错误的是（　　）。

A. 记账本位币是指日常登记账簿和编制财务会计报告用以计量的货币

B. 我国会计核算原则上以人民币为记账本位币

C. 法律不允许收支业务以人民币以外的货币为主的单位选定某种货币作为记账本位币

D. 以人民币以外的货币为记账本位币的，在编制财务会计报告时应折算成人民币反映

7. 下列各项中，属于会计核算依据的是（　　）。

A. 实际发生的会计业务事项　　B. 实际发生的经济业务事项

C. 计划发生的会计业务事项　　D. 计划发生的经济业务事项

8. 财务会计报告的责任主体是（　　）。

A. 会计人员　　B. 会计主管人员

C. 主管会计工作的负责人　　D. 单位负责人

9. 当年形成的会计档案，一般情况下可由单位会计管理机构临时保管（　　）。

A. 1年　　B. 2年　　C. 3年　　D. 4年

10. 下列关于编制财务会计报告的表述中，不正确的是（　　）。

A. 财务会计报告应当依据会计账簿记录和有关会计资料编制

B. 财务会计报告的编制要求、提供对象、提供期限应当符合法定要求

C. 向不同的会计资料使用者提供的财务会计报告，其编制依据应当一致

D. 各单位的财务会计报告在上报有关部门前必须经注册会计师审核签字

11. 根据《会计档案管理办法》的规定，下列各项中不属于会计档案的是（　　）。

A. 信贷计划　　B. 原始凭证

C. 会计档案移交清册　　D. 固定资产卡片账

12. 根据会计法律制度规定，下列各项中不属于会计核算内容的是（　　）。

A. 固定资产盘盈　　B. 合同的审核和签订

C. 资本公积的增减变动　　D. 债务重组及免偿

13. 下列会计档案中，保管期限与银行对账单的保管期限相同的是（　　）。

A. 原始凭证　　B. 总账

C. 银行存款余额调节表　　D. 会计档案移交清册

14. 根据会计法律制度的规定，下列关于会计凭证的说法，不正确的是（　　）。

A. 记账凭证应当根据经过审核无误的原始凭证及有关资料编制

B. 结账和更正错误的记账凭证可以不附原始凭证，其他记账凭证必须附有原始凭证

C. 不得将不同内容和类别的原始凭证汇总填制在一张记账凭证上

D. 一张原始凭证所列支出需要几个单位共同负担的，应当由原始凭证保存单位将原始凭证复印件提供给其他负担单位

15. 根据会计法律制度的规定，下列关于登记会计账簿基本要求的表述中，不正确的是（　　）。

A. 现金日记账和银行存款日记账必须逐日结出余额

B. 一般登记账簿要用蓝黑墨水或者碳素墨水书写

C. 各种账簿按页次顺序连续登记，不得跳行、隔页

D. 账簿中书写的文字和数字一般应占格距的3/4

16. 根据会计法律制度的规定，下列各项中，不属于企业财务会计报告组成部分的是（　　）。

A. 审计报告　　B. 财务情况说明书

C. 会计报表　　D. 会计报表附注

17. 甲公司出纳人员曾某因病住院不能亲自办理移交，经法定代表人批准，曾某委托李某将经管的会计资料等移交给接替人员王某，会计机构负责人宋某进行监交。王某事后发现曾某所移交的部分会计资料的合法性、真实性存在问题。下列人员中，应对该会计资料的合法性、真实性承担法律责任的是（　　）。

A. 受托人李某　　B. 接替人员王某

C. 出纳人员曾某　　D. 监交人宋某

18. 下列各项中，不属于财务会计报告编制要求的有（　　）。

A. 内容完整

B. 数目真实、计算准确

C. 说明清楚、不漏报或任意取舍

D. 合法、合理

19. 根据会计法律制度的规定，下列记账凭证中，可以不附原始凭证的是（　　）。

A. 现金收款凭证　　B. 更正错误的记账凭证

C. 银行收款凭证　　D. 银行付款凭证

20. 在中国境内的外商投资企业，会计记录使用的文字符合规定的是（　　）。

A. 只能使用中文，不能使用其他文字

B. 只能使用外文

C. 在中文和外文中任选一种使用

D. 使用中文，同时可以使用一种外文

二、多项选择题

1. 下列行为中，符合会计核算要求的有（　　）。

A. 甲外商投资企业只使用中文进行会计记录

B. 乙外商投资企业编报的财务会计报告以人民币折算

C. 丙公司根据公司计划的经济业务进行会计核算

D. 丁合伙企业以每年公历 1 月 1 日起至 12 月 31 日止为一个会计年度

2. 根据会计法律制度的规定，下列关于原始凭证的表述中，不正确的有（　　）。

A. 原始凭证必须来源于单位外部

B. 除日期外，原始凭证记载的内容不得涂改

C. 对不真实的原始凭证，会计人员有权拒绝接受

D. 原始凭证金额有错误的，应当由出具单位更正并加盖印章

3. 根据会计法律规定，下列对纸质会计档案鉴定与销毁的表述中，正确的有（　　）。

A. 会计档案鉴定工作应当由单位会计机构牵头

B. 单位档案管理机构负责组织会计档案销毁工作，并与会计管理机构共同派员监销

C. 在会计档案销毁后，监销人应当在会计档案销毁清册上签名并盖章

D. 保管期满但未结清的债权债务会计凭证不得销毁

4. 根据会计法律制度的规定，登记账簿可以用红色墨水记账的情形有（　　）。

A. 冲销错误记录

B. 在不设借贷等栏的多栏式账页中，登记增加数

C. 在不设借贷等栏的多栏式账页中，登记减少数

D. 在三栏式账户的余额栏前，如未印明余额方向的，在余额栏内登记负数余额

5. 根据会计法律制度的规定，下列内容属于原始凭证必须具备的有（　　）。

A. 凭证编号

B. 经办人员的签名或者盖章

C. 接受凭证单位名称

D. 会计科目

6. 有关正确使用会计记录文字，下列表述正确的有（　　）。

A. 民族自治地方的企业，可以只使用当地通用的一种民族文字进行会计记录

B. 在我国境内的外商投资企业，会计记录的文字应当使用中文，可以同时使用一种外国文字

C. 在我国境内的外国企业，可以只使用其本国文字进行会计记录

D. 在我国境内的各类单位，会计记录均应当使用中文

7. 企业在编制财务会计报告前要完成的工作有（　　）。

A. 进行全面财产清查，核对债务并按规定程序报批，进行相应的会计处理

B. 按规定结账日结账，并核对各会计账簿之间的余额

C. 检查相关的会计核算是否按照国家统一的会计制度的规定进行

D. 检查相关的会计核算是否存在因会计差错、会计政策变更等原因需要调整前期或本期相关项目

8. 根据会计法律制度的规定，下列不属于会计档案的有（　　）。

A. 月度财务会计报告　　B. 银行存款余额调节表

C. 年度预算方案　　D. 年度财务工作计划

9. 根据会计法律制度的规定，下列关于原始凭证的说法中，正确的有（　　）。

A. 原始凭证日期错误，可由出具单位涂改

B. 原始凭证金额有错误的，可以由出具单位更正，在更正处加盖出具单位印章

C. 会计人员对记载不真实的原始凭证有权不予接受

D. 原凭证记载内容有错误的，应当由出具单位重开或者更正，并在更正处加盖单位印章

10. 根据会计法律制度的规定，下列人员中，应在会计档案销毁清册上签署意见的有（　　）。

A. 会计管理机构经办人　　B. 会计管理机构负责人

C. 单位负责人　　D. 档案管理机构负责人

11.《企业财务会计报告条例》规定的会计期间包括（　　）。

A. 年度　　B. 季度　　C. 月度　　D. 半个月

12. 根据会计法律制度的规定，有关我国会计核算的下列表述中，正确的有（　　）。

A. 各单位会计记录的文字均应当使用中文

B. 各单位使用的会计处理方法，前后各期应当一致，不得随意变更

C. 各单位会计核算均以人民币为记账本位币

D. 各单位均依据经过审核的会计凭证登记会计账簿

13. 根据会计法律制度的规定，对外报送的财务会计报告，封面上应当注明的有（　　）。

A. 出纳人员签名并盖章　　B. 单位名称

C. 会计主管人员签名或盖章　　D. 送出日期

14. 根据会计法律制度的规定，企业和其他组织的下列会计档案中，应永久保管的有（　　）。

A. 年度财务会计报告　　B. 纳税申报表

C. 半年度财务会计报告　　D. 会计档案销毁清册

15. 会计人员对于（　　）原始凭证，有权不予受理，并向单位负责人报告，请求查明原因，追究有关当事人的责任。

A. 不真实的　　B. 不合法的　　C. 不准确的　　D. 不完整的

16. 单位档案管理机构在接收电子会计档案时，应当对电子会计档案进行检测。下列各项中，属于应检测的内容有（　　）。

A. 安全性　　B. 准确性　　C. 可用性　　D. 完整性

17. 下列各项中，关于企业会计信息可靠性表述正确的有（　　）。

A. 企业应当保持应有的谨慎，不高估资产或者收益、低估负债或费用

B. 企业提供的会计信息应当相互可比

C. 企业应当保证会计信息真实可靠、内容完整

D. 企业应当以实际发生的交易或事项为依据进行会计确认、计量记录和报告

18. 根据会计法律制度的规定，下列属于会计账簿的有（　　）。

A. 备查账簿　　B. 日记账　　C. 总账　　D. 明细账

19. 下列关于会计核算要求的说法中错误的有（　　）。

A. 我国的会计年度为每年的 4 月 1 日至次年的 4 月 1 日

B. 业务收支以人民币以外的货币为主的单位，可以选择其中一种外币作为记账本位币来编制财务会计报告

C. 在民族自治地方，会计记录可以仅使用当地通用的一种民族文字

D. 使用电子计算机进行会计核算的，其使用的会计核算软件也必须符合国家统一的会计制度的规定

20. 根据会计法律制度的规定，下列关于财产清查的表述中，正确的有（　　）。

A. 财产清查能够确定所查各项财产的实存数和账面数是否相符

B. 财产清查必须在编制月度财务会计报告之前进行

C. 财产清查分为全面清查和部分清查

D. 财产清查常用的方法有实地盘点法

三、判断题

1. 以涂改、挖补等手段来改变会计凭证和会计账簿的真实内容，以歪曲事实真相的行为，属于伪造会计资料。（　　）

2. 财产清查必须在编制月度财务会计报告之前进行。（　　）

3. 对于保管期满但未结清的会计档案，不得销毁。（　　）

4. 会计档案的保管期限是从会计年度终了后的第一天算起。（　　）

5. 登记账簿时发生错误，对于错误的数字，应当全部划红线更正，不得只更正其中的错误数字。（　　）

6. 银行存款日记账账面余额与银行对账单相核对，属于账证核对。（　　）

7. 正在项目建设期间的建设单位，其保管期满的会计档案不得销毁。（　　）

8. 原始凭证原件可以外借，但需按照程序登记。（　　）

9. 会计人员进行会计工作交接时，移交清册一般应填制一式两份。（　　）

10. 企业可根据自身实际情况，自行选择会计年度的起始日期，并报备有关部门批准。（　　）

11. 各单位当年形成的会计档案，必须在会计年度终了后3个月内移交单位档案管理机构保管。（　　）

12. 因故意销毁应当保存的会计凭证被追究刑事责任的会计人员，不得再从事会计工作。（　　）

13. 会计账簿应当按照连续编号的页码顺序登记。（　　）

14. 会计工作交接后，接替人员要对移交的会计资料的真实性、完整性负责。（　　）

15. 会计机构、会计人员对不真实、不合法的原始凭证，有权不予受理，并向单位负责人报告。（　　）

16. 接受企业财务会计报告的组织或者个人，在企业财务会计报告未正式对外披露前，应当对其内容保密。（　　）

17. 不定期清查是根据实际需要对财产进行临时性清查，只能适用于局部清查。（　　）

18. 单位应当定期对已到保管期限的会计档案进行鉴定，对保管期已满的会计档案应当按照法定程序全部销毁。（　　）

19. 对于特殊格式的电子会计档案，需要打印出纸质资料进行移交。（　　）

20. 月度、季度财务会计报告应作为会计档案保管。（　　）

第 6 章即测即评

第7章

会计监督的法律规定

引　言

党的二十大报告提出坚定不移全面从严治党，指出“建设堪当民族复兴重任的高素质干部队伍，坚持严管和厚爱相结合，加强对干部全方位管理和经常性监督，落实‘三个区分开来’，激励干部敢于担当、积极作为”。

党的二十大报告强调要加强对干部全方位管理和经常性监督，包括财政部门主责监督、有关部门依责监督、各单位内部监督等，形成多方协同的监督机制。针对重点领域和关键环节，加大监督力度，严厉打击财务会计违法违规行为，规范市场秩序。

财会监督作为其中的重要组成部分，需要得到进一步加强。会计监督的法律规定旨在确保单位的经济活动合法、合规，防止财务舞弊和会计信息失真。通过依法对记账、算账、报账等财务活动进行控制、审核和检查，有效保障经济活动的有序进行。

第1节　单位内部会计监督

一、单位内部会计监督的概念

单位内部会计监督是指会计机构、会计人员依照法律的规定，通过会计手段对经济活动的合法性、合理性和有效性进行的一种监督。

《会计法》第二十五条规定：“各单位应当建立、健全本单位内部会计监督制度，并将其纳入本单位内部控制制度。单位内部会计监督制度应当符合下列要求：（一）记账人员与经济业务事项和会计事项的审批人员、经办人员、财物保管人员的职责权限应当明确，并相互分离、相互制约；（二）重大对外投资、资产处置、资金调度和其他重要经济业务事项的决策和执行的相互监督、相互制约程序应当明确；（三）财产清查的范围、期限和组织程序应当明确；（四）对会计资料定期进行内部审计的办法和程序应当明确。（五）国务院财政部门规定的其他要求。”

二、单位内部会计监督的主体和对象

（1）单位内部会计监督的主体是各单位的会计机构和会计人员。

（2）内部会计监督的对象是单位的经济活动。会计机构和会计人员在内部会计监督中的工作是在单位负责人的领导下，在进行会计核算的同时，对单位的经济活动进行监督，保证单位财务会计活动和经济活动符合国家法律、法规和内部有关管理规定。单位负责人负责单位内部会计监督制度的组织实施，对本单位内部会计监督制度的建立及有效实施承担最终责任。

三、单位内部会计监督的要求

1. 记账人员与经济业务事项和会计事项的审批人员、经办人员、财物保管人员、记账人员的职责权限应当明确并相互分离、相互制约

（1）上述人员应做到职权明确、程序规范、责任清楚。

（2）上述人员应实行职务分离，相互制约，即记账人员不得兼任审批人员、经办人员或财物保管人员。这样可以有效防止因权力集中、职务重叠而产生贪污、舞弊等。

提示

记账人员与审批人员、经办人员、财物保管人员实行职务分离是基本要求。而审批人员、经办人员、财物保管人员之间是否实行职务分离，可以由单位根据情况自行决定。

2. 重大经济业务事项的决策和执行程序应当明确

重大对外投资、资产处置、资金调度等经济业务事项既是各单位重大的经济活动，也是非常重要的财务管理事项，如果缺乏有效的监督和控制，不仅会给单位造成巨大的损失，也会影响会计秩序和会计资料质量。因此，各单位应当明确其重大对外投资、资产处置、资金调度和其他重要经济业务决策和执行的程序，做到制度化、规范化；同时，决策和执行程序中应当体现决策人员和执行人员之间的相互监督、相互制约，既要防止权限过于集中，也要防止政出多门、各行其是。

3. 财产清查的范围、期限和组织程序应当明确

财产清查既是加强财产物资管理的一项重要制度，也是会计核算的一项重要制度。通过财产清查，可以保护资产的安全和完整，也可以保证会计资料的真实、完整。为保证财产清查制度的有效实施，各单位必须对财产清查的范围、期限和组织程序做出明确规定。

《会计法》第二十七条规定："会计机构、会计人员发现会计账簿记录与实物、款项及有关资料不相符的，按照国家统一的会计制度的规定有权自行处理的，应当及时处理；无权处理的，应当立即向单位负责人报告，请求查明原因，作出处理。"

4. 对会计资料定期进行内部审计的办法和程序应当明确

内部审计是指由被审计单位内部机构或人员，对被审计单位内部控制的有效性、财务信息的真实性和完整性以及经营活动的效率和效果等开展的一种评价活动。

提示

内部审计是和政府审计、注册会计师审计并列的三种审计类型之一。内部审计可以对会计工作实行控制和再监督，是单位内部保证会计资料真实、完整的重要措施。

自测题

7-1 记账人员与经济业务事项的审批人员、经办人员、财产保管人员的职责权限应当明确，并相互分离、相互制约。（　　）

【答案】√

四、单位负责人和会计机构、会计人员在单位内部会计监督中的职责

《会计法》第二十六条规定："单位负责人应当保证会计机构、会计人员依法履行职责，不得授意、指使、强令会计机构、会计人员违法办理会计事项。会计机构、会计人员对违反本法和国家统一的会计制度规定的会计事项，有权拒绝办理或者按照职权予以纠正。"

单位负责人和会计机构、会计人员在单位内部会计监督中的职责表现在以下几个方面。

1. 单位负责人有义务保证会计机构、会计人员依法履行职责

会计机构、会计人员依法履行职责，既是会计监督的基本要求，也是实现内部会计监督的重要保证。要实现这一基本要求，必要条件是单位负责人遵循法律的规定，积极支持会计机构、会计人员忠于职守、履行职责，也就是为会计机构、会计人员依法履行职责提供保证，包括在单位中由负责人主持建立健全内部的会计工作制度，支持会计机构、会计人员认真执行财经纪律，加强会计管理。更为重要的是，单位负责人应坚持保证会计资料的真实性、完整性、合法性，为会计机构、会计人员处理会计事务达到这个基本要求创造有利条件，提供有效保障。为会计机构、会计人员依法履行职责提供保证，是单位负责人本身的法定义务，也是《会计

法》对单位负责人提出的一项法定职责。

2. 单位负责人不得授意、指使、强令会计机构、会计人员违法办理会计事项

授意是一种暗示的手段，或者说是一种或明或暗的方式，这种方式的关键在于违法的意图来源于单位负责人。指使是以明确的指示方式安排他人实施违法行为。强令一般是指以强制的手段命令他人去实施违法行为。

授意、指使、强令，都是以暗示或明示的方式迫使他人服从自己的意志，违法办理会计事项。这些行为不仅危害了经济管理和会计管理，而且直接与会计监督的本意相违背，所以，《会计法》对这种行为予以禁止。

3. 会计机构和会计人员应对单位内部的会计资料和财产物资实施监督

《会计法》第二十七条规定："会计机构、会计人员发现会计账簿记录与实物、款项及有关资料不相符的，按照国家统一的会计制度的规定有权自行处理的，应当及时处理；无权处理的，应当立即向单位负责人报告，请求查明原因，作出处理。"

为保证会计资料的真实性、完整性，会计机构和会计人员必须加强对本单位会计资料和财产物资的监督。首先，应通过建立账簿、款项和实物核查制度，保证账账相符、账款相符、账实相符、账表相符。其次，对账实不符的情况，要及时作出处理。会计机构、会计人员如果发现会计账簿记录与实物、款项及有关资料不相符，按照国家统一的会计制度的规定有权自行处理的，应当及时处理；无权处理的，应当立即向单位负责人报告，请求查明原因，作出处理。

《会计法》赋予了会计机构和会计人员更积极行动的权利，首先是拒绝违法行为的权利，即拒绝违法办理会计事项的要求，这是会计机构、会计人员的一种责任。他们不但有权拒绝，而且有责任拒绝。其次是会计机构、会计人员对拒绝办理的职权范围内的事，还应当予以纠正，比如，对于不真实、不合法的单证，只要是职权范围内的，都应当予以制止和纠正。

五、内部控制

1. 内部控制的概念与目标

对企业而言，内部控制是指由企业董事会、监事会、经理层和全体员工实施的，旨在实现控制目标的过程。对行政事业单位而言，内部控制是指单位为实现控制目标，通过制定制度、实施措施和执行程序，对经济活动的风险进行防范和管控的过程。

企业内部控制的目标主要包括：合理保证企业经营管理合法合规、资产安全、财务会计报告及相关信息真实完整，提高经营效率和效果，促进企业实现发展战略。行政事业单位内部控制的目标主要包括：合理保证单位经济活动合法合规、资产安全和使用有效、财务信息真实完整，有效防范舞弊和预防腐败，提高公共服务的效率和效果。

2. 内部控制的原则

企业、行政事业单位建立与实施内部控制体系，均应遵循全面性原则、重要性原则、制衡性原则和适应性原则。此外，企业还应遵循成本效益原则。

3. 内部控制的责任人

对企业而言，董事会负责内部控制体系的建立健全和有效实施。监事会对董事会建立与实施内部控制体系进行监督。经理层负责组织领导企业内部控制体系的日常运行。

对行政事业单位而言，单位负责人对本单位内部控制体系的建立健全和有效实施负责。

4. 内部控制的内容

企业建立与实施有效的内部控制体系应当包括下列要素：(1) 内部环境；(2) 风险评估；(3) 控制活动；(4) 信息与沟通；(5) 内部监督。

行政事业单位建立与实施内部控制体系的具体工作包括：梳理单位各类经济活动的业务流程，明确业务环节，系统分析经济活动风险，确定风险点，选择风险应对策略，在此基础上根据国家有关规定建立健全单位各项内部管理制度，并督促相关工作人员认真执行。

5. 内部控制的措施

对企业而言，内部控制的措施一般包括：不相容职务分离控制、授权审批控制、会计系统控制、财产保护控制、预算控制、运营分析控制和绩效考评控制等。

对行政事业单位而言，内部控制的措施一般包括：不相容岗位相互分离、内部授权审批控制、归口管理、预算控制、财产保护控制、会计控制、单据控制、信息内部公开等。

企业与行政事业单位的内部控制的对比见表 7－1。

表 7－1 企业与行政事业单位内部控制的对比

项目	企业	行政事业单位
概念	由企业董事会、监事会、经理层和全体员工实施的，旨在实现控制目标的过程	单位为实现控制目标，通过制定制度、实施措施和执行程序，对经济活动的风险进行防范和管控
目标	合理保证企业经营管理合法合规、资产安全、财务会计报告及相关信息真实完整，提高经营效率和效果，促进企业实现发展战略	合理保证单位经济活动合法合规、资产安全和使用有效、财务信息真实完整，有效防范舞弊和预防腐败，提高公共服务的效率和效果
原则	全面性原则、重要性原则、制衡性原则、适应性原则、成本效益原则	全面性原则、重要性原则、制衡性原则、适应性原则
责任人	(1) 董事会负责内部控制体系的建立健全和有效实施； (2) 监事会对董事会建立与实施内部控制体系进行监督； (3) 经理层负责组织领导企业内部控制体系的日常运行	单位负责人对本单位内部控制体系的建立健全和有效实施负责

续表

项目	企业	行政事业单位
内容	（1）内部环境； （2）风险评估； （3）控制活动； （4）信息与沟通； （5）内部监督	梳理单位各类经济活动的业务流程，明确业务环节，系统分析经济活动风险，确定风险点，选择风险应对策略，在此基础上根据国家有关规定建立健全单位各项内部管理制度，并督促相关工作人员认真执行
措施	不相容职务分离控制、授权审批控制、会计系统控制、财产保护控制、预算控制、运营分析控制和绩效考评控制等	不相容岗位相互分离、内部授权审批控制、归口管理、预算控制、财产保护控制、会计控制、单据控制、信息内部公开等

六、内部审计

1. 内部审计的概念与内容

内部审计是指单位内部的一种独立客观的监督和评价活动，它通过单位内部独立的审计机构和审计人员审查和评价本部门、本单位财务收支和其他经营活动，以及内部控制的适当性、合法性和有效性来促进单位目标的实现。内部审计的内容在不断发展变化，主要包括：财务审计、经营审计、经济责任审计、管理审计和风险管理等。

2. 内部审计的特点与作用

（1）内部审计的特点。内部审计的审计机构和审计人员都设在本单位内部，审计的内容更侧重于经营过程是否有效、各项制度是否得到遵守与执行。审计结果的客观性和公正性较低，并且以建议性意见为主。

（2）内部审计在单位内部会计监督制度中的重要作用有：预防保护；服务促进；评价鉴证。

七、内部稽核制度

《会计法》第三十五条规定："会计机构内部应当建立稽核制度。出纳人员不得兼任稽核、会计档案保管和收入、支出、费用、债权债务账目的登记工作。"

稽核是稽查和复核的简称。稽核制度是会计机构内部的一种制度。从会计工作实际情况来看，会计稽核是会计工作的重要内容，加强会计稽核工作是做好会计核算工作的重要保证。

会计机构内部稽核工作的主要内容包括：

（1）审核财务、成本、费用等计划指标是否齐全，编制依据是否可靠，有关计算是否正确，各项计划指标是否衔接等。审核之后应当提出建议或意见，以便修改、完善计划和预算。

（2）审核实际发生的经济业务或财务收支是否符合有关法律、法规、规章制度的规定。如果发现问题，应及时指出并采取切实措施加以制止和纠正。

（3）审核会计凭证、会计账簿、会计报表和其他会计资料的内容是否合法、真实、准确、完整，手续是否齐全，是否符合有关法律、法规、规章、制度规定的要求。

（4）审核各项财产物资的增减变动和结存情况，并与账面记录进行核对，确定账实是否相符，并查明账实不符的原因。

提示

会计机构内部的稽核制度≠单位内部的审计制度。会计稽核制度是会计机构内部的一种工作制度，单位审计制度是由在会计机构之外另行设置的内部审计机构或审计人员对会计工作进行再检查的一种制度。

第 2 节　会计工作的政府监督

一、会计工作的政府监督的概念

会计工作的政府监督主要是指财政部门代表国家对单位和单位中相关人员的会计行为实施的监督检查，以及对发现的违法会计行为实施的行政处罚。会计工作的政府监督是一种外部监督，又称国家监督。

财政部门是会计工作的政府监督的实施主体。除财政部门外，审计、税务、人民银行、银行监管、证券监管、保险监管等部门依照有关法律、行政法规规定的职责和权限，也可以对有关单位的会计资料实施监督检查。

二、财政部门实施会计监督的主要内容

《会计法》第三十条规定："财政部门对各单位的下列情况实施监督：（一）是否依法设置会计账簿；（二）会计凭证、会计账簿、财务会计报告和其他会计资料是否真实、完整；（三）会计核算是否符合本法和国家统一的会计制度的规定；（四）从事会计工作的人员是否具备专业能力、遵守职业道德。在对前款第（二）项所列事项实施监督，发现重大违法嫌疑时，国务院财政部门及其派出机构可以向与被监督单位有经济业务往来的单位和被监督单位开立账户的金融机构查询有关情况，有关单位和金融机构应当给予支持。"

1. 财政部门实施会计监督的主体

县级以上各级人民政府财政部门是本行政区域内的会计监督检查主体，对本行

政区域内各单位的会计工作行使监督权，并依法对违法会计行为实施行政处罚。

2. 财政部门实施会计监督的对象和范围

财政部门实施会计监督的对象是会计行为，并对发现的有违法会计行为的单位和个人实施行政处罚。违法会计行为是指公民、法人和其他组织违反《会计法》和其他有关法律、行政法规、国家统一的会计制度的行为。财政部门对各单位的下列事项实施监督：

（1）对单位是否依法设置会计账簿的检查。具体包括：①各单位设置会计账簿是否规范，是否符合法律、法规和国家统一的会计制度的要求；②各单位会计账簿的设置是否符合唯一的原则，是否存在账外设账行为；③各单位是否存在设置虚假会计账簿的行为。

（2）对单位会计资料真实性、完整性的检查。具体包括：①应当依法办理会计手续，进行会计核算的经济业务事项是否如实在会计凭证、会计账簿、财务会计报告和其他会计资料上反映；②填制的会计凭证、登记的会计账簿、编制的财务会计报告与实际发生的经济业务事项是否相符；③财务会计报告的内容是否符合有关法律、行政法规和国家统一的会计制度的规定；④其他会计资料是否真实、完整；⑤使用的会计软件及其生成的会计资料是否符合法律、行政法规和国家统一的会计制度的规定。

（3）对单位会计核算情况的检查。具体包括：①会计核算是否符合《会计法》和国家统一的会计制度的规定，包括会计年度、记账本位币和会计记录文字是否符合有关规定；②填制或者取得原始凭证、编制记账凭证、登记会计账簿是否符合有关规定；③财务会计报告的编制程序、报送对象和报送期限是否符合有关规定；④会计处理方法的采用和变更是否符合有关规定；⑤是否按照有关规定建立并实施内部会计监督制度；⑥会计档案的建立、保管和销毁是否符合有关规定；⑦会计核算是否有其他违法会计行为。

（4）对单位会计人员任职资格的检查。具体包括：①从事会计工作的人员是否具备专业能力，遵守职业道德；②会计机构负责人是否符合任职条件等。此外，国务院财政部门和省、自治区、直辖市人民政府财政部门，依法对注册会计师、会计师事务所和注册会计师协会进行监督、指导。

（5）对会计师事务所出具审计报告的程序和内容的检查。国务院财政部门和省、自治区、直辖市人民政府财政部门应当对会计师事务所出具审计报告的程序和内容进行监督检查，这是对社会中介组织监督职能的再监督，有利于会计监督职能的强化和完善。

提示

在对会计工作的国家监督中，财政部门有权进行普遍监督，对有关单位会计资料实施监督检查。

三、会计工作政府监督的其他形式

《会计法》第三十一条规定："财政、审计、税务、金融管理等部门应当依照有关法律、行政法规规定的职责，对有关单位的会计资料实施监督检查，并出具检查结论。财政、审计、税务、金融管理等部门应当加强监督检查协作，有关监督检查部门已经作出的检查结论能够满足其他监督检查部门履行本部门职责需要的，其他监督检查部门应当加以利用，避免重复查账。"

除财政部门外，审计、税务、金融管理等部门依照有关法律、行政法规规定的职责和权限，也可以对有关单位的会计资料实施监督检查。这些部门虽然也履行一定的会计监督检查职责，但与财政部门相比，在检查范围、目的等方面存在明显不同。财政部门依据《会计法》进行的监督检查，是面向所有单位的，其目的是规范会计行为、保证会计资料的真实完整，对于被检查单位及其相关人员违反《会计法》的行为，财政部门可做出罚款等处罚。其他部门则只能在其法定职责范围内对有关单位的会计资料实施监督检查，监督检查的范围和权限不能超越相关法律的规定。

《会计法》强调财政、审计、税务、金融管理等部门在监督检查中的协作机制。这些部门应当加强监督检查协作，避免重复查账，提高工作效率。当一个部门已经对有关单位的会计资料进行了监督检查并出具了检查结论时，其他部门在履行本部门职责时，应当充分利用已有的检查结论，避免重复劳动。

自测题

7-2 对会计工作的政府监督中，有权进行普遍监督的机构是（　　）。

A. 审计部门　　B. 税务部门　　C. 财政部门　　D. 人民银行

【答案】 C

7-3 对各单位是否依法设置会计账簿进行监督，财政部门检查的内容包括（　　）。

A. 会计账簿的设置是否符合统一的原则

B. 设置会计账簿是否规范，是否符合法律、法规和国家统一的会计制度的要求

C. 外资企业的会计账簿和会计报表是否用中文书写

D. 是否设置虚假的会计账簿

【答案】 ABD

第 3 节　会计工作的社会监督

一、会计工作的社会监督的基本内容

（一）会计工作的社会监督的概念

会计工作的社会监督主要是指由注册会计师及其所在的会计师事务所依法对委托单位的经济活动进行审计、鉴证的监督制度。此外，单位和个人检举违反《会计法》和国家统一的会计制度规定的行为，也属于会计工作的社会监督的范畴。

（二）注册会计师审计与内部审计的关系

注册会计师审计与内部审计既有联系又有区别。表 7－2 展示了注册会计师审计与内部审计的区别与联系。

表 7－2　注册会计师审计与内部审计的区别与联系

区别	1. 审计目标不同	内部审计：主要针对内部控制 注册会计师审计：主要针对被审计单位财务报表
	2. 独立性不同	内部审计：独立性较弱 注册会计师审计：独立性较强
	3. 接受审计的自愿程度不同	内部审计：单位内部的组织必须接受内部审计人员的监督 注册会计师审计：委托人可自由选择会计师事务所
	4. 遵循的审计标准不同	内部审计：遵循内部审计准则 注册会计师审计：遵循注册会计师审计准则
	5. 审计时间不同	内部审计：定期或不定期审计，时间安排比较灵活 注册会计师审计：定期审计
联系	1. 注册会计师审计（外部审计）要对内部控制进行评价，了解内部审计的设置和工作情况，并可考虑利用内部审计的工作成果	
	2. 内部审计和外部审计都是现代审计体系的重要组成部分，在工作上具有一致性，在审计内容、审计方法等方面有许多相似之处	

（三）注册会计师的业务范围

注册会计师执行业务，应当加入会计师事务所。注册会计师可以承办审计业务和会计咨询、会计服务业务。

注册会计师承办业务，由其所在的会计师事务所统一受理并与委托人签订委托合同。会计师事务所对本所注册会计师承办的业务承担民事责任。

《会计法》第二十九条规定："有关法律、行政法规规定，须经注册会计师进行审计的单位，应当向受委托的会计师事务所如实提供会计凭证、会计账簿、财务会计报告和其他会计资料以及有关情况。任何单位或者个人不得以任何方式要求或者示意注册会计师及其所在的会计师事务所出具不实或者不当的审计报告。财政部门有权对会计师事务所出具审计报告的程序和内容进行监督。”

1. 会计师事务所的业务范围

社会审计监督是会计监督的一个重要方面，这种监督具体表现为由注册会计师对单位的会计事务进行检查审核。这种审计关系的建立，一方面是单位作为委托人，委托注册会计师对其会计事务进行审查；另一方面是注册会计师事务所作为受托人，依照法律和国家统一的会计制度以及委托人的要求进行审计，并出具审计报告。

会计师事务所依法承办下列业务：

（1）审计业务。具体包括：①审查企业财务会计报告，出具审计报告。②办理企业合并、分立、清算事宜中的审计业务，出具有关报告。③法律、行政法规规定的其他审计业务。

（2）其他业务。具体包括：会计咨询、会计服务业务。

2. 注册会计师的业务管理及审计责任

（1）注册会计师的业务规范。具体包括：①为保证注册会计师依法独立执行审计业务，被审计单位应如实提供会计凭证、会计账簿、财务会计报告和其他会计资料以及有关情况。②任何单位或者个人不得以任何方式要求或者示意注册会计师及其所在的会计师事务所出具不实或者不当的审计报告。③注册会计师的审计责任。注册会计师进行审计，仅对其出具的审计报告负责。注册会计师审计不能替代或减轻单位负责人对会计资料真实性、完整性承担的责任。

《会计法》规定，单位或者个人不得以任何方式要求或者示意社会审计机构出具不实或者不当的审计报告，这是在法律上禁止干涉社会审计机构的正常工作，不允许向社会审计机构提出不合法的要求。规范社会审计机构行为的《注册会计师法》规定，注册会计师执行审计业务，必须按照执业准则、规则确定的工作程序出具报告。注册会计师仅对其出具的审计报告负责，其审计责任不能代替会计人员的会计责任。

（2）注册会计师不得采取的行为。具体包括：①明知委托人对重要事项的财务会计处理与国家有关规定相抵触而不予指明。②明知委托人的财务会计处理会直接损害报告使用人或者其他利害关系人的利益，而予以隐瞒或者做不实的报告。③明知委托人的财务会计处理会导致报告使用人或者其他利害关系人产生重大误解而不予指明。④明知委托人的会计报表的重要事项有其他不实的内容而不予指明。

（3）注册会计师拒绝出具报告的情形。具体包括：①委托人示意其做不实或者不当证明的。②委托人故意不提供有关会计资料和文件的。③因委托人有其他不合理要求，致使注册会计师出具的报告不能对财务会计的重要事项做出正确表述的。

提示

表7-3对三类会计监督进行了总结。

表 7-3　会计监督

<table>
<tr><th colspan="2">监督种类</th><th>主体</th><th>对象</th></tr>
<tr><td colspan="2">单位内部会计监督</td><td>会计机构和会计人员</td><td>单位经济活动</td></tr>
<tr><td rowspan="4">外部监督</td><td rowspan="2">政府监督（国家监督）</td><td>财政部门（主要监督人）</td><td>会计行为</td></tr>
<tr><td>审计、税务、金融管理等部门</td><td>会计资料</td></tr>
<tr><td rowspan="2">社会监督</td><td>注册会计师及其所在会计师事务所（主要监督人）</td><td>单位经济活动</td></tr>
<tr><td>单位和个人检举</td><td>违法行为</td></tr>
</table>

自测题

7-4　目前我国实行的三位一体的会计监督体系中，以注册会计师为主体的监督属于国家监督。（　　）

【答案】×

7-5　下列各项中，属于会计工作社会监督范畴的有（　　）。

A. 会计师事务所受托审计

B. 律师事务所的法律咨询

C. 单位和个人检举违反《会计法》的行为

D. 纪律检查委员会的监督检查

【答案】AC

二、对违法会计行为的检举

《会计法》第二十八条规定，“任何单位和个人对违反本法和国家统一的会计制度规定的行为，有权检举。收到检举的部门有权处理的，应当依法按照职责分工及时处理；无权处理的，应当及时移送有权处理的部门处理。收到检举的部门、负责处理的部门应当为检举人保密，不得将检举人姓名和检举材料转给被检举单位和被检举人个人”。

（一）任何单位和个人都对会计违法行为有检举权

任何单位和个人都可以对违反《会计法》和国家统一的会计制度规定的行为进行检举，并将这种检举作为一种权利来对待，不受任何单位和人员的干涉，更不允许任何单位和个人否定这项权利。

（二）收到检举的部门有权处理的应及时处理

在对会计违法行为的检举中，财政、审计、税务、金融管理等部门有可能收到来自社会的检举。这些部门有各自的职责分工，但是来自社会的检举难以按照既定的职责分工投送，因而在收到的检举中有一些是职权范围内的，还有一些则不属于本部门职权范围。所以，《会计法》规定，有权处理的，应当依法按照职责分工及时处理。这里包含三条重要的规则：（1）必须依法处理；（2）分工秩序不乱，凡属于自己职责范围内的就有责任进行处理，不应推诿不管；（3）及时处理，不能搁置、拖延，不能贻误查处时机。

（三）对于无权处理的应移送有权处理部门处理

如果一些部门收到了对会计违法行为的检举，但又无权进行处理，则应将这些检举及时移送有权处理的部门处理。

移送既是一个法定的工作程序，也是一项法定的责任，即对于自己无权处理的检举，不能放任不管，必须认真负责地将其移送给有权处理的部门，否则即为失职。有权处理的部门收到移送的检举，应当按照有权处理的规则进行处理。各有关部门应密切配合，共同鼓励、支持社会监督，以有效遏制会计违法行为。移送的检举，包括书面和口头等不同形式，只要是检举会计违法行为的，都应在部门之间采取可行的方式移送。

（四）依法保护检举人

对于会计监督中的社会监督，既要鼓励、支持对会计违法行为的检举，又要保护检举人，只有有效地保护检举人，才能保证社会监督发挥作用。具体规定为：（1）收到检举的部门、负责处理的部门应当为检举人保密；（2）不得将检举人姓名和检举材料转给被检举单位和被检举人个人。

三、监督过程中的义务

（一）监督检查部门及其工作人员的保密义务

《会计法》第三十二条规定：“依法对有关单位的会计资料实施监督检查的部门及其工作人员对在监督检查中知悉的国家秘密、工作秘密、商业秘密、个人隐私、个人信息负有保密义务。”

财政、审计、税务、金融管理等有关部门及其工作人员在依法实施监督检查时，有查阅有关单位的会计凭证、会计账簿、会计档案及其他会计资料等的职权，有的还有查询银行资料的职权。这些资料都反映了单位的基本经营状况或财务情况，有的还涉及单位的商业秘密，甚至国家秘密。国家秘密关系到国家的安全和利益，是依照法定程序确定，在一定时间内只限一定范围的人员知悉的事项。一切国家机关、武装力量、政党、社会团体、企业事业单位和公民都有保守国家秘密的义务。

（二）接受监督检查的单位需如实提供会计资料

《会计法》第三十三条规定，“各单位必须依照有关法律、行政法规的规定，接受有关监督检查部门依法实施的监督检查，如实提供会计凭证、会计账簿、财务会计报告和其他会计资料以及有关情况，不得拒绝、隐匿、谎报”。

各单位在接受依法实施的监督检查时，要如实提供会计凭证、会计账簿、财务会计报告和其他会计资料以及有关情况。如实提供，就是全部、完整地提供，禁止隐匿会计凭证、私设会计账簿和提供虚假财务会计报告的行为。单位作为政府部门行政监管的对象，法律对其义务做了规定，要求其如实提供资料，单位不能以各种理由拒绝、阻挠和刁难，应当积极配合，提供便利条件和真实、完整的资料，而不能弄虚作假或在资料上做手脚，也不能妨碍行政部门的行政管理行为。

练习题

一、单项选择题

1. 根据会计法律制度的规定，单位内部会计监督的对象是（　　）。

A. 本单位的经济活动　　B. 本单位的会计机构和会计人员
C. 本单位负责人　　D. 本单位经济业务的经办人员

2. 下列属于内部监督的是（　　）

A. 财政机关的监督　　B. 税务机关的监督
C. 审计机关的监督　　D. 会计人员对于违法收支不予办理

3. 会计监督是会计（　　）之一。

A. 基本职能　　B. 唯一职能　　C. 特有职能　　D. 管理职能

4. 审计、税务、金融管理等部门，按照规定的职责权限，可以对单位的（　　）实施监督检查。

A. 会计资料　　B. 会计行为　　C. 经济活动　　D. 会计人员

5. 根据《会计法》的规定，各单位接受监督检查部门依法实施的会计监督检查是（　　）。

A. 应尽责任　　B. 应尽义务　　C. 基本要求　　D. 法定义务

6. 对于注册会计师的工作，财政部门无权（　　）

A. 管理　　B. 监督
C. 指导　　D. 直接参与注册会计师出具审计报告

7. 单位之间交接会计档案时，交接双方应当按照会计档案移交清册所列内容逐项交接，并由交接双方的（　　）负责监督。

A. 会计机构负责人　　B. 档案机构负责人
C. 单位有关负责人　　D. 档案保管员

8. 对企业会计工作进行国家监督的主体是（　　）。

A. 注册会计师　　B. 国家审计署

C. 各级人民代表大会　　D. 政府财政部门

9. 下列属于注册会计师及其所在会计师事务所依法对委托单位的经济活动进行审计，出具审计报告，发表审计意见的一种监督制度的是（　　）。

A. 政府监督　　B. 社会监督

C. 单位内部监督　　D. 群众监督

10. 下列对会计工作社会监督的描述中，错误的是（　　）。

A. 社会监督是一种外部监督，主要是指社会各界对会计工作的监督

B. 社会监督是一种外部监督，主要是指注册会计师及其所在的会计师事务所对受托单位会计工作的监督

C. 社会监督具有很强的权威性和公正性

D. 财政部门对中介机构实行的社会监督可以实施再监督，主要是对其出具审计报告的程序和内容进行监督

11. 根据《会计法》规定，各单位应依据（　　）设置会计机构，或者在有关机构中设置会计人员并指定会计主管人员。

A. 单位营业收入　　B. 会计人员数量

C. 会计业务需要　　D. 单位的规模

12. 下列不属于内部会计监督制度的基本要求的是（　　）。

A. 重大经济事项的决策和执行应当明确

B. 对会计资料定期进行内部审计的办法和程序应当明确

C. 会计事项相关人员的职责权限应明确

D. 建立会计档案管理制度

13. 财政部门对有检举线索或者在财政管理工作中发现有违法嫌疑的单位进行（　　）。

A. 全面检查　　B. 专项检查　　C. 重点检查　　D. 定期抽查

14. 根据《会计法》的规定，会计人员在对财务收支进行监督时，对审批手续不全的财务收支，应当（　　）。

A. 向上级主管单位报告　　B. 向单位负责人提出书面处理意见

C. 予以退回，要求补充　　D. 向财政、审计、税务机关报告

15. 单位内部会计监督的主体是（　　）。

A. 审计人员　　B. 单位负责人

C. 会计机构、会计人员　　D. 会计师机构负责人

二、多项选择题

1. 根据我国的实际情况，会计监督应当包括（　　）。

A. 会计工作的政府监督　　B. 会计工作的社会监督

C. 会计工作的国际监督　　D. 单位内部的会计监督

2. 下列各项中，属于会计监督体系内容的有（　　）。

A. 社会舆论监督

B. 单位内部会计监督

C. 以财政部门为主体的政府监督

D. 以注册会计师为主体的社会监督

3. 下列各项中，属于财政部门对各单位实施监督的事项有（　　）。

A. 是否依法设立会计机构

B. 会计凭证、会计账簿、财务会计报告和其他会计资料是否真实、完整

C. 会计核算是否符合《会计法》和国家统一的会计制度的规定

D. 会计师事务所出具审计报告的程序和内容

4. 下列各项中，属于单位内部会计监督管理制度的有（　　）。

A. 账务处理程序制度

B. 会计专业技术资格考试管理规定

C. 计量验收制度

D. 成本核算制度

5. 会计工作的政府监督主要是指财政部门代表国家对各单位和单位相关人员的会计行为实施的监督检查以及对发现的违法行为的实施行政处罚。下列选项中，属于上述的财政部门的有（　　）。

A. 国务院财政部门

B. 省级人民政府财政部门

C. 省级人民政府财政部门派出机构

D. 县级人民政府财政部门

6. 关于单位负责人在内部会计监督中的职责，下列表述中正确的有（　　）。

A. 单位负责人必须事事参与，严格把关

B. 单位负责人发现会计账簿记录与实物、款项有不相符的，应当严肃处理

C. 不能授意、指使、强令会计人员办理违法事项

D. 必须保证内部监督制度的建立和健全，有效发挥其作用

7. 下列各项中，属于内部会计监督制度的基本要求的有（　　）。

A. 重大经济事项的决策和执行程序应当明确

B. 建立会计档案管理制度

C. 对会计资料定期进行内部审计的办法和程序应当明确

D. 会计事项相关人员的职责权限应当明确

8. 下列关于不相容职务的说法正确的有（　　）。

A. 授权批准与业务经办　　B. 业务经办与会计记录

C. 会计记录与财产保管　　D. 业务经办与稽核检查

9. 国务院财政部门和省、自治区、直辖市人民政府财政部门依法对（　　）进行监督。

A. 注册会计师协会

B. 会计师事务所

C. 注册会计师

D. 会计师事务所出具的审计报告的程序和内容

10. 注册会计师及其所在的会计师事务所依法承办的审计业务包括（　　）。

A. 验证企业资本，出具验资报告

B. 办理企业合并、分立、清算事宜中的审计业务，出具有关报告

C. 办理投资评估、资产评估和项目可行性研究中的有关业务

D. 审查企业财务会计报告，出具审计报告

11. 财政部门实施会计监督的对象，下列说法不正确的有（　　）。

A. 财政部门实施会计监督检查的对象是经济行为

B. 财政部门实施会计监督检查的对象是会计行为

C. 财政部门实施会计监督检查的对象是单位的一切行为

D. 财政部门实施会计监督检查的对象是单位的违法行为

12. 会计工作的国家监督包括（　　）。

A. 注册会计师承办的社会审计

B. 审计机关的监督

C. 税务机关的监督

D. 财政监督

13. 下列各项中，属于会计工作的政府监督主体包括（　　）。

A. 财政部门　　B. 税务部门

C. 会计师事务所　　D. 金融管理部门

14. 根据《财政部门实施会计监督办法》的规定，财政部门依法对各单位设置会计账簿的情况实施监督检查，包括（　　）。

A. 应当设置会计账簿的是否按规定设置会计账簿

B. 是否存在账外设账的行为

C. 是否存在伪造、变造会计账簿的行为

D. 设置会计账簿是否存在其他违反法律，行政法规和国家统一的会计制度的行为

三、判断题

1. 会计工作社会监督的主体主要是注册会计师及其所在的会计师事务所。（　　）

2. 任何单位或者个人不得以任何方式要求或者示意注册会计师及其所在的会计师事务所出具不实或不当的审计报告。（　　）

3. 会计工作的政府监督是通过审计、鉴证职能的发挥及单位、个人的检举来实施的。（　　）

4. 为保证注册会计师依法独立执行审计业务，被审计单位应如实提供会计凭证、会计账簿、财务会计报告和其他会计资料。（　　）

5. 根据《会计法》的规定，会计机构、会计人员发现会计账簿记录与实物、款项及有关资料不相符的，可以自行处理，无须向单位负责人报告。（ ）

6. 对企业进行国家监督的主体是政府财政部门。（ ）

7. 单位负责人负责单位内部会计监督制度的组织实施，对本单位内部会计监督制度的建立及有效实施承担最终责任。（ ）

8. 会计工作的社会监督，主要是指由注册会计师及其所在的会计师事务所依法对受托单位的经济活动进行审计、鉴证的一种监督制度。（ ）

9. 会计监督是一种事后监督。（ ）

10. 会计人员对不真实、不合法的原始凭证，有权不予受理，并向单位负责人报告，请求查明原因，追究相关当事人的责任。（ ）

11. 会计工作政府监督范围包括对会计从业证书持有情况的监督。（ ）

12. 会计记录人员可以兼任财产保管工作。（ ）

13. 根据《会计法》的规定，单位内部会计监督的对象是会计机构、会计人员。（ ）

14. 会计监督是会计基本职能之一。（ ）

15. 会计工作的政府监督主体是县级以上的人民政府财政部门，财政部门实施会计监督的对象是会计行为。（ ）

第7章即测即评

第8章

会计机构和会计责任的法律规定

引　言

党的二十大报告提出建设堪当民族复兴重任的高素质干部队伍，指出“全面建设社会主义现代化国家，必须有一支政治过硬、适应新时代要求、具备领导现代化建设能力的干部队伍。坚持党管干部原则，坚持德才兼备、以德为先、五湖四海、任人唯贤，把新时代好干部标准落到实处。树立选人用人正确导向，选拔忠诚干净担当的高素质专业化干部，选优配强各级领导班子”。

会计机构是企事业单位内部专门负责会计工作的重要管理部门，其主要职责是依据国家相关法律法规和会计准则，对单位的经济活动进行核算、监督和报告。会计机构在保障单位经济活动的合规性、提高会计信息质量、维护市场秩序等方面发挥着重要作用。

会计机构作为单位内部管理的重要组成部分，需要不断提高自身的管理水平，确保会计工作的规范性和有效性。同时，需要明确会计机构和会计人员的会计责任，即会计机构和会计人员在进行会计工作时，需要承担的法律、道德和职业责任。

第 1 节　会计机构和会计人员

一、会计机构的设置和负责人任职资格

（一）办理会计事务的组织方式

各单位办理会计事务的组织方式有三种：(1) 单独设置会计机构；(2) 在有关机构中配置专职会计人员；(3) 实行代理记账。

《会计法》第三十四条规定，“各单位应当根据会计业务的需要，依法采取下列一种方式组织本单位的会计工作：(一) 设置会计机构；(二) 在有关机构中设置会计岗位并指定会计主管人员；(三) 委托经批准设立从事会计代理记账业务的中介机构代理记账；(四) 国务院财政部门规定的其他方式”。

一个单位是否设置会计机构应考虑如下因素：(1) 单位规模的大小；(2) 经济业务和财务收支的繁简；(3) 经营管理的要求。

1. 单独设置会计机构

实行独立核算的大中型企业（包括集团公司、股份有限公司、有限责任公司等）、实行企业化管理的事业单位，以及财务收支数额较大、会计业务较多的机关团体和其他组织，通常应当设置会计机构，并配备必要的会计人员。而财务收支数额不大、单位业务形式比较简单、会计核算不太复杂的单位，如一些业务规模小、业务量少的企业，人员及业务比较少的机构、团体和事业单位，可以不设置专门的会计机构。

设置会计机构的单位，应当配备符合会计任职资格的一定数量的会计人员。会计工作岗位可以一人一岗、一人多岗或者一岗多人。

(1) 会计档案管理岗位在会计档案正式移交之前，属于会计岗位，正式移交档案管理部门之后不再属于会计岗位。档案管理部门管理会计档案的人员，不属于会计岗位。

(2) 收费（银）员、记账员等均不属于会计岗位。

(3) 单位内部审计、社会审计、政府审计相关人员也不属于会计岗位。

提示

出纳人员不得兼管稽核、会计档案保管和收入、费用、债权债务账目的登记工作。会计工作岗位还应当有计划地轮换。

2. 在有关机构中配置专职会计人员

财务收支数额不大、会计业务比较简单、不需要设置会计机构的单位，应当在有关机构中配备若干办理会计事务的专职和兼职会计人员，单位领导人应当在这些

会计人员中指定一人为会计主管人员，负责领导本单位的会计工作。会计主管人员是《会计法》中的一个特指概念，不同于人们通常所说的“会计主管”“主管会计”“主办会计”等，指的是负责组织管理会计事务、行使会计机构负责人职权的人。

3. 实行代理记账

（1）代理记账的概念。代理记账是随着我国经济发展出现的社会性会计服务活动。在我国社会经济迅速发展的背景下，经济组织形式发生了很大变化，民营经济、个体经济得到大力发展。这些经济组织的经营规模一般较小，人员不多，不可能也没有必要设置专门的会计机构或者配备专职的会计人员，由此，受托从事代理记账业务的中介机构应运而生。

不具备设置会计机构和配备会计人员条件的单位，可以委托经批准设立的从事代理记账业务的中介机构代理记账。此项规定不但满足了符合相关条件的小型经济组织记账、算账、报账的需要，同时也确立了代理记账业务的法律地位。

为了具体规范代理记账业务，财政部于 2005 年 1 月发布了《代理记账管理办法》，2016 年 2 月发布了新的《代理记账管理办法》，2019 年 3 月对其进行了修改，自 2019 年 3 月 14 日起施行。该管理办法对代理记账机构的设立条件、代理记账的业务范围、代理记账的基本程序、委托人的责任和义务，以及代理记账人员应遵守的法律、行政法规、制度，应遵循的道德规范等，都做了具体规定。

（2）代理记账机构的基本要求。

①代理记账机构应具备的条件：为依法设立的企业；有具备相应会计工作经验的专职从业人员；主管代理记账业务的负责人具有会计师以上专业技术职务资格且为专职从业人员；有健全的代理记账业务内部规范。

提示

申请成立除会计师事务所以外的代理记账机构，必须经过所在地的县级以上人民政府财政部门审查批准，并领取由财政部统一印制的代理记账许可证书，才能从事代理记账业务。

②代理记账的业务范围。根据委托人提供的原始凭证和其他相关资料，按照国家统一的会计制度的规定进行会计核算，包括审核原始凭证、填制记账凭证、登记会计账簿、编制财务会计报告等；对外提供财务会计报告（代理记账机构为委托人编制的财务会计报告，经代理记账机构负责人和委托人签名并盖章后，按照有关法律、行政法规和国家统一的会计制度的规定对外提供）；向税务机关提供税务资料；委托人委托的其他会计业务。

（3）代理记账机构与委托人各自的义务。

①委托人的义务。对本单位发生的经济业务事项，应当填制或者取得符合国家统一的会计制度规定的原始凭证；应当配备专人负责日常货币收支和保管；及时向代理记账机构提供真实、完整的原始凭证和其他相关资料；对于代理记账机构退回

的，要求按照国家统一的会计制度的规定进行更正、补充的原始凭证，应当及时予以更正、补充。

②代理记账机构及其从业人员的义务。遵守有关法律、法规和国家统一的会计制度的规定，按照委托合同办理代理记账业务；对在执行业务中知悉的商业秘密应当保密；如果委托人示意要求做出不当的会计处理，提供不实的会计资料，以及提出其他不符合法律、法规和国家统一的会计制度规定的要求，应当拒绝；对委托人提出的有关会计处理原则问题应当予以解释。

自测题

8－1　根据《会计法》的规定，各单位原则上应设置会计机构，不设置会计机构的单位必须配备会计人员并指定会计主管人员。（　　）

【答案】×

8－2　下列各项中，不属于会计岗位的是（　　）。

A. 会计档案管理岗位　　B. 单位内部审计岗位

C. 财产物资收发、增减核算岗位　　D. 总账岗位

【答案】B

8－3　根据《会计法》的规定，下列各项中，单位出纳人员不得兼任的工作有（　　）。

A. 稽核　　B. 会计档案保管

C. 银行存款日记账登记　　D. 费用账目登记

【答案】ABD

8－4　有些单位规模较小，出纳业务不多，出纳人员可以兼任（　　）账目的登记工作。

A. 固定资产明细　　B. 低值易耗品明细

C. 支出、费用　　D. 债权债务

【答案】AB

8－5　代理记账机构可以接受委托办理的业务有（　　）。

A. 根据委托人提供的原始凭证和其他资料，按国家统一的会计制度的规定进行会计核算

B. 对外提供财务会计报告

C. 向税务机关提供税务资料

D. 委托人委托的其他会计业务

【答案】ABCD

（二）会计机构负责人的任职资格

《会计法》第三十六条规定，“会计人员应当具备从事会计工作所需要的专业能

力。担任单位会计机构负责人（会计主管人员）的，应当具备会计师以上专业技术职务资格或者从事会计工作三年以上经历”。

会计机构负责人（会计主管人员）是指在一个单位内具体负责会计工作的中层领导人员。

设置会计机构的单位，其负责人称为会计机构负责人。未设置会计机构的单位（在有关机构中配置专职会计人员），其负责人称为会计主管人员。

担任单位会计机构负责人（会计主管人员）的人员，应当具备会计师以上专业技术职务资格或者从事会计工作 3 年以上。

二、会计工作岗位的设置

（一）会计工作岗位的概念

会计工作岗位是指单位会计机构内部根据业务分工而设置的从事会计工作、办理会计事项的具体职位。

（二）会计工作岗位设置的要求

（1）按需设岗。根据本单位会计业务的需要设置会计工作岗位。

（2）符合内部牵制的要求。会计工作岗位可以一人一岗、一人多岗或者一岗多人；出纳人员不得兼任稽核、会计档案保管和收入、费用、债权债务账目的登记工作，但可以登记固定资产。

（3）建立岗位责任制。

（4）建立轮岗制度。对会计人员的工作岗位要有计划地进行轮岗，以促进会计人员全面熟悉业务和不断提高业务素质。

（三）主要会计工作岗位

会计工作岗位一般可分为：（1）总会计师（或行使总会计师职权）岗位；（2）会计机构负责人或者会计主管人员岗位；（3）出纳岗位；（4）稽核岗位；（5）资本、基金核算岗位；（6）收入、支出、债权债务核算岗位；（7）职工薪酬、成本费用、财务成果核算岗位；（8）财产物资的收发、增减核算岗位；（9）总账岗位；（10）财务会计报告编制岗位；（11）会计机构内会计档案管理岗位；（12）其他会计工作岗位。

会计档案管理岗位在会计档案正式移交之前属于会计岗位，在正式移交档案管理部门之后不再属于会计岗位。

三、取消会计从业资格考试后的财政部门的管理内容

考虑到我国涉及会计执业能力评价的考试较多，会计人员可以通过参加其他会

计类考试证明执业能力，还可以通过接受继续教育、业务培训、学历教育等方式来提高专业能力和水平。修改后的《会计法》删除了关于从事会计工作的人员必须取得会计从业资格证书等规定，不要求从业资格证，意味着会计人员要想在企业从事会计工作，不能单纯依靠证书，需要有真本事、硬技能。今后继续教育主要是提高会计人员的业务素质和专业胜任能力，以满足会计行业快速发展的要求。

修订后的《会计法》删除了关于从事会计工作的人员必须取得会计从业资格证书等规定，管理会计人员的省级财政部门的职能也相应发生了变化。

（一）省级财政部门的职能转变

（1）自 2017 年 11 月 5 日起施行的《会计法》取消了会计从业资格认定。省级财政部门不再组织会计从业资格认定以及考试、证书核发和换发、调转登记等工作。

（2）已建立会计从业人员信息管理系统的省级财政部门，可结合会计人员管理职能转变进行升级改造，对相关数据资料妥善加以利用。

（3）已经取得的会计从业资格证书，不再作为从事会计工作的证明文件，但仍可作为能力水平的证明。

（二）省级财政部门应该切实加强组织领导

财政部要求省级财政部门切实加强组织领导，坚持改革创新，把取消会计从业资格认定与转变会计监管职能结合起来，进一步强化会计诚信建设和会计人员事中事后监管等措施；树立服务理念，主动为会计人员继续教育、信用评价等提供便利和信息服务；加强信息交流，对贯彻落实“放管服”改革要求、加强会计人员事中事后监管方面好的经验、做法及时总结推广。

四、主要国外注册会计师资格认证简介

（一） ACCA 简介

ACCA 在我国被称为国际注册会计师，实际上是特许公认会计师公会（The Association of Chartered Certified Accountants）的缩写。ACCA 成立于 1904 年，是目前全球最大的国际会计师组织，也是全球规模发展最快的专业会计师组织。

ACCA 是英国具有特许头衔的四家注册会计师协会之一，也是当今最知名的国际性会计师组织之一。ACCA 资格被认为是“国际财会界的通行证”。许多国家立法许可 ACCA 会员从事审计、投资顾问和破产执行工作。ACCA 在欧洲会计专家协会（FEE）、亚太会计师联合会（CAPA）和加勒比海地区特许会计师协会（ICAC）等会计组织中起着非常重要的作用。

自 1990 年起，ACCA 便积极参与中国财会人员的培训工作，先后在北京、上海、广州、天津、武汉、大连、南京、长沙、深圳、西安等城市设立了考点和培训中心。

ACCA 考试共 15 门课程，分为 4 个阶段，全程学习可获得 4 份不同等级的资格证书。

（二） CFA 简介

CFA 即特许金融分析师（Chartered Financial Analyst），是全球投资业中最严格、含金量最高的资格认证，为全球投资业在道德操守、专业标准及知识体系等方面设立了规范与标准。自 1962 年 CFA 课程设立以来，投资知识、准则及道德方面的全球性标准被广泛认知与认可。

60 多年来，CFA 协会培养了许多活跃于金融行业前沿的高水平专业人才。CFA 持证人遍布全球，服务于众多企业。2015 年 10 月，CFA 协会正式在北京设立中国办事处。

（三） CMA 简介

CMA 即美国注册管理会计师（Certified Management Accountant），是美国管理会计师协会旗下的注册管理会计师认证，是全球管理会计及财务管理领域的权威认证。美国注册管理会计师与美国注册会计师、特许金融分析师一起并称为美国财会领域的国际三大黄金认证，在全球范围内为企业财务高管所认可。

（四） FRM 简介

FRM（Financial Risk Manager）是全球金融风险管理领域顶级的权威国际资格认证，由美国全球风险管理协会（GARP）设立。

GARP 是一个拥有来自超过 195 个国家 150 000 名会员的金融协会组织，主要服务于银行、证券公司、学术研究机构、政府管理机构、资产管理机构、保险公司及非金融性公司等。其主要职能是交换信息，实施教育计划，提高全世界金融风险管理领域的标准。

FRM 考试始于 1997 年，如今在中国的北京、上海、广州、成都、武汉、香港、台北等地设有考点。

（五） USCPA 简介

USCPA 即美国注册会计师（USA Certified Public Accountants），得到了包括中国在内的众多国家和地区的广泛认可，是具有权威性的国际会计师资格认证。美国注册会计师协会（AICPA）成立于 1887 年，如今已成为世界上最具影响力的会计职业组织。

提示

USCPA 是英文考试，考试科目有 4 门，分别为财务会计与报告（FAR）、法律法规（REG）、商业环境及理论（BEC）和审计与鉴证（AUD）。

中国注册会计师考试分为专业阶段考试和综合阶段考试。考生在通过专业阶段考试的全部科目后，才能参加综合阶段考试。专业阶段考试科目有 6 门，即会计、审计、财务成本管理、经济法、税法、公司战略与风险管理；综合阶段考试科目为职业能力综合测试（试卷一、试卷二）。

在四大会计师事务所及跨国公司的招聘中，比较欢迎持有美国注册会计师资格的应聘人员。随着会计的国际化及国际会计准则的普及，无论是在海外上市的中资企业，还是我国国内的欧美知名公司或会计师事务所，都倾向于招募持有美国注册会计师资格者从事财务管理工作。

五、会计专业技术资格与职务

（一）会计专业技术资格

会计专业技术资格分为初级资格、中级资格和高级资格。初级、中级资格的取得实行全国统一考试制度。高级会计师资格的取得实行考试与评审相结合的制度，正高级会计师资格的取得实行评审制度。

1. 会计专业技术资格考试

会计专业技术资格考试的基本情况如表 8-1 所示。

表 8-1　我国会计专业技术资格考试的基本情况

<table>
<tr><th>会计职称</th><th>考试科目</th><th>报名基本条件</th><th>报名附加条件</th><th>成绩保留年限</th></tr>
<tr><td>初级（会计员、助理会计师）</td><td>闭卷：
初级会计实务、经济法基础</td><td rowspan="3">（1）坚持原则，具备良好的职业道德品质；
（2）认真执行《会计法》和国家统一的会计制度，无严重违反财经纪律的行为；
（3）履行岗位职责，热爱本职工作</td><td>高中以上学历</td><td>1 年</td></tr>
<tr><td>中级（会计师）</td><td>闭卷：
中级会计实务、经济法、财务管理</td><td>（1）大学专科，从事会计工作满 5 年；
（2）大学本科，从事会计工作满 4 年；
（3）双学士或研究生班毕业，从事会计工作满 2 年；
（4）硕士，从事会计工作满 1 年；
（5）博士，无需工作年限</td><td>2 年</td></tr>
<tr><td>高级（高级会计师）</td><td>高级会计实务＋评审</td><td>具备任职基本条件和任职资格评审条件</td><td>3 年</td></tr>
<tr><td>高级（正高级会计师）</td><td>评审</td><td>（1）本科以上学历；
（2）具备当地规定的条件</td><td>具备高级会计师等资格 5 年以上</td><td></td></tr>
</table>

提示

报名条件中所规定的从事会计工作年限是指取得规定学历前后从事会计工作的

合计年限，其截止日期为考试报名当年年底前。

2. **会计专业技术资格考试时间**

会计专业技术初级、中级、高级资格考试，原则上每年举行一次。

（二）会计专业职务

会计专业职务分为正高级会计师、高级会计师、会计师、助理会计师、会计员。其中，正高级会计师和高级会计师为高级职务，会计师为中级职务，助理会计师与会计员为初级职务。

提示

财政部从2013年开始增设正高级会计专业技术资格，形成初级、中级、高级等层次清晰、相互衔接、体系完整、逐级递进的会计专业技术资格体系。会计专业职务的级别已经完整化，有初级（会计员、助理会计师）、中级（会计师）、高级（高级会计师）和正高级（正高级会计师）。

六、会计工作交接

会计工作交接，是指会计人员工作调动或者因故离职时，与接替人员办理交接手续的一种工作程序。会计人员工作调动或者因故离职，必须将本人所经管的会计工作全部移交给接替人员。没有办清交接手续的，不得调动或者离职。

（一）交接的范围

《会计法》第三十九条规定："会计人员调动工作或离职，必须与接管人员办清交接手续。一般会计人员办理交接手续，由会计机构负责人（会计主管人员）监交；会计机构负责人（会计主管人员）办理交接手续，由单位负责人监交，必要时主管单位可以派人会同监交。"

（二）交接的程序

1. **提出交接申请**

会计人员在向单位或者有关机关提出调动工作或者离职的申请时，应当同时向会计机构提出会计交接申请。

2. **做好办理移交手续前的准备工作**

具体内容包括：

（1）已经受理的经济业务尚未填制会计凭证的应当填制完毕。

（2）尚未登记的账目应当登记完毕，结出余额，并在最后一笔余额后加盖经办人印章。

（3）整理好应该移交的各项资料，对未了事项和遗留问题要写书面说明。

（4）编制移交清册，列明应该移交的会计凭证、会计账簿、财务会计报告、公章、现金、有价证券、支票簿、发票、文件、其他会计资料和物品等内容；实行会计电算化的单位，从事该项工作的移交人员应在移交清册上列明会计软件及密码、数据盘等内容。

（5）会计机构负责人（会计主管人员）移交时，应将财务会计工作、重大财务收支问题和会计人员等情况向接替人员介绍清楚。

3. 移交点收

接替人员应认真按照移交清册逐项点收。具体要求是：

（1）现金要根据会计账簿记录余额进行当面点交，不得短缺，接替人员发现不一致或白条抵库现象时，移交人员应在规定期限内负责查清处理。

（2）有价证券的数量要与会计账簿记录一致，有价证券面额与发行价不一致时，按照会计账簿余额交接。

（3）会计凭证、会计账簿、财务会计报告和其他会计资料必须完整无缺，不得遗漏。如有短缺，必须查清原因，并在移交清册中加以说明，由移交人负责。

（4）银行存款账户余额要与银行对账单核对相符，如有未达账项，应编制银行存款余额调节表调节相符；各种财产物资和债权债务的明细账户余额，要与总账有关账户的余额核对相符；对重要实物要实地盘点，对余额较大的往来账户要与往来单位、个人核对。

（5）公章、收据、空白支票、发票、科目印章以及其他物品等必须交接清楚。

（6）实行会计电算化的单位，交接双方应在电子计算机上对有关数据进行实际操作，确认有关数字正确无误后方可交接。

4. 专人负责监交

为了明确责任，会计人员办理工作交接，必须有专人负责监交。通过监交，保证双方都按照国家有关规定认真办理交接手续，防止流于形式，保证会计工作不因人员变动而受影响；保证交接双方处在平等的法律地位上享有权利和承担义务，不允许任何一方以大压小，以强凌弱，或采取非法手段进行威胁。移交清册应当经过监交人员审查和签名、盖章，作为交接双方明确责任的证件。对监交的具体要求有如下两点。

（1）一般会计人员办理交接手续，由单位会计机构负责人（会计主管人员）监交。

（2）会计机构负责人（会计主管人员）办理交接手续，由单位负责人监交，必要时主管单位可以派人会同监交。这里所称“必要时主管单位可以派人会同监交”，是指有些交接需要主管单位监交或者主管单位认为需要参与监交。通常有三种情况：一是所属单位负责人不能监交，需要由主管单位派人代表主管单位监交。例如因单位撤并而办理交接手续等。二是所属单位负责人不能尽快监交，需要由主管单位派人督促监交。例如主管单位责成所属单位撤换不合格的会计机构负责人（会计主管人员），所属单位负责人却以各种借口拖延不办交接手续，此时主管单位就应派人督促会同监交。三是不宜由所属单位负责人单独监交，而需要主管单位会同监交。例如所属单位负责人与办理交接手续的会计机构负责人（会计主管人员）有矛盾，交接时需要主管单位派人会同监交，以防可能发生的单位负责人借机刁难等情况。此外，主管单位认为交接中存在某种问题需要派人监交时，也可派人会同监交。

5. 处理交接后的事宜

（1）会计工作交接完毕后，交接双方和监交人在移交清册上签名或盖章，并应在移交清册上注明：单位名称，交接日期，交接双方和监交人的职务、姓名，移交清册页数以及需要说明的问题和意见等。

（2）接替人员应继续使用移交前的账簿，不得擅自另立账簿，以保证会计记录前后衔接，内容完整。

（3）移交清册一般应填制一式三份，交接双方各执一份，存档一份。

（三）交接人员的责任

会计工作交接中，合理、公正地区分移交人和接替者的责任是非常必要的。交接工作完成后，移交人员所移交的会计凭证、会计账簿、财务会计报告和其他会计资料是在其经办会计工作期间内发生的，移交人员应当对这些会计资料的真实性、完整性负责，即便接替人员在交接时因疏忽没有发现所接会计资料在真实性、完整性方面的问题，如事后发现，仍应由原移交人员负责，原移交人员不应以会计资料已移交而推脱责任。

会计工作交接的具体内容见表8-2。

表8-2　会计工作交接的具体内容

项目	具体内容
交接情形	（1）调动工作、离职； （2）因病暂时不能工作； （3）单位撤销时，必须留有必要的会计人员，会同有关人员办理清理工作，编制决算，未移交前，不得离职
监交人员	（1）一般会计人员办理交接手续，由会计机构负责人（会计主管人员）监交； （2）会计机构负责人（会计主管人员）办理交接手续，由单位负责人监交，必要时主管单位可以派人会同监交
交接要求	（1）移交人员要按移交清册逐移交； （2）接替人员要逐项核对点收
签字或盖章	交接双方＋监交人员要在移交清册上签名或者盖章
移交清册	一般应当填制一式三份，交接双方各执一份，存档一份
连续性要求	接替人员应当继续使用移交的会计账簿，不得自行另立新账
责任承担	（1）移交人员对所移交的会计凭证、会计账簿、会计报表和其他有关资料的合法性、真实性承担法律责任； （2）移交人员因病或者其他特殊原因不能亲自办理移交的，经单位负责人批准，可由移交人员委托他人代办移交，但委托人应当对所移交的会计凭证、会计账簿、会计报表和其他有关资料的合法性、真实性承担法律责任； （3）接替人员应当认真接管移交工作，并继续办理移交的未了事项； （4）接替人员应当继续使用移交的会计账簿，不得自行另立新账，以保持会计记录的连续性

自测题

8-6　一般会计人员办理会计工作交接手续时，应由（　　）负责监交。

A. 其他会计人员　　B. 审计人员

C. 会计机构负责人　　D. 单位负责人

【答案】C

8-7　会计机构负责人办理会计交接手续时，应当由单位负责人监交，必要时主管单位可以派人监交。（　　）

【答案】√

8-8　会计人员移交前必须做好的工作包括（　　）。

A. 已经受理的经济业务，尚未填制会计凭证的应当填制完毕

B. 尚未登记的账目应当登记完毕，结出余额，并在最后一笔余额后加盖经办人印章

C. 尚未编制的财务会计报告应当编制完毕

D. 编制移交清册

【答案】ABD

8-9　某单位出纳王某因工作变动需要办理移交手续，主办会计李某负责监交。（　　）

【答案】×

8-10　根据会计法律制度的有关规定，会计人员在办理会计工作交接手续中发现白条抵库现象时，应采取的做法是（　　）。

A. 由监交人员负责查清处理

B. 由移交人员在规定期限内负责查清处理

C. 由接管人员在移交后负责查清处理

D. 由会计档案管理人员负责查清处理

【答案】B

8-11　贾某在会计机构负责人林某的监交下，将会计资料移交给王某。事后王某发现该会计资料存在严重差错，贾某以已经移交完毕为由不予理睬。根据规定，应该承担法律责任的是（　　）。

A. 贾某　　B. 王某

C. 贾某和王某　　D. 贾某、王某及林某

【答案】A

七、总会计师

总会计师是单位主要管理人员，承担经济预测、决策、控制、分析等工作。随

着经济形势的变化，总会计师在企业中的地位不断提升，成为决定企业前途命运的至关重要的决策者，尤其是大型企业、金融企业、上市公司的总会计师，已经成为企业价值的创造者、资本运营的设计师、财务创新的引路人，是建立和完善中国社会主义市场经济体制的重要力量。

提示

我国将大中型企事业单位总会计师素质提升工程列入会计人才规划六大工程之一。从2005年开始，财政部启动企业类、行政事业类、注册会计师类、学术类四大类别全国会计领军人才培养工程，以6年为一个周期，下大决心、花大力气培养造就高素质、国际化、复合型高端会计人才。

（一）总会计师的设置

《会计法》第三十四条规定，“国有的和国有资本占控股地位或者主导地位的大、中型企业必须设置总会计师”。

凡设置总会计师的单位，在行政领导成员中不再设与总会计师职权重叠的副职。

提示

总会计师是一个行政职务，不是技术职称，但是只有具备中级会计专业技术职务以上的人员才能担任。

（二）总会计师的任命（聘任）

根据《总会计师条例》的规定，企业的总会计师由本单位主要行政领导人提名，政府主管部门任命或者聘任；免职或者解聘程序与任命或者聘任程序相同。

实际工作中，总会计师的任命（聘任）主要有四种模式：

（1）由政府主管部门或上级组织部门直接委派或任命。

（2）由单位主要负责人聘任，外商独资企业采用的主要是这种模式。

（3）由企业董事会任命，股份制企业采用的主要是这种模式。

（4）由集团公司委派或提名。

（三）总会计师的职责权限

要在继续保持传统财务会计管理功能的前提下，充分发挥总会计师在提升企业价值和股东价值方面的重要作用。总会计师除了在编制和执行预算、进行成本管理和经济核算、实施会计监督和控制、配备和管理会计人员等方面具有职权外，还在企业价值管理、风险管理、信息管理、人力资源管理等方面具有职权。

总会计师的任职资格、任免程序、职责权限由国务院制定。

（四）总会计师的能力框架体系

（1）决策能力，即进行财务决策及参与其他战略决策的能力。

（2）战略规划能力，即规划公司财务目标、财务战略及财务功能远景的能力。

（3）分析能力，即建立和运用模型，进行财务分析，提供决策支持的能力。

（4）领导能力，即领导团队实施财务战略，实现财务功能远景，建立高效会计核算系统和财务流程的能力。

（5）协作能力，即维护相关关系的能力，以及与其他高层管理人员、业务部门形成业务伙伴关系的能力。

（6）控制能力，即以内部控制制度控制交易流程的能力，以及运用预算管理、成本管理、风险管理等手段控制既定业绩目标的能力。

（7）资源管理能力，即管理财务信息资源的能力，以及保全公司资产并使之高效运转的能力。

自测题

8－12　某国有控股企业为加强会计工作，决定增设一名副经理主管财会工作，现任总会计师配合其工作。（　　）

【答案】×

八、注册会计师

注册会计师是向社会提供审计、咨询等专业服务的执业人员。注册会计师是我国会计人才队伍中对外开放需求较大、对外开放程度较高的专业人员。《会计人才规划》提出了 2020 年建成“国际一流会计人才队伍”的战略目标，要实现这一目标，必须形成独特的注册会计师人才竞争优势。

为解决我国注册会计师行业人才队伍建设面临的困难和问题，逐步缩小与国际同行的差距，努力提高全行业的整体素质，《会计人才规划》提出，要凝聚三类高素质注册会计师，建立注册会计师行业“人才方阵”，形成“领军人才辐射带动、开拓国际，优秀人才奋力拼搏、大展宏图，潜在人才不断积聚、蓄势待发，行业队伍人才济济、充满活力的生动局面”。

注册会计师考试科目包括会计、审计、财务成本管理、公司战略与风险管理、经济法、税法；综合阶段考试设职业能力综合测试一个科目。该考试鼓励具有一定英语基础的考生，进一步学习会计、审计、财务、经济等方面的专业英语知识，以处理英文环境下的实务问题。

例题

2023 年 12 月，某公司总经理汪某以加强对公司财务部的管理为由，将自己朋友的女儿张某调入财务部担任出纳，负责登记现金和银行存款日记账，并兼管会计档案。2016年12月，汪某任命张某为公司财务部经理，全面主持财务部工作。

要求：指出上述情况中哪些行为不符合国家规定，并说明理由。

【解析】

汪某将张某调入公司担任出纳的行为不符合规定；出纳兼任会计档案工作不符合规定；任命张某为财务部经理的行为不符合规定。

理由：

（1）根据《会计法》的规定，出纳人员不得兼任稽核、会计档案保管和收入、支出、费用、债权债务账目的登记工作。

（2）根据《会计法》的规定，担任单位会计机构负责人（会计主管人员）的，应当具备会计师以上专业技术职务资格或者从事会计工作3年以上经历。而张某被任命时既不是会计师，从事会计工作也不满3年。

例题

2023年12月，A有限公司发生以下事项：

（1）5日，为节约公司历史档案管理费用支出，公司会计科会同档案科销毁了一批保管期限已满的会计档案，未编造会计档案销毁清册，也未报经公司总经理批准，销毁后未履行任何手续。

（2）16日，公司会计人员郑某脱产学习两周，会计科科长指定出纳王某兼任郑某的债权债务账目的登记工作，未办理会计工作交接手续。

（3）20日，公司会计科预计下年度将亏损120万元。公司总经理授意会计科科长采取伪造会计凭证等手段调整公司的财务会计报告，将本年度利润调整为盈利60万元，并将调整后的公司财务会计报告交公司总经理及有关人员签名、盖章后报送有关单位。

要求：根据以上事实，回答下列问题：

（1）公司会计科会同档案科销毁保管期满的会计档案在程序上是否符合规定？为什么？

（2）出纳王某临时兼任郑某的债权债务账目的登记工作是否符合规定？

（3）会计人员郑某脱产学习两周，是否需要办理会计工作交接手续？

（4）公司总经理授意会计科科长采取伪造会计凭证等手段调整公司财务会计报告，是否应承担法律责任？为什么？

【解析】

（1）公司会计科会同档案科未编造会计档案销毁清册，也未报经公司总经理批准，自行销毁了一批保管期限已满的会计档案，销毁后未履行任何手续，这种做法不符合会计法律制度的规定。会计档案保管期满需要销毁的，需编造会计档案销毁清册，经单位负责人签署意见同意后方可销毁，销毁后，监销人应当在会计档案销毁清册上签章，并将监销情况报告单位负责人。

（2）出纳王某临时兼任郑某的债权债务账目的登记工作，不符合《会计法》中出纳人员不得兼任债权债务账目的登记工作的规定。

（3）会计人员郑某脱产学习两周，需要办理会计工作交接手续。

（4）公司总经理应承担相应的法律责任。根据《会计法》的规定，单位负责人对本单位的会计工作和会计资料的真实性、完整性负责。

例题

龙泉有限公司发生以下事项：

（1）2023 年 4 月，市财政部门对公司进行例行检查时发现，3 月，公司会计王某休产假，公司一时找不到合适人选，决定由出纳李某兼任王某的收入、费用账目的登记工作。

（2）8 月，公司以“财政部门无权对股份有限公司进行会计检查”为由，拒绝市财政局的年度会计信息质量抽查。

要求：简要分析上述事项是否正确，并说明理由。

【解析】

（1）公司让出纳李某兼管王某的收入、费用账目登记工作是不正确的。根据《会计法》的规定，出纳人员不得兼任收入、支出、费用、债权债务账目的登记工作。

（2）公司拒绝市财政局的年度会计信息质量抽查的理由是不正确的。根据《会计法》的规定，县级以上地方各级人民政府财政部门管理本行政区域内的会计工作；财政部门代表国家对各单位的会计工作实行监督；各单位必须自觉接受财政等部门的监督、检查。市财政局有权对所管辖的公司进行会计信息质量的抽查，该公司不得拒绝。

第 2 节　法律责任

一、法律责任概述

法律责任是指违反法律规定的行为应当承担的法律后果。《会计法》规定的法律责任主要有行政责任和刑事责任。

（一）行政责任（违法行为）

《会计法》规定的行政责任有两种形式：行政处罚和行政处分。

1. 行政处罚

行政处罚是特定的行政主体基于一般行政管理职权，对其认为违反行政法上的强制性义务、违反行政管理程序的行政管理相对人所实施的一种行政制裁措施。

（1）行政处罚的种类主要有：①罚款；②责令限期改正；③五年内不得从事会计工作等。

（2）行政处罚由违法行为发生地县级以上地方人民政府具有行政处罚权的行政机关实施。

提示

对当事人的同一违法行为，不得给予两次以上罚款的行政处罚（“一事不再罚”原则）。

2. 行政处分

行政处分是国家工作人员违反行政法律规范所应承担的一种行政法律责任。行政处分的形式主要有：（1）警告；（2）记过；（3）记大过；（4）降级；（5）降职；（6）撤职；（7）留用察看；（8）开除。

3. 行政处罚与行政处分的主要区别

（1）制裁的原因不同；（2）制裁的对象不同；（3）制裁权的来源和根据不同；（4）制裁的范围和形式不同；（5）行为的属性及效力不同。

（二）刑事责任（犯罪行为）

刑事责任是指犯罪行为应当承担的法律责任，包括主刑和附加刑两种。

刑事责任与行政责任不同，二者的主要区别表现在：（1）追究的违法行为不同。追究行政责任的是一般违法行为，追究刑事责任的是犯罪行为。（2）追究责任的机关不同。追究行政责任由国家特定的行政机关依照有关法律的规定决定，而追究刑事责任只能由司法机关依照《中华人民共和国刑法》（简称《刑法》）的规定决定。（3）承担法律责任的后果不同。追究刑事责任是最严厉的制裁，可以判处死刑，比追究行政责任严厉得多。

自测题

8-13 下列各项中，不属于《会计法》规定的行政处罚形式的有（　　）。

A. 警告　　B. 罚款

C. 不得再从事会计工作　　D. 责令停产停业

【答案】AD

8-14 下列各项中，属于《会计法》规定的行政处罚形式的有（　　）。

A. 罚款　　B. 警告

C. 处分　　D. 不得再从事会计工作

【答案】AD

二、会计违法行为的法律责任

（一）不依法设置会计账簿等会计违法行为的法律责任

《会计法》第四十条规定：“违反本法规定，有下列行为之一的，由县级以上人民政府财政部门责令限期改正，给予警告、通报批评，对单位可以并处二十万元以下的罚款，对其直接负责的主管人员和其他直接责任人员可以处五万元以下的罚款；情节严重的，对单位可以并处二十万元以上一百万元以下的罚款，对其直接负责的主管人员和其他直接责任人员可以处五万元以上五十万元以下的罚款；属于公职人员的，还应当依法给予处分：（一）不依法设置会计账簿的；（二）私设会计账簿的；（三）未按照规定填制、取得原始凭证或者填制、取得的原始凭证不符合规定的；（四）以未经审核的会计凭证为依据登记会计账簿或者登记会计账簿不符合规定的；（五）随意变更会计处理方法的；（六）向不同的会计资料使用者提供的财务会计报告编制依据不一致的；（七）未按照规定使用会计记录文字或者记账本位币的；（八）未按照规定保管会计资料，致使会计资料毁损、灭失的；（九）未按照规定建立并实施单位内部会计监督制度或者拒绝依法实施的监督或者不如实提供有关会计资料及有关情况的；（十）任用会计人员不符合本法规定的。有前款所列行为之一，构成犯罪的，依法追究刑事责任。会计人员有第一款所列行为之一，情节严重的，五年内不得从事会计工作。有关法律对第一款所列行为的处罚另有规定的，依照有关法律的规定办理。”

不依法设置会计账簿等会计违法行为应当承担的法律责任如下：

（1）责令限期改正。违法单位或者个人应当按照县级以上人民政府财政部门责令限期改正决定的要求，停止违法行为，纠正错误。

（2）罚款。对单位可以并处二十万元以下的罚款，对其直接负责的主管人员和其他直接责任人员可以处五万元以下的罚款。

（3）给予行政处分。属于国家工作人员的，由其所在单位、上级单位或者行政监察部门给予警告、记过、记大过、降级、撤职、留用察看或开除等行政处分。

（4）五年内不得从事会计工作。

（5）依法追究刑事责任。

提示

上述（1）（2）（4）项是县级以上人民政府财政部门给予的处罚。有关法律对违反会计核算法律规定行为的处罚另有规定的，应当遵循特别法优于普通法的原则。

（二）其他会计违法行为的法律责任

1. 伪造、变造会计凭证、会计账簿，编制虚假财务会计报告的法律责任

《会计法》第四十一条规定："伪造、变造会计凭证、会计账簿，编制虚假财务会计报告，隐匿或者故意销毁依法应当保存的会计凭证、会计账簿、财务会计报告的，由县级以上人民政府财政部门责令限期改正，给予警告、通报批评，没收违法所得，违法所得二十万元以上的，对单位可以并处违法所得一倍以上十倍以下的罚款，没有违法所得或者违法所得不足二十万元的，可以并处二十万元以上二百万元以下的罚款；对其直接负责的主管人员和其他直接责任人员可以处十万元以上五十万元以下的罚款，情节严重的，可以处五十万元以上二百万元以下的罚款；属于公职人员的，还应当依法给予处分；其中的会计人员，五年内不得从事会计工作；构成犯罪的，依法追究刑事责任。"

伪造、变造会计凭证、会计账簿，编制虚假财务会计报告，隐匿或者故意销毁依法应当保存的会计凭证、会计账簿、财务会计报告，情节较轻，社会危害不大，根据《刑法》的有关规定，尚不构成犯罪的，应当按照规定予以处罚，具体包括：

（1）通报。由县级以上人民政府财政部门采取通报方式对违法行为人予以批评、公告。通报决定由县级以上人民政府财政部门送达被通报人，并通过一定的媒介在一定的范围内公布。

（2）罚款。违法所得二十万元以上的，对单位可以并处违法所得一倍以上十倍以下的罚款，没有违法所得或者违法所得不足二十万元的，可以并处二十万元以上二百万元以下的罚款；对其直接负责的主管人员和其他直接责任人员可以处十万元以上五十万元以下的罚款，情节严重的，可以处五十万元以上二百万元以下的罚款。

（3）行政处分。对上述违法行为直接负责的主管人员和其他直接责任人员中的国家工作人员，应当由其所在单位、上级单位或者行政监察部门给予撤职、留用察看或者开除的行政处分。

（4）五年内不得从事会计工作。

2. 授意、指使、强令会计机构、会计人员及其他人员伪造、变造会计凭证、会计账簿，编制虚假财务会计报告或者隐匿、故意销毁依法应当保存的会计凭证、会计账簿、财务会计报告的法律责任

《会计法》第四十二规定："授意、指使、强令会计机构、会计人员及其他人员伪造、变造会计凭证、会计账簿，编制虚假财务会计报告或者隐匿、故意销毁依法应当保存的会计凭证、会计账簿、财务会计报告的，由县级以上人民政府财政部门给予警告、通报批评，可以并处二十万元以上一百万元以下的罚款；情节严重的，可以并处一百万元以上五百万元以下的罚款；属于公职人员的，还应当依法给予处分；构成犯罪的，依法追究刑事责任。"

对有上述违法行为，情节较轻，社会危害不大，根据《刑法》的有关规定，尚不构成犯罪的，应当按照规定予以处罚，具体包括：

（1）罚款。由县级以上人民政府财政部门给予警告、通报批评，可以并处二十万元以上一百万元以下的罚款；情节严重的，可以并处一百万元以上五百万元以下的罚款。

（2）行政处分。对上述违法行为的国家工作人员，还应当由其所在单位、上级单位或者行政监察部门给予降级、撤职或者开除的行政处分。

3. 单位负责人对会计人员打击报复的法律责任

《会计法》第四十三条规定："单位负责人对依法履行职责、抵制违反本法规定行为的会计人员以降级、撤职、调离工作岗位、解聘或者开除等方式实行打击报复的，依法给予处分；构成犯罪的，依法追究刑事责任。对受打击报复的会计人员，应当恢复其名誉和原有职务、级别。"

对会计人员进行打击报复的，除对单位负责人依法进行处罚外，还应当按照有关规定，采取必要的补救措施，主要包括：

（1）恢复名誉。受打击报复的会计人员的名誉受到损害的，其所在单位或者上级单位及有关部门应当要求打击报复者向受打击报复的会计人员赔礼道歉，并澄清事实，消除影响，恢复名誉。

（2）恢复原有职位、级别。会计人员受到打击报复，被调离工作岗位、解聘或者开除的，应当在征得会计人员同意的前提下，恢复其工作；被撤职的，应当恢复其原有职务；被降级的，应当恢复其原有级别。

4. 财政部门及有关行政部门的工作人员滥用职权、玩忽职守、徇私舞弊或者泄露国家秘密、商业秘密的法律责任

《会计法》第四十四条规定："财政部门及有关行政部门的工作人员在实施监督管理中滥用职权、玩忽职守、徇私舞弊或者泄露国家秘密、工作秘密、商业秘密、个人隐私、个人信息的，依法给予处分；构成犯罪的，依法追究刑事责任。"

财政部门及有关行政部门的工作人员虽有滥用职权、玩忽职守、徇私舞弊或者泄露国家秘密、商业秘密的行为，但是情节显著轻微，危害性不大，按照《刑法》的有关规定，不构成犯罪的，应当依照相关法律法规的规定，给予行政处分。对有上述违法行为的财政部门及有关行政部门的工作人员，可以由其所在单位、上级单位或者行政监察部门视情节轻重给予相应的行政处分。

5. 将检举人姓名和检举材料转给被检举单位、被检举人个人的法律责任

《会计法》第四十五条规定："违反本法规定，将检举人姓名和检举材料转给被检举单位和被检举人个人的，依法给予处分。"

根据《会计法》的规定，收到检举的部门、负责处理的部门及其工作人员，将检举人姓名和检举材料转给被检举单位和被检举人个人的，应当由所在单位或者有关单位对直接负责的主管人员和其他直接责任人员视情节轻重给予相应的处分。

6. 违反《会计法》的同时违反其他法律规定行为的处罚

《会计法》第四十七条规定："因违反本法规定受到处罚的，按照国家有关规定记入信用记录。违反本法规定，同时违反其他法律规定的，由有关部门在各自职权范围内依法进行处罚。”

为了保证会计资料的真实性、完整性，除《会计法》以外，其他法律也对相关单位的会计工作制定了相应的规范，并赋予税务、审计、金融管理等部门对有关会计工作实施监督管理及对相关会计违法行为进行处罚的职权。

自测题

8-15 对受打击报复的会计人员应采取的补救措施通常有（　　）。

A. 要求打击报复者赔礼道歉　　B. 赔偿精神损失费

C. 官复原职　　D. 给予经济补偿

【答案】 AC

第3节　注册会计师职业道德规范的内容

中国注册会计师协会先后发布了一系列有关职业道德要求的规范性文件。2020年12月发布了《中国注册会计师职业道德守则（2020）》。这一守则的发布旨在规范注册会计师的职业行为，提高注册会计师的职业道德水准，维护注册会计师的职业形象。该守则中明确了注册会计师在执行业务时应遵循的职业道德基本原则和具体要求，为注册会计师的职业行为提供了明确的指引和规定。

一、制定背景和目的

《中国注册会计师职业道德守则（2020）》是为了规范注册会计师的职业行为，提高注册会计师职业道德水准，维护注册会计师职业形象而制定的。

这一守则是根据《注册会计师法》和《中国注册会计师协会章程》制定的，旨在加强对注册会计师的职业道德要求，保证其在执行审计、审阅和其他鉴证业务时能够遵循诚信、客观和公正原则，维护公众利益。

二、注册会计师的职业道德基本原则

《中国注册会计师职业道德守则（2020）》对注册会计师在执行业务时应遵循的职业道德基本原则，可以归纳为以下几点。

（一）诚信原则

注册会计师应当以诚实、守信的态度从事职业活动，遵循职业操守，不得故意提供虚假信息或隐瞒真相。

（二）客观公正原则

注册会计师在执行业务时，应当保持客观、公正的态度，不得受到任何利益关系的影响，确保发表的审计意见或建议公正无偏。

（三）独立性原则

注册会计师在执行审计、审阅和其他鉴证业务时，应当保持实质上和形式上的独立性，不得与客户存在可能损害独立性的利害关系。会计公司如与客户存在可能损害独立性的利害关系，不得承接其委托的审计或其他鉴证业务。

执行审计或其他鉴证业务的注册会计师如与客户存在可能损害独立性的利害关系，应当向所在会计公司声明，并实行回避。

（四）专业胜任能力和勤勉尽责原则

注册会计师应当保持和提高专业胜任能力，遵守独立审计准则等职业规范，合理运用会计准则及国家其他相关技术规范。注册会计师应当获取和保持专业胜任能力，以提供高质量的服务。

（五）保密原则

注册会计师在执行业务时，应当遵守保密原则，不得泄露客户的财务信息和其他商业秘密。

（六）良好职业行为原则

注册会计师在执行业务时，应当保持良好的职业行为，不得以不正当手段谋取利益。

提示

这些基本原则是注册会计师在执行业务时必须遵循的道德准则，旨在确保注册会计师行业的专业性和公信力，维护公众利益。同时，这些原则也体现了注册会计师作为专业人士应当具备的道德品质和职业素养。

三、注册会计师的职业道德要求

《中国注册会计师职业道德守则（2020）》对注册会计师的职业道德具体要求包括以下几个方面。

（一）诚信

诚信是注册会计师职业道德的核心，它要求注册会计师在所有的职业关系和商业关系中保持正直和诚实，秉公处事、实事求是。以下是关于注册会计师诚信原则的详细解释。

1. 诚信的基本要求

（1）正直诚实。注册会计师应当在职业活动中始终保持正直和诚实，不伪造、不隐瞒重要的会计信息，确保财务信息的真实性和准确性。

（2）实事求是。在提供专业服务时，注册会计师应基于事实和证据进行客观分析，不编造事实，不提供虚假陈述，确保所出具的报告或意见客观公正。

2. 与诚信相关的具体行为规范

不得与问题信息发生牵连。注册会计师应避免与含有严重虚假或误导性陈述、缺乏充分根据的陈述或信息，以及存在遗漏或含糊其词的信息发生牵连。这要求注册会计师在执业过程中保持高度的警惕性和专业性，对信息进行严格审核。

（1）保持独立性。为了维护诚信原则，注册会计师应保持独立的思考和行动，不受任何受雇者、委托者、利益相关方的干扰。这样可以确保其提供的会计服务客观、可靠。

（2）保守机密。注册会计师需对客户信息和商业机密进行严格保密，这是诚信原则的重要体现。泄露客户机密将严重损害注册会计师的职业道德和公众信任。

3. 诚信的意义

（1）维护市场经济秩序。会计诚信是市场经济秩序的客观要求。如果会计信息失真，将危害市场经济秩序，加剧信用危机。因此，注册会计师遵循诚信原则对于维护市场经济秩序具有重要意义。

（2）适应经济全球化。在经济全球化的背景下，社会各界对会计信息真实、客观、透明、公允等要求更加严格。注册会计师遵循诚信原则有助于提高会计信息的可信度和透明度，从而适应经济全球化的需求。

（3）提升会计师素质。诚信原则是提高注册会计师素质的需要。由于会计工作的特殊性和会计信息的重要性，注册会计师必须诚实守信、坚持原则、廉洁自律。通过遵循诚信原则，注册会计师可以不断提升自身的职业素养和道德水平。

（二）专业胜任能力

注册会计师的专业胜任能力是其职业发展的关键要素，主要包括以下几个方面：

1. 专业知识和技能能力

（1）专业知识掌握。注册会计师需要掌握会计学、审计学、财务管理等专业知识，并熟悉财务会计报告准则和国内外会计准则的差异。他们需要不断更新知识，以适应不断变化的会计准则和行业实践。

（2）专业技能运用。除了理论知识，注册会计师还需要具备实际操作能力，如审计程序、财务分析、税务筹划等。他们应能够熟练运用这些技能，为客户提供高质量的专业服务。

2. 财务分析和决策能力

（1）财务分析。注册会计师应能够评估企业的财务状况和经营绩效，通过财务指标分析、现金流量分析等方法，为企业提供有价值的财务信息。

（2）决策支持。基于财务分析的结果，注册会计师应能够提出改进意见，帮助企业制定合理的财务决策，优化资源配置，提高经济效益。

3. 风险管理和控制能力

（1）风险识别与评估。注册会计师需能够识别企业面临的各种风险，如市场风险、信用风险、操作风险等，并对其进行评估，确定风险程度和可能带来的影响。

（2）风险控制策略制定。根据风险评估结果，注册会计师应能够制定合理的风险管理和控制策略，帮助企业建立健全的内控制度，确保企业在合规和可持续发展方面保持良好的状况。

4. 专业道德和职业行为能力

（1）职业道德遵守。注册会计师应具备高度的职业道德和职业操守，遵守相关职业准则和规范，维护注册会计师行业的声誉。

（2）职业行为表现。在职业活动中，注册会计师应表现出良好的职业行为，如公正、诚实、勤勉、谨慎等，为客户提供专业、高效、优质的服务。

5. 其他能力

（1）沟通和团队合作能力。注册会计师需要具备良好的沟通和人际交往能力，能够与企业内外不同的利益相关方进行有效的沟通和协调。同时，他们还需要具备团队合作能力，能够与其他团队成员合作，共同解决问题并达成共识。

（2）学习和创新能力。注册会计师应具备学习和创新能力，能够不断学习、更新知识，并将其应用于实际工作中。他们需要紧跟行业的发展趋势，熟悉新的会计标准和法规，以及相关的信息技术工具和软件，以提高工作效率和质量。

（3）综合分析和问题解决能力。注册会计师需要具备综合分析和问题解决能力，能够识别和分析企业面临的问题，提出切实可行的解决方案。他们应具备较强的逻辑思维和推理能力，并能够灵活应对复杂多变的情况。

（4）项目管理和时间管理能力。注册会计师需要具备项目管理和时间管理能力，能够合理安排工作，按时完成任务。他们应能够制定项目计划和进度，协调各方资源，及时解决问题，确保项目顺利进行。

（三）独立性

1. 独立性的分类

注册会计师的独立性包括实质上的独立和形式上的独立两个方面。

（1）实质上的独立，是指注册会计师在发表意见时，其专业判断不受影响，能够公正执业，保持客观和专业怀疑。这要求注册会计师在执行业务时，始终保持客观、公正的态度，不受到任何经济利益、关联关系或外界压力的影响。

（2）形式上的独立，是指会计公司或鉴证小组避免出现这样重大的情形，使得拥有充分相关信息的理性第三方推断其公正性、客观性或专业怀疑受到损害。这要求注册会计师在形式上呈现出一种独立于客户的形象，即在外界看来，注册会计师是独立的。

2. 独立性的要求

为了确保注册会计师的独立性，需要满足以下要求：

（1）注册会计师必须与客户保持适当的距离，不得与客户存在可能损害独立性的利害关系。

（2）会计公司应建立和维护质量控制制度，确保注册会计师在执行业务时遵循独立性的要求。

（3）注册会计师应遵守相关法律法规和职业道德规范，确保自己的执业行为符合独立性的要求。

3. 独立性的具体体现

注册会计师的独立性在执行业务时具体体现在以下几个方面：

（1）审计机构的地位。审计机构的地位应超越部门、单位的其他职能部门，便于审计人员独立地开展工作。

（2）审计机构的职权。审计机构应被赋予一定的职权，如检查会计凭证、财产等账务内容，对涉及违反财经法纪等造成重大损失的人员有权提出追究责任的建议。

（3）审计工作。审计人员在审计计划编制和调查取证过程中应保持超然立场，不得被他人干扰，保持正确的判断。在审计工作结束后，审计人员需对审计事项作出客观评价。

4. 维护独立性的具体防范措施

为确保注册会计师的独立性，会计师事务所可以采取以下具体防范措施：

（1）安排鉴证小组以外的注册会计师进行复核，以减少单一注册会计师的偏见或错误。

（2）定期轮换项目负责人及签字注册会计师，以降低与客户长期合作可能产生的依赖关系。

（3）与鉴证客户的审计委员会或监事会讨论独立性问题，以确保审计工作的客观性和公正性。向鉴证客户的审计委员会或监事会告知服务性和收费范围，以减少因经济利益产生的偏见。

（4）制定确保鉴证小组成员不代替鉴证客户行使管理决策或承担相应责任的政策和程序，将独立性受到威胁的鉴证小组成员调离鉴证小组，以确保整个鉴证团队的独立性。

（四）保密

保密是指注册会计师在执行职务时，必须严格遵守的一项重要规范，其核心目的是保护客户的机密信息，确保审计工作的独立性和公正性。注册会计师在执业过程中，对于所获取的客户信息、商业机密及其他涉密信息，必须予以严格保密，不得随意泄露。

1. 保密的具体要求

（1）对所在会计师事务所内部的涉密信息保密。注册会计师应对所在会计师事务所内部的涉密信息，如客户信息、财务数据、审计底稿等，予以严格保密，防止信息泄露。

（2）对职业活动中获知的涉及国家安全的信息保密。注册会计师在职业活动中，如接触到涉及国家安全的信息，必须严格遵守相关法律法规，确保信息安全。

（3）对拟承接的客户向其披露的涉密信息保密。在与客户沟通、洽谈业务过程中，客户可能会向注册会计师披露一些涉密信息。注册会计师应将这些信息视为机密，未经客户授权，不得向任何第三方透露。

（4）未经客户授权不得向第三方披露涉密信息。注册会计师在未经客户授权的情况下，不得向会计师事务所以外的第三方披露其所获知的涉密信息。除非法律法规或职业准则规定注册会计师在这种情况下有权利或义务进行披露。

（5）不得利用涉密信息谋取利益。注册会计师不得利用因职业关系而获知的涉密信息为自己或第三方谋取利益。这包括利用客户信息从事不正当交易、泄露客户信息以获取个人利益等行为。

2. 保密的豁免情况

尽管注册会计师有严格的保密义务，但在特定情况下，注册会计师可以披露客户的有关信息。这些情况包括：

（1）取得客户的授权。在客户明确授权的情况下，注册会计师可以披露客户的有关信息。

（2）根据法规要求可以披露的，如为法律诉讼准备文件或提供证据，以及向监管机构报告发现的违反法规行为等，注册会计师可以依法披露客户的有关信息。

（3）接受同业复核以及注册会计师协会和监管机构的监督。注册会计师在接受同业复核以及注册会计师协会和监管机构的监督时，可能需要披露一些客户的有关信息。

（五）遵守法律、法规和行业规范

1. 遵守法律、法规的重要性

（1）维护社会秩序。法律、法规是维护社会秩序、保障公共利益的重要工具。注册会计师遵守法律、法规，有助于维护财经领域的稳定和健康发展，防范和打击财务违法行为。

（2）保护客户利益。注册会计师在为客户提供服务时，需要遵循法律、法规的规定，确保所提供的服务合法、合规。这有助于保护客户的合法权益，避免客户因违法行为而遭受损失。

（3）维护行业声誉。注册会计师行业的声誉是行业发展的重要基础。遵守法律、法规有助于树立行业的良好形象，提高公众对行业的信任度。

2. 遵守行业规范的重要性

（1）确保执业质量。行业规范是注册会计师执业活动的准则和标准。遵守行业规范有助于确保注册会计师的执业质量，提高审计、咨询等服务的专业性和可靠性。

（2）防范执业风险。行业规范中包含了丰富的执业风险防控措施。注册会计师遵守行业规范，有助于降低执业风险，避免因疏忽或错误而引发的法律责任。

（3）促进行业发展。遵守行业规范有助于促进行业内部的良性竞争和协作，推动行业的健康发展。同时，行业规范的不断完善和创新，也为注册会计师行业带来更多的发展机遇。

3. 注册会计师如何遵守法律、法规和行业规范

（1）加强学习。注册会计师应不断学习法律、法规和行业规范的内容，了解其变化和发展趋势，确保自己的执业活动始终符合相关规定。

（2）严格自律。注册会计师应自觉遵守法律、法规和行业规范的要求，在执业过程中保持高度的职业道德和操守，不从事任何违法违规的行为。

（3）接受监督。注册会计师应接受行业组织、监管机构和社会公众的监督，对于发现的违法违规行为应及时进行整改和纠正。

（4）积极参与行业建设。注册会计师应积极参与行业组织的相关活动，为推动行业规范的不断完善和创新贡献自己的力量。

提示

注册会计师作为专业的财务和会计领域的从业者，必须严格遵守法律、法规和行业规范，以确保其执业活动的合法性、公正性和专业性。

（六）对客户和公众的责任

1. 对客户的责任

（1）竭诚为客户服务。注册会计师应当在维护社会公众利益的前提下，竭诚为客户服务。这要求注册会计师在执行业务时，始终保持对客户的忠诚和负责态度，以满足客户的需求和期望。

（2）履行业务约定。注册会计师应当按照业务约定履行对客户的责任。这包括确保审计工作的质量，遵循审计准则和相关法规，以及按时提交审计报告等。

（3）保护商业秘密。注册会计师应当对执行业务过程中知悉的商业秘密保密，并不得利用其为自己或他人谋取利益。这体现了注册会计师对客户信息的保护义务，以确保客户的商业利益不受损害。

（4）禁止不当收费。除有关法规允许的情形外，会计师事务所不得以或有收费形式为客户提供鉴证服务。这有助于确保注册会计师在执行业务时的客观性和公正性，避免利益冲突。

2. 对公众的责任

（1）遵守职业道德准则。注册会计师应当遵守职业道德准则，履行相应的社会责任，维护社会公众利益。这包括保持诚信、公正和客观的态度，确保审计结论和报告的真实性和准确性。

（2）维护市场秩序。注册会计师应当担当维护市场秩序、建设市场诚信的责任。通过提供高质量的审计和鉴证服务，维护市场的公平、公正和透明，保护投资者的权益。

（3）促进经济国际化发展。注册会计师在促进我国经济国际化发展方面承担着一定的责任。他们通过提供跨境审计、税务咨询等服务，帮助企业在国际市场上获得更好的发展机遇。

（4）与同行保持良好关系。注册会计师应当与同行保持良好的工作关系，配合同行工作。这有助于维护行业的和谐稳定，提高行业的整体形象和信誉度，同时，也避免了因不正当竞争而损害公众利益的情况。

自测题

8-16 注册会计师应当遵守的职业道德基本原则包括（　　）。

A. 独立性　　B. 客观公正

C. 专业胜任能力和勤勉尽责　　D. 良好职业行为

【答案】 ABCD

8-17 下列关于职业道德基本原则独立性的相关说法中，不恰当的有（　　）。

A. 注册会计师独立于被审计单位，这种独立性指实质上的独立

B. 注册会计师在执行审阅业务时，可以不遵守独立性

C. 独立性能够增强注册会计师保持客观公正的能力

D. 保持独立性能够增强注册会计师保持职业怀疑的能力

【答案】 AB

8-18 不符合注册会计师职业道德规范的有（　　）。

A. 会计师事务所雇用正在其他会计师事务所执业的注册会计师

B. 会计师事务所对其能力进行广告宣传

C. 会计师事务所允许其他单位以本所的名义承办业务

D. 会计师事务所以降低收费方式招揽业务

E. 会计师事务所揭露被审计单位的重大舞弊行为

【答案】 ABCD

四、加强注册会计师职业道德的方法

（一）加强注册会计师执业的独立性

独立性是注册会计师执行鉴证业务的灵魂，提供审计和其他鉴证业务时应当保

持实质上与形式上的独立。在实际工作中，如果审计人员缺乏独立性，那么他的意见就毫无价值。这要求注册会计师与委托单位之间必须实实在在地毫无利害关系，本质上是指注册会计师在审计过程中保持的一种公正无偏的态度，一种在履行专业和发表审计意见时不依赖和屈服于外界的压力的精神状态。

注册会计师在执业过程中应严格保持超然独立性，不能偏袒任何当事人，尤其不应该使自己的结论依附或屈从于持反对意见的利益集团或人士的影响与压力。注册会计师必须在第三者面前呈现出一种独立于委托单位的身份。

（二）提高监督管理水平，加大执法力度

解决目前我国有效委托者缺乏和外部监督不力带来的诚信缺失问题，最为有效的方法就是完善有关法规制度，加大对注册会计师不诚信行为的惩罚力度。

（1）针对有效委托者的缺乏，对注册会计师诚信原则履行的监督乏力，应不断完善以《会计法》为中心的会计法规体系，包括《注册会计师法》《中华人民共和国证券法》等，防止有关人员钻法规的空子，对有关处罚条款的规定应尽可能少留余地，以防违规者和执法者对处罚权的非善意操纵，减少经济租金的产生。

（2）加大对注册会计师不诚信的处罚力度，应建立有效的责任追究机制，将责任落实到人，从而对注册会计师造假行为起到震慑作用。

（三）建立民事赔偿，提高注册会计师非诚信行为法律成本

目前对违信注册会计师主要是采取单一行政处罚的做法，不少学者提出惩戒注册会计师非诚信行为应该建立民事赔偿制度，同时，要视情节轻重，适时追究违信注册会计师的行政责任、民事责任和刑事责任。可以参照西方国家，将注册会计师的重大过失解释为“推定欺诈”，即把客观上的“过错”推定为客观的“故意”。

民事赔偿制度是一种成本很低但效果显著的防范措施，可以降低注册会计师非诚信行为的发生概率。

提示

注册会计师在推介自身和工作时，不应损害职业形象，应当诚实、实事求是，不应存在下列行为：夸大宣传提供的服务、拥有的资质和获得的经验；贬低或无根据地比较其他注册会计师的工作。

（四）加强道德监管和行业监督

目前，对我国注册会计师行业实行监管的主要部门是中国注册会计师协会。中国注册会计师协会是行业自律性组织，其对注册会计师职业道德监管的执行情况成为提高注册会计师职业道德水平的关键性因素。中国注册会计师协会在行使监管职责时，通常按照会计师事务所的规模、组成及管理水平等因素设立等级，按照不同

的等级设立相应的管理模式，对注册会计师建立执业诚信考核制度，逐步建立起以行业外部监管为主、会计师事务所内部监管为辅的监管体系。同时，中国注册会计师协会联合各级政府的财政部门、中国证券监督管理委员会、审计署等部门，形成稳定的政府部门承担行政监管职能，中国注册会计师协会承担自律监管的监管体系。

（五）加强注册会计师事务所内部管理

健全有效的会计师事务所内部管理机制是保证事务所执行客观、公正审计的前提，也是促使会计师事务所及其审计人员按照职业道德准则的要求执业的基础。

（1）稳定而不乏灵活的经营理念。经营理念是指导会计师事务所发展的核心，它引导会计师事务所的发展方向，是内部管理机制建立的灵魂。理想的经营理念应该讲求以人为本，由注册会计师组成强大的合作团队。合作者之间要相互融合，和谐相处，真诚相待。

（2）分配和激励政策。在处理分配关系时，应着重注意合伙人间的分配关系、业务开发和执行者的关系、管理人员和业务部门的关系。在处理激励政策时，可以建立科学的绩效考核体系，同时采用和重视精神鼓励和物质奖励的方式。分配和激励政策是制定其他具体制度政策的前提。

（3）贯彻落实有关制度。管理层要身体力行，严格遵守制度；要将奖励与惩戒落到实处；加强员工对于制度理解的培训和教育；认真研究执行效果并采取行动改善。

五、非执业会员的职业道德要求

《中国注册会计师协会非执业会员职业道德守则（2020）》规定了非执业会员在从事专业服务时应遵守的职业道德要求，以履行相应的社会责任，维护公众利益。非执业会员具体职业道德要求包括：

（一）避免与问题信息发生牵连

非执业会员如果认为财务会计报告、申报资料及其他信息存在问题（如含有严重虚假或误导性的陈述、缺乏充分依据的陈述或信息、存在遗漏或含糊其词的信息），应当避免与这些问题的信息发生牵连。如果已发生牵连，应当采取措施消除牵连。

（二）不得提供专业服务

如果存在导致职业判断出现偏差或对职业判断产生不当影响的情形，非执业会员不得提供相关专业服务。

（三）倡导道德文化

处于相关职位的非执业会员应当在工作单位中倡导以道德为基础的文化，例如，实施职业道德教育和培训，制定和实施道德行为准则。

提示

（1）非执业会员应当遵守相关的法律法规。如果某些法律法规的规定与职业道德守则的相关条款不一致，非执业会员应当注意这些差异，并按照较为严格的规定执行。

（2）非执业会员应当通过不断学习和实践，提升自己的职业道德水平和专业能力。

练习题

一、单项选择题

1. 在中国境内的外商投资企业，会计记录使用的文字符合规定的是（　　）。

A. 只能使用中文，不能使用其他文字

B. 只能使用外文

C. 在中文和外文中任选一种

D. 必须使用中文，同时可以选用一种外文

2. 下列关于会计机构设置的表述中，不正确的是（　　）。

A. 不具备设置条件的，应当委托经批准从事会计代理记账业务的中介机构代理记账

B. 企业必须设置会计机构

C. 企业可以不设置会计机构，在有关机构中设置会计人员并指定会计主管人员

D. 各单位根据业务的需要，设置会计机构

3. 下列各项中不属于会计专业职务等级的是（　　）。

A. 注册会计师　　B. 高级会计师　　C. 会计师　　D. 会计员

4. 根据会计法律制度的规定，下列表述错误的是（　　）。

A. 不具有会计专业技术资格，从事会计工作的人员无需参加继续教育

B. 用人单位应当保障本单位会计专业技术人员参加继续教育的权利

C. 国有资本占控股地位的大中型企业必须设置总会计师

D. 继续教育内容既包括职业道德、理论政策等公需科目，也包括专业科目

5. 下列关于会计凭证传递与保管的具体要求中，不正确的有（　　）。

A. 会计凭证应当及时传递，不得积压

B. 会计凭证登记完毕后，应当按照分类和编号顺序保管，不得散乱丢失

C. 其他单位因特殊原因需要使用原始凭证时，经本单位会计机构负责人批准可以借出

D. 从外单位取得的原始凭证如有遗失，应取得原开具单位盖有公章的证明，由经办单位的相关负责人批准后，才能代做原始凭证

6. 下列各项中，不属于财务会计报告组成部分的有（　　）。

A. 资产负债表　　B. 所有者权益变动表

C. 会计报表附注　　D. 科目汇总表

7. 下列各项中，不属于代理记账基本程序的是（　　）。

A. 委托人与受托人在相互协商的基础上签订书面委托合同

B. 会计凭证传递程序和签收手续

C. 编制和提供财务会计报告的要求

D. 申请人在规定的时间内办理工商登记手续，领取营业执照

8. 在下列账目中，出纳人员可以登记的是（　　）。

A. 收入账目　　B. 费用账目

C. 固定资产明细账　　D. 债权债务明细账

9. 下列各项中，不属于会计工作岗位设置要求的是（　　）。

A. 出纳人员兼任稽核　　B. 建立岗位责任制

C. 建立轮岗制度　　D. 按需设岗

10. 单位会计账簿记录与会计报表有关内容核对相符，简称为（　　）。

A. 账实相符　　B. 账证相符　　C. 账表相符　　D. 账账相符

11. 担任单位会计机构负责人，应当具备会计师以上专业技术职务资格或者拥有一定年限以上从事会计工作的经历，该年限是（　　）。

A. 10年　　B. 3年　　C. 5年　　D. 1年

12. 根据会计法律制度的规定，下列事业单位中，没有违背会计人员回避制度规定的是（　　）。

A. 甲单位法定代表人的妻子担任本单位财务部门经理

B. 乙单位会计科长的女儿担任本部门出纳员

C. 丙单位法定代表人的儿子担任财务部门经理

D. 丁单位财务处处长的同学担任本部门出纳员

13. 伪造、变造会计凭证、会计账簿或者编制虚假财务会计报告，尚不构成犯罪的，由县级以上人民政府财政部门予以通报，可以对单位并处（　　）的罚款。

A. 5 000元以上10万元以下　　B. 2 000元以上2万元以下

C. 5万元以下　　D. 20万元以上200万元以下

14. 授意、指使、强令会计机构、会计人员及其他人员伪造、变造会计凭证的，由县级以上人民政府财政部门根据违法行为的性质、情节及危害程度，在责令限期改正的同时，对单位并处（　　）的罚款。

A. 2 000 元以上 1 万元以下　　B. 20 万元以上 100 万元以下

C. 5 万元以下　　D. 20 万元以下

15. 下列关于会计人员回避制度不符合规定的是（　　）。

A. 单位领导人的直系亲属不得担任本单位的会计机构负责人、会计主管人员

B. 会计机构负责人、会计主管人员的直系亲属不得在本单位会计机构中担任出纳工作

C. 国家机关、国有企业、事业单位任用会计人员应当实行回避制度

D. 需要回避的直系亲属包括夫妻关系、直系血亲关系、五代以内旁系血亲以及配偶亲关系

16. 甲公司将出售废料的收入不纳入企业统一的会计核算，而是另设账簿进行核算，以解决行政管理部门的福利。关于甲公司出售废料收入的财务处理方法，下列说法错误的是（　　）。

A. 甲公司的做法违反了会计法律制度的规定

B. 甲公司的行为属于私设会计账簿进行核算的行为

C. 对该行为，应由省级以上财政部门责令其限期改正

D. 对单位的该项行为处以罚款，则应处 50 万元以上 200 万元以下的罚款

17. 在我国会计法律制度体系中，《企业财务会计报告条例》属于（　　）。

A. 会计法律　　B. 会计行政法规

C. 会计部门规章　　D. 会计规范性文件

18. 根据《会计法》的规定，故意销毁依法应当保存的会计凭证、会计账簿、财务会计报告，尚不构成犯罪的，县级以上财政部门按规定对直接负责的主管人员和其他直接责任人员进行处罚，对单位予以通报，可以对单位并处罚款。对单位所处的罚款金额最低为（　　）。

A. 1 000 元　　B. 100 万元以下

C. 200 万元以下　　D. 20 万元以上 200 万元以下

19. 当经济主体利益与国家利益和社会公众利益出现矛盾时，会计人员应把（　　）放在首位。

A. 经济主体利益　　B. 会计人员经济利益

C. 社会公众利益　　D. 会计人员家庭经济利益

20. 各单位必须根据（　　）进行会计核算，填制会计凭证，登记会计账簿，编制财务会计报告。

A. 实际发生的经济业务事项　　B. 连续发生的经济业务事项

C. 累计发生的经济业务事项　　D. 主要经济业务事项

二、多项选择题

1. 下列关于会计工作岗位设置的表述中，正确的有（　　）。

A. 各单位应当根据会计业务需要设置会计工作岗位

B. 会计人员的工作岗位应当有计划地进行轮换

C. 会计工作岗位，可以一人一岗、一人多岗或者一岗多人

D. 出纳不属于会计工作岗位

2. 下列情形可能在经济利益方面威胁到会计师事务所和注册会计师的独立性的是（　　）。

A. 会计师事务所与鉴证客户存在密切的经营关系

B. 会计师事务所与鉴证客户存在专业服务收费以外的直接经济利益或重大的间接经济利益

C. 合伙人过分担心失去某项业务

D. 鉴证客户与会计师事务所约定对鉴证业务采取或有收费的方式

3. 会计人员职称分为（　　）。

A. 初级　　B. 中级　　C. 高级　　D. 正高级

4. 根据会计法律制度的规定，下列关于代理记账机构及其从业人员义务的表述中，正确的有（　　）。

A. 对执行代理记账业务中知悉的商业秘密予以保密

B. 拒绝委托人提供不实会计资料的要求

C. 对委托人提出的有关会计处理相关问题予以解释

D. 拒绝委托人作出不当会计处理的要求

5. 代理记账机构为委托人编制并对外提供的财务会计报告应由（　　）签名并盖章。

A. 代理记账机构负责人　　B. 委托人

C. 代理记账机构经办人　　D. 委托人的代理人

6. 会计机构负责人的任职资格和条件包括（　　）。

A. 遵纪守法，坚持原则

B. 具备专业技术资格条件

C. 具备从事会计工作四年以上经历

D. 具备一定的专业技术水平

7. 下列各项中，不属于代理记账机构及其从业人员义务的是（　　）。

A. 应当配备专人负责日常货币收支和保管

B. 及时提供真实、完整的原始凭证和其他相关资料

C. 对在执行业务中知悉的商业秘密应当保密

D. 对本单位发生的经济业务事项，应当填制或者取得符合国家统一会计制度规定的原始凭证

8. 下列各项中，属于会计行政法规的有（　　）。

A.《总会计师条例》　　B.《会计从业资格管理办法》

C.《会计基础工作规范》　　D.《企业财务会计报告条例》

9. 会计部门规章包括国家统一的会计核算制度、（　）等。

A. 会计监督制度　B. 会计机构和会计人员管理制度

C. 法律责任　D. 会计工作管理制度

10. 某档案馆设有以下岗位，其中属于会计工作岗位的有（　）。

A. 财产物资的收发、增减核算岗位　B. 档案部门档案管理岗位

C. 工资核算岗位　D. 单位内部审计岗位

11. 下列有关办理会计移交手续的表述中，正确的有（　）。

A. 会计主管人员办理交接手续，由单位负责人监交

B. 移交人员对所移交的会计凭证、会计账簿、会计报表和其他有关资料的合法性、真实性承担法律责任

C. 会计人员调动工作、离职或者因病暂时不能工作的，应与接管人员办清交接手续

D. 接管人员应另立账簿，以便和原会计人员划清责任

12. 某外商投资企业存在私设会计账簿，搞账外账的严重违法行为，但尚未构成犯罪。根据《会计法》的规定，对其直接负责的主管人员和其他直接责任人员可能受到的行政处罚有（　）。

A. 责令限期改正

B. 5万元以上50万元以下的罚款

C. 负有直接责任的企业负责人就地免职

D. 属于公职人员的，还应当依法给予处分

13. 有法定行为之一的，由县级以上人民政府财政部门责令限期改正，可以对单位并处20万元以下的罚款，这类违法行为包括（　）。

A. 不依法设置会计账簿的行为

B. 随意变更会计处理方法的行为

C. 任用会计人员不符合会计法规定的行为

D. 未按照规定使用会计记录文字或者记账本位币的行为

14. 在鉴证客户中拥有的经济利益可能对独立性产生经济利益威胁。在评价威胁的重要性以及用以消除威胁或将其降至可接受水平的适当防范措施时，应当（　）。

A. 评价拥有经济利益人员的角色

B. 评价经济利益对独立性威胁的重大性

C. 评价直接经济利益

D. 评价间接经济利益

15. 下列各项中，符合注册会计师职业道德规范的有（　）。

A. 会计师事务所没有以降低收费方式招揽业务

B. 会计师事务所为争取更多的客户对其能力做广告宣传

C. 会计师事务所允许有条件的其他单位以本所名义承办业务

D. 会计师事务所没有雇佣正在其他会计师事务所执业的注册会计师

16. 以下关于独立、客观、公正表达正确的是（　　）。

A. 如果注册会计师与客户之间不能保持独立，存在经济利益、关联关系，或屈从外界压力，就很难取信于社会公众

B. 注册会计师应当力求公平，不因成见或偏见、利益冲突和他人影响而损害其客观性

C. 注册会计师既不得接受，也不得提供对其职业判断或对其业务交往对象产生重大影响的礼品或款待，尽量避免使自己专业声誉受损的情况

D. 注册会计师在提供专业服务时，应当坦率、诚实，保证公正，无论提供何种服务、担任何种职务，注册会计师都应维护其专业服务的公正性，并在判断中保持客观

17. 注册会计师执行以下业务时，应当保持独立性的有（　　）。

A. 审计年度财务报表　　B. 审阅半年度财务报表

C. 预测性财务信息审核　　D. 内部控制审核

18. 下列会计档案保管期满也不得销毁的有（　　）。

A. 未结清的债权债务原始凭证

B. 单位合并的会计档案

C. 正在建设期间的建设单位的会计档案

D. 政府部门的会计档案

19. 注册会计师可能导致承担法律责任的原因包括（　　）。

A. 重大过失　　B. 欺诈　　C. 行政责任　　D. 违约

20. 会计师事务所有可能承担的行政责任包括（　　）。

A. 暂停执业　　B. 没收违法所得并罚款

C. 撤销　　D. 警告

三、判断题

1. 从事会计工作2年且具有助理会计师专业技术资格人员，可担任单位会计机构负责人。（　　）

2. 从事代理记账业务的机构，都应当经县级以上人民政府财政部门批准，领取由财政部统一规定样式的代理记账许可证书。（　　）

3. 会计工作交接后，原移交人员因会计资料已办理移交而不再对这些会计资料的真实性、完整性负责。（　　）

4. 在会计工作交接时，交接双方在移交清册上签名或盖章，监交人不必签章。（　　）

5. 会计法律制度是指全国人大及其常委会制定的《会计法》。（　　）

6. 出纳人员不得兼任稽核、会计档案保管和收入、支出、费用、债权债务账目的登记工作。（　　）

7. 注册会计师承办会计咨询、服务业务，包括代理申请工商登记，拟订合同、章程和其他业务文件，验证企业资本，出具验资报告。（　　）

8. 在会计工作交接中，现金要根据会计账簿记录余额进行当面点交，如有短

缺，可用白条抵库。（ ）

9. 一般会计人员办理交接手续时，应由单位负责人监交。（ ）

10. 地方性会计法规是指由省、自治区、直辖市人民政府在同宪法、会计法律、行政法规和国家统一的会计准则制度不相抵触的前提下，根据本地区情况制定发布的规范性文件。（ ）

11. 会计人员应当对伪造、变造、故意销毁会计账簿的行为予以制止和纠正，制止和纠正无效的，应当向上级主管单位报告，请求做出处理。（ ）

12. 伪造会计凭证是指用涂改、挖补等手段来改变会计凭证的真实内容，歪曲事实真相的行为。（ ）

13. 某中外合资甲企业 2022 年 3 月接到财政局通知，市财政局将对该公司的会计工作情况进行检查。甲企业的董事长认为，甲企业属于中外合资企业，不受《会计法》的约束，财政局无权对甲企业进行检查。该观点正确。（ ）

14. 县级以上人民政府财政部门，组织实施本行政区域内的会计师事务所执业质量检查工作。（ ）

15. 销毁是指故意将依法应当保存的会计凭证、会计账簿、财务会计报告予以毁灭的行为。（ ）

16. 甲公司系 2022 年成立的新公司，目前处于起步阶段，经济业务较少，甲公司决定不设置会计机构也不在有关机构中设置会计人员，而将本公司的会计业务委托给退休会计老张代为处理，该行为属于委托代理记账行为。（ ）

17. 老赵为某国有单位的财务经理，他将其女儿安排在本部门担任存货会计，他的这一行为违背了会计人员回避制度。（ ）

18. 会计机构和会计人员发现会计账簿记录与实物、款项及有关资料不相符的，应当立即向本单位负责人报告，请求查明原因，作出处理。（ ）

19. 会计工作的社会监督主要是指由注册会计师及其所在的会计师事务所依法对受托单位的经济活动进行审计、鉴证的一种监督制度。（ ）

20. 根据《会计法》的规定，单位内部会计监督的对象是会计机构、会计人员。（ ）

四、不定项选择题

1. 宏达公司原是一家国有企业，2023 年，该公司发生了如下事项：

（1）调整新的领导班子上任，决定精简内设机构，中层干部轮岗，将会计部撤并到厂部办公室，同时任命办公室主任朱某兼任会计负责人。撤并以后，会计主要工作重新分工如下：原会计部主办会计继续留任会计工作，原设备处工作人员、朱某的女儿小英调任出纳工作，兼任会计档案的保管。

（2）朱某毕业于某名牌师范大学，自从参加工作以来一直从事办公室文秘，恪守职责，兢兢业业，深受厂领导和同事们的好评。为了使其尽快胜任会计负责人岗位，领导要求朱某参加会计知识培训班，并参加当年初级会计资格统一考试。

（3）撤并工作完成后，办理会计交接手续，由厂部纪检、监察部门严格监交。

根据上述资料，不考虑其他因素，分析回答下列小题：

(1) 根据《会计法》的规定，关于会计机构的设置表述正确的是（　　）。

A. 符合条件的应单独设置会计机构

B. 不单独设置会计机构的，应在有关机构中设置会计人员并指定会计主管人员

C. 不具备相关设置条件的，应当委托经批准从事会计代理记账业务的中介机构代理记账

D. 委托其他企业代理记账

(2) 根据《会计法》的规定，会计机构负责人（会计主管人员）的任职资格包括（　　）。

A. 工作年限满3年

B. 具备会计师以上的专业技术职务资格

C. 具备从事会计工作3年以上的经历

D. 必须从事过两个以上会计岗位的工作

(3) 在上述案例中，违反会计法律相关规定的事实的是（　　）。

A. 将会计部撤并到厂部办公室

B. 任命朱某兼任会计负责人

C. 朱某的女儿小英调任出纳工作

D. 朱某的女儿兼任会计档案的保管

(4) 根据法律规定，关于会计人员的交接，下列表述正确的是（　　）。

A. 单位的纪检监察部门负责监交

B. 一般会计人员的交接，由会计机构负责人、会计主管人员负责监交

C. 会计机构负责人、会计主管人员办理交接，由单位负责人负责监交，必要时由上级部门会同监交

D. 会计机构负责人、会计主管人员办理交接，由上级部门负责监交

2. 甲公司是一家中外合资企业，2023年，该公司发生了以下事项：

(1) 公司收到一张应由本公司与乙公司共同负担费用支出的原始凭证，公司会计人员张某以该原始凭证及应承担的费用进行账务处理，并保存该原始凭证；同时应乙公司的要求，将该原始凭证复印件提供给乙公司用于账务处理。

(2) 6月30日，公司有一批保管期满的会计档案（该批会计档案中无电子会计档案），按规定需要进行销毁。公司档案管理机构编制了会计档案销毁清册，档案管理机构的负责人在会计档案销毁清册上签了字，并于当天销毁。

(3) 甲公司向乙公司购买一批原材料，使用了一张出票金额为100万元的银行汇票，该汇票的收款人为乙公司。实际结算时材料价款为110万元。征得甲公司同意，乙公司在汇票实际结算金额栏内填写110万元，向银行提示付款，银行表示汇票无效，拒绝办理付款。

根据上述资料，不考虑其他因素，分析回答下列小题：

(1) 根据资料(1)，一张原始凭证所列支出需由两个以上单位共同负担时，下列做法正确的是（　　）。

A. 由保存该原始凭证的单位开具原始凭证分割单给其他应负担单位

B. 在记账时加以注明即可

C. 由双方共同加以说明即可

D. 由保存该原始凭证的单位出具复印件给其他应负担单位

(2) 关于会计档案的保管，下列表述正确的是（　　）。

A. 会计机构内会计科档案管理人员，是会计工作岗位

B. 会计机构内会计科档案管理人员，不是会计工作岗位

C. 出纳员可以临时保管会计档案

D. 出纳员不能临时保管会计档案

(3) 根据资料（2），下列关于会计档案销毁的表述中，正确的是（　　）。

A. 公司档案部门销毁会计档案的做法不符合规定

B. 公司档案管理机构编制了会计档案销毁清册的做法是正确的

C. 单位负责人、档案管理机构负责人、会计管理机构负责人、档案管理机构经办人、会计管理机构经办人在会计档案销毁清册上签署意见

D. 会计档案销毁时要由单位档案机构和会计管理机构共同派员监销

(4) 根据资料（3），下列关于银行汇票的表述中，正确的是（　　）。

A. 银行不应拒绝付款，票据仍有效，可以以出票金额100万元为付款金额

B. 银行汇票的实际结算金额应当小于等于出票金额

C. 银行汇票的出票人是甲公司

D. 银行汇票只有单位才能使用

第8章即测即评

图书在版编目（CIP）数据

会计职业道德：立体化数字教材版/王红云，余怒涛主编．-- 2 版．-- 北京：中国人民大学出版社，2025．1．--（新编 21 世纪会计系列教材）．-- ISBN 978-7-300-33374-8

Ⅰ-F233

中国国家版本馆 CIP 数据核字第 2024WK8684 号

新编 21 世纪会计系列教材
会计职业道德（第 2 版·立体化数字教材版）
主编　王红云　余怒涛
Kuaiji Zhiye Daode

出版发行	中国人民大学出版社		
社　址	北京中关村大街 31 号	**邮政编码**	100080
电　话	010－62511242（总编室）		010－62511770（质管部）
	010－82501766（邮购部）		010－62514148（门市部）
	010－62515195（发行公司）		010－62515275（盗版举报）
网　址	http://www.crup.com.cn		
经　销	新华书店		
印　刷	北京溢漾印刷有限公司	**版　次**	2021 年 8 月第 1 版
开　本	787 mm×1092 mm　1/16		2025 年 1 月第 2 版
印　张	13.25 插页 1	**印　次**	2025 年 1 月第 1 次印刷
字　数	276 000	**定　价**	39.00 元

中国人民大学出版社　管理分社

教师教学服务说明

中国人民大学出版社管理分社以出版工商管理和公共管理类精品图书为宗旨。为更好地服务一线教师，我们着力建设了一批数字化、立体化的网络教学资源。教师可以通过以下方式获得免费下载教学资源的权限：

- ★ 在中国人民大学出版社网站 www.crup.com.cn 进行注册，注册后进入“会员中心”，在左侧点击“我的教师认证”，填写相关信息，提交后等待审核。我们将在一个工作日内为您开通相关资源的下载权限。
- ★ 如您急需教学资源或需要其他帮助，请加入教师 QQ 群或在工作时间与我们联络。

中国人民大学出版社　管理分社

教师 QQ 群： 648333426（工商管理）　114970332（财会）　648117133（公共管理）
教师群仅限教师加入，入群请备注（学校＋姓名）

联系电话： 010-62515735，62515987，62515782，82501048，62514760

电子邮箱： glcbfs@crup.com.cn

通讯地址： 北京市海淀区中关村大街甲 59 号文化大厦 1501 室（100872）

管理书社　　人大社财会　　公共管理与政治学悦读坊